Pferde halten und pflegen

W0179297

Wolfgang Kresse

Pferde halten und pflegen

Dritte Auflage
120 Zeichnungen und
24 Farbfotos

VERLAG
EUGEN
ULMER

Viele Zeichnungsentwürfe stammen von
Friedrich Fischer, Würzburg.
Die Reinausführung dieser und weiterer
Darstellungen lag in den Händen von
Armin Schwarz, Stuttgart.
Die bautechnischen Zeichnungen fertigte
Bernd Zorn, Schandelah.

CIP-Titelaufnahme der Deutschen Bibliothek

Kresse, Wolfgang:
Pferde halten und pflegen / Wolfgang Kresse. –
3. Aufl. –
Stuttgart: Ulmer, 1989.
   ISBN 3-8001-7211-9

Der Werk einschließlich aller seiner Teile ist
urheberrechtlich geschützt. Jede Verwertung
außerhalb der engen Grenzen des
Urheberrechtsgesetzes ist ohne Zustimmung
des Verlages unzulässig und strafbar. Das gilt
insbesondere für Vervielfältigungen,
Übersetzungen, Mikroverfilmungen und die
Einspeicherung und Verarbeitung in
elektronischen Systemen.

© 1981, 1989 Eugen Ulmer GmbH & Co.
Wollgrasweg 41, Stuttgart 70 (Hohenheim)
Printed in Germany
Einbandgestaltung: Alfred Krugmann
mit einem Foto von Rolf Drygala
Satz: Fotosatz Orzech, Tübingen
Druck und Bindung: F. Pustet, Regensburg

Vorwort

Es ist nicht alles Gold, was glänzt. Glänzende Ideen, in glänzender Laune gefaßt, halten nicht immer der nüchternen Betrachtung im Lichte des Tages stand. Schon manch einer stand – Folge eines übereilten Entschlusses – dann nicht nur mit einem Pferd, sondern auch mit einem Haufen von Problemen da. Denn nur die Anschaffung eines Pferdes läßt sich notfalls auch kurzfristig lösen, die zur Haltung und Pflege eines Pferdes aber erforderlichen Kenntnisse, die ja über »Reiten können« und »Liebe zum Pferd« hinausreichen müssen, kann man sich nicht von heute auf morgen aneignen. Kenntnisse und Erfahrungen sammelt man im allgemeinen nicht vor, sondern mit den Jahren. Am besten durch die Praxis und die Ratschläge eines erfahrenen Praktikers.

Hat man diese Möglichkeiten nicht, dann kann auch ein Fachbuch weiterhelfen, wenn es nicht nur Lehrmeinungen weitergibt, sondern auch selbstgewonnene Erfahrungen, Kenntnisse und Ansichten zu vermitteln sucht.

Durch den Umgang mit eigenen wie anvertrauten Pferden und den gesuchten Rat von Hippologen, Ausbildern, Veterinären, Beschlagschmieden, Reitern und Fahrern habe ich in mehreren Jahrzehnten eines Reiterlebens manches lernen können. Diese Erfahrungen möchte ich – das ist die Absicht dieses Buches – gerne an die Reiter und Reiterinnen weitergeben, die manchmal sehr plötzlich zum eigenen Pferd oder Pony gekommen sind. Sei es, daß sie sich oder ihren Kindern einen Jugendtraum erfüllen konnten oder sie es leid waren, immer nur mit fremden Pferden – und das auch nur stundenweise – umgehen zu dürfen.

Das eigene Pferd bringt neben Stolz und Freude auch eine Fülle von Problemen mit sich, die man sehen soll und muß. Sie alle aber können zum Wohle von Pferd und Reiter gelöst werden, so daß am Ende die alte Wahrheit sich ungetrübt behauptet: Eignes Pferd ist Goldes wert.

Wolfgang Kresse

Inhaltsverzeichnis

Eignes Pferd ist Goldes wert

In manchen Reitern wird der Wunsch, ein eigenes Pferd zu besitzen, um nach Lust und Laune reiten zu können, übermächtig – gefördert noch dadurch, daß sie im Verein oder in einem Mietstall nicht immer das Pferd der eigenen Wahl zur Verfügung gestellt bekommen. »Nein, Sie reiten heute Kosak«, sagt der Reitlehrer und erlebt dann nur allzuoft, wie aus einem freundlichen Gesicht ein maulendes wird.

Und überhaupt, die armen Vereinspferde. Das eigene Pferd würde es einmal besser haben, es dürfte ihm an nichts fehlen. Kurzum, ein eigenes Pferd muß her, koste es, was es wolle. Denn: Eignes Pferd ist Goldes wert.

Da man in unseren Tagen kein Königreich für ein Pferd bieten muß, sondern Pferde gleichsam wie Sauerbier angeboten werden, bedarf es nur eines normalen Einkommens und ein wenig Sparsamkeit, um bald Eigentümer eines Pferdes zu sein. Und wenn es vom Entschluß, ein Pferd zu kaufen, über die Sichtung des großen Angebotes bis zur Entscheidung für unser Pferd mit Siebenmeilenstiefeln vorangegangen ist, dann geht es bei der Erledigung dessen, was so ein Pferdekauf alles nach sich zieht, oft so langsam voran wie beim Krähwinkler Landsturm.

Ganz gewiß gilt das nicht für jene Pferdebesitzer, die ihr Pferd in einem Pensionsstall unterbringen. Mit den Unterschriften unter den Einstellvertrag ist man ja aller Sorgen für Unterbringung und Pflege enthoben. Ich denke vielmehr an jene Pferdebesitzer, die lange Zeit vom eigenen Pferd im eigenen Stall geträumt haben und nun mit Pferd, aber ohne Stall dastehen. Natürlich ist das die falsche Reihenfolge: Erst der Stall und dann das Pferd wäre vernünftiger gewesen. Aber wer ist schon immer vernünftig. Das Pferd gefiel uns, es war Liebe auf den ersten Blick. Dann drängte der Verkäufer, und nun wissen wir nicht, wo wir es unterbringen sollen.

Lawinenartig kommen weitere Probleme über uns: Außer dem Stall fehlen ja auch Hafer, Heu und Stroh. Putzzeug haben wir ebenfalls nicht, und ein Stallhalfter oder Strick zum Anbinden ist im ganzen Haushalt nicht aufzutreiben. Was nun?

In diesem Fall ist es die beste Lösung, *wir geben unser Pferd bis zur Fertigstellung des eigenen Stalles in einen Reitstall oder zu einem Landwirt in Pension.* Mancherorts aber fehlt auch diese Möglichkeit bzw. sind alle Boxen und Stände belegt, und da unser Pferd beim Vorbesitzer meist auch nicht mehr lange bleiben kann, wird es höchste Zeit, daß wir uns etwas einfallen lassen, damit es ein Dach über den Kopf bekommt.

Wir brauchen einen Stall.

Erst der Stall, dann das Pferd

Braucht unser Pferd überhaupt einen Stall?

Der Verkäufer des Pferdes hatte uns doch gesagt, daß es ausdauernd, widerstandsfähig und abgehärtet sei – mit einem Wort, ein Robustpferd im besten Sinne des Wortes –, und es sei ja allgemein bekannt, daß man Robustpferde und Ponys das ganze Jahr über im Freien halten könne.

Wie dem auch sei, ganz allgemein ist dazu zu sagen, daß man *in unseren Breiten ein einzelnes Pferd nicht ohne einen zugfreien und wetterfesten Weideschuppen ganzjährig auf der Koppel halten kann;* ein Pferd, welches zum Reiten benutzt werden soll, schon gar nicht. Gar keine Frage: wir brauchen einen Stall. Es muß ein Stall sein, der alle unerläßlichen Voraussetzungen für das Wohlbefinden des unterzubringenden Pferdes erfüllt:

– er muß genügend groß sein,
– er muß trocken sein,
– er darf nicht zu kalt sein,
– er muß hell sein,
– er muß gut zu belüften sein.

Ein Auslauf ist so wichtig wie der Stall

Eine weitere Bedingung muß noch gestellt werden, da wir Reiter unsere Pferde ja nicht mehr zur Erfüllung beruflicher Aufgaben, sondern zur Freude und Erholung halten: Unserem Pferd muß in unmittelbarer Nähe des Stalles – so unmittelbar wie nur möglich – *eine Weide oder wenigstens ein Auslauf* zur Verfügung stehen. Die Ursachen vieler Gesundheitsschäden bei Pferden liegen nicht allein in mangelndem Können und Wissen des Reiters beim Umgang mit dem Pferd unter dem Sattel oder im Geschirr, auch nicht in falscher Fütterung, sondern oft genug *mangelt es einfach an Bewegung.* Unsere Pferde haben, sofern wir nicht Leistungssport betreiben oder Berufsreiter sind, zu wenig Bewegung, sie stehen zu viel.

Nun fehlt uns zu unserem großen Leidwesen jedoch die Zeit, um unsere Pferde täglich in ausreichendem Maße zu reiten oder zu fahren. Schule, Studium und Beruf sind wir schließlich in erster Linie verpflichtet. Darum merke: *Ein Stall mit der Möglichkeit zu Weidegang oder Auslauf verdient unbedingt den Vorzug,* auch wenn wir unser Pferd dann nicht in unmittelbarer Nähe unserer Wohnung halten können. Das Wohlbefinden des Pferdes geht allen anderen Überlegungen vor!

Früher war es anders

Die Pferde jener Tage hatten in Landwirtschaft und Gewerbe einen strammen Arbeitstag. An Bewegung hat es ihnen nie gefehlt, und nach Feierabend wollten sie ihre Ruhe. So genügten ihnen meist durch Flankierbaum oder Bohlenwand abgeteilte

Stände, wenn der Stall nur trocken, zugfrei und gut eingestreut war. Da sie täglich viele Stunden im Freien arbeiteten, konnte für Feierabend- und Feiertagsruhe der Stall kleiner und z. B. auch mit kleineren Fenstern versehen sein, als wir es heute fordern müssen. Die Heuraufe oder auch die Heuleiter waren in jenen Tagen meist über den Köpfen der Pferde angebracht, und Selbsttränken kannte man fast gar nicht. Mitunter waren in solchen bäuerlichen Pferdeställen außer den beiden Pferden noch ein paar Schweine untergebracht und zur Krönung des Ganzen auch noch das Federvieh. Geschadet hat es allen nicht. Und wenn uns ein solches »Loch« – so sagen wir heute zu Recht – angeboten wird, dann sollten wir nicht gleich entrüstet ablehnen. Gebrauchen wir unsere Phantasie, unseren Sachverstand und unser handwerkliches Geschick: *bauen wir um.*

Als »Zugabe« zu solch alten Ställen gewinnt man oft ja einen Bauern oder eine Bäuerin, die sich freuen, daß auf dem vielleicht nicht mehr bewirtschafteten Hof wieder Leben einzieht und unsere Bemühungen um Kamerad Pferd mit kritischem Wohlwollen beobachten.

Der Stall am Haus, was dafür und was dagegen spricht

Keine Frage, wer in der glücklichen Lage ist, *ein genügend großes Grundstück* zu besitzen, womöglich noch *in einer verkehrsarmen Lage* am Ortsrand etwa, der möchte natürlich sein Pferd auf eigenem Grund und Boden im eigenen Stall unterbringen. *Ein eigener Stall am Haus scheint mir aber nur dann erstrebenswert, wenn man das bevorzugte Ausreitgelände oder eine nahe gelegene Reithalle erreichen kann, ohne stark befahrene Straßen und Kreuzungen benutzen zu müssen.* Natürlich gibt es Pferde, die auch durch den dicksten Straßenverkehr ruhig ihres Weges ziehen, aber ein Risiko ist es im Grunde doch immer. *Die Lage des Stallgrundstückes ist also sehr wichtig.*

Über die Vorzüge eines eigenen Stalles am Haus braucht man im Grunde genommen kein Wort zu verlieren, denn

- Stall und Pferd sind immer unter Kontrolle;
- man kann jederzeit in den Stall, zu keiner anderen Rücksichtnahme verpflichtet, als der für unser Pferd;
- Fütterung und Pflege des Pferdes können auch leicht einmal von einem anderen Familienmitglied übernommen werden;
- bei schlechtem Wetter muß man nicht erst den Wagen aus der Garage fahren und das Regenzeug anziehen, um in den Stall zu gelangen;
- es wird alles »Drum und Dran« des Reitens und der Pferdehaltung ein wenig bequemer.

Wer mit seinen Überlegungen so weit gekommen ist, der möchte am liebsten schon morgen mit dem Stallbau beginnen. Aber sachte mit den jungen Pferden, sagt man ja wohl. Einige Dinge müssen vorher noch geklärt werden. Die Familie muß mitspielen. Denn wie es Hundefreunde gibt, die keine Katzen mögen und umgekehrt, so gibt es auch Menschen, die Pferde zwar lieb und nett finden, aber nur, wenn sie weit weg sind. Und vielleicht muß – auch das will bedacht sein – dem Bau des geplanten Pferdestalles ein allen liebgewordener Baum oder eine schöne Gartenecke weichen.

Auch darüber müssen sich alle Beteiligten und Betroffenen schon vorher im klaren sein: *Wo ein Pferd gehalten wird, da fällt auch Pferdemist an*, den man nicht sofort irgenwo auf einen großen Dunghaufen zum Bauern bringen oder in eine Mülltonne werfen kann. Es wird kaum gelingen, den Mist außer Sicht- und Geruchweite derer zu bringen, die mit uns und auch neben uns das Grundstück bewohnen. Das Miteinander von Mensch und Tier erfordert Rücksichtnahme und ist an bestimmte Wege und Vorschriften – auch für Pferdeabfall – gebunden. *Mist darf nicht überall produziert und gelagert werden;* das muß vorher in allen seinen Konsequenzen bedacht werden – mit der eigenen Familie und mit unseren Nachbarn.

Und es genügt auch nicht, über die Absicht und das Geld zum Bau eines Pferdestalles zu verfügen: *Die Baugenehmigung* gehört auch noch dazu, denn jedes größere Bauvorhaben unterliegt einer Genehmigungspflicht.

Ob wir nun in einen alten, leerstehenden Stall einziehen und diesen mehr oder weniger umbauen wollen, oder ob wir einen Neubau planen, wir müssen uns auf jeden Fall erst einmal erkundigen, ob der Gesetzgeber die Pferdehaltung auf dem betreffenden Grundstück überhaupt gestattet, einschränkt oder mit besonderen Auflagen verbunden hat.

Rechtliche Vorschriften für die Pferdehaltung

Recht hat auch immer mit Rücksichtnahme zu tun. Und es ist durchaus möglich, daß der Gesetzgeber, vertreten durch die Gemeinde- oder Stadtverwaltung, uns das Halten eines Pferdes auf unserem Grundstück nicht gestatten kann, obwohl sich darauf ein seit Jahren unbenutzter Pferdestall befindet. Das ist ganz gewiß nicht Behördenwillkür. Möglicherweise wurde der bislang in »Mischbauweise« genutzte Ortsteil inzwischen *als Wohngebiet ausgewiesen und unterliegt nun bestimmten gesetzlich vorgeschriebenen Beschränkungen*, wie sie die Rücksichtnahme gegenüber unseren Mitbürgern nun einmal erfordert. Dazu gehört auf jeden Fall in reinen Wohngebieten (WR) nicht nur das Verbot der Gewerbeansiedlung, sondern auch schon das Verbot der Kleintierhaltung, weil sie hier unter Umständen mit Belästigungen für andere verbunden sein kann, und dazu gehört schon der mit jeder Viehhaltung verbundene Geruch. Was uns Reitern der »Duft der großen weiten Welt« ist, ist für andere eben Gestank, das ist nun mal so.

Verordnungen

Nach der Baunutzungsverordnung kann ausnahmsweise im allgemeinen Wohngebiet (WA) und im Mischgebiet (MI) die Errichtung von Ställen für Kleintierhaltung zugelassen werden. Pferdehaltung kann nach den baurechtlichen Bestimmungen uneingeschränkt im Dorfgebiet (MD), unter bestimmten Voraussetzungen im Kleinsiedlungsgebiet (WS) und darüber hinaus im sogenannten Außenbereich, wenn landwirtschaftliche Bausubstanz bereits vorhanden ist, gestattet werden.

Bundesbaugesetz, Baunutzungsverordnung und Bauordnung geben den Städten und Gemeinden dazu die Rechtsgrundlage. Darum müssen wir uns frühzeitig über die Rechtslage bei der zuständigen Bauaufsichtsbehörde informieren, und wir sind gut beraten, wenn wir uns *den erteilten Bescheid schriftlich bestätigen lassen.* Entfallen mag solcher Schritt wohl nur auf einem reinen Bauerndorf ohne ausgewiesene Wohngebiete, aber wo gibt es die noch? Manchem mag solche »Rechtsvorsorge« übertrieben sein, das ist sie aber keinesfalls.

Vor Jahren berichtete die hippologische Fachpresse, daß ein Pferdehalter trotz der ihm vor Jahren gegebenen mündlichen Zusage, daß gegen das Halten von Pferden auf seinem Grundstück keine Einwände bestünden, durch Gerichtsbeschluß gezwungen wurde, seine Pferdehaltung aufzugeben. Da er dazu nicht bereit war, verkaufte er sein Grundstück und verzog samt Familie und Pferden in eine andere Gemeinde. Die Berechtigung zur Pferdehaltung ließ er sich nun von der Gemeindeverwaltung schriftlich bestätigen. Vorausgegangen war an seinem bisherigen Wohnort, daß das Nachbargrundstück neue Bewohner bekommen hatte und diese an der seit vielen Jahren bestehenden Pferdehaltung Anstoß nahmen; sie fühlten sich durch den mit der Pferdehaltung verbundenen Geruch belästigt.

Halten wir einmal fest, welche rechtlichen Vorschriften für die Pferdehaltung zu beachten sind.

Pferdehaltung ohne Stallneubau

Bei der zuständigen Behörde bitten wir um Auskunft, ob gegen die beabsichtigte Haltung eines oder mehrerer Pferde Einwände erhoben werden. In kleinen Landgemeinden wird man sich ganz einfach an die Gemeindeverwaltung wenden und klugerweise schon vor der schriftlichen Anfrage ein Mitglied des Gemeinderates oder den Ortsvorsteher daraufhin ansprechen. Ein ähnliches Vorgehen empfiehlt sich auch gegenüber Gesamtgemeindeverwaltungen und den Bauaufsichtsbehörden der Städte. Der Einwand, damit wecke man ja schlafende Hunde, ist sicher richtig. Was aber, wenn ein »schlafender Hund« (siehe unser Beispiel) erst nach Jahren wach wird und wir durch Gerichtsentscheid gezwungen werden, unsere Pferdehaltung aufzugeben?

Mögliche Bauauflagen

Das Baurecht erlaubt es den Kommunalverwaltungen, die Pferdehaltung im bislang ungenutzten alten Stall mit der Auflage zu genehmigen, daß wir *bestehende Mängel beheben* – sei es, daß die Abwasserbeseitigung (Jauche!) mangelhaft ist, die Mistlege (Düngerhaufen) nicht den Ansprüchen des »Umweltschutzes« genügt oder einen anderen, weniger störenden Platz bekommen muß.

Es ist uns nicht damit geholfen, vor solchen möglichen Problemen den Kopf in den Sand zu stecken; wir müssen die Probleme sehen und versuchen, sie im Interesse aller Beteiligten sachgerecht zu lösen. Grundsätzlich dürfen wir auch darauf vertrauen, daß eine Baugenehmigungsbehörde keine

Probleme sucht oder sie schaffen will; nur ist sie verpflichtet, das Gesetz, d. h. das Interesse aller zu vertreten. Das ist keine leichte Aufgabe.

Pferdehaltung mit Stallneubau

Ob wir uns für einen *Stallneubau* »Stein auf Stein« oder für einen *Fertigstall* entscheiden, dürfte von örtlichen und persönlichen Umständen abhängig sein. Wo wir bauen und wie wir bauen, wird weitgehend durch das *Baurecht – Bauleitplan* und *Bauordnung –* vorgegeben.

Im Interesse einer geordneten Bauentwicklung der Gemeinde enthält in der Regel der Bauleitplan Bestimmungen über die Nutzungsmöglichkeiten der Grundstücke und die Bauordnung solche über die Anforderungen an das Gebäude, wie z. B. Stand- und Feuersicherheit, Gestaltung, Grenzabstand usw. Damit kein Bauherr auf das »Wohlwollen« des Nachbarn angewiesen und auch nicht dessen Willkür ausgeliefert ist, legt der Gesetzgeber in der Bauordnung fest, wann und unter welchen Gegebenheiten der Bauherr beim Stallneubau bis an die Grenze seines Grundstückes gehen darf. Fragen der Einfriedigung, Fensterrecht und andere Rechte mehr werden durch dieses Gesetz geregelt.

Mit jedem geplanten Neubau sind auch eine ganze Reihe von Rechtsfragen verbunden. *Zur Beantwortung aller dieser baurechtlichen Fragen gibt es bei vielen Baugenehmigungsbehörden eine unentgeltliche Beratung für Bauherren.* Es wird dringend empfohlen, von solchem Angebot rechtzeitig, d. h. zu Beginn der Planung, Gebrauch zu machen. Ist unser An-

liegen positiv beschieden worden, kann das Bauen beginnen.

Bauen, d. h. in diesem Falle, daß ein von uns beauftragter Architekt oder Baumeister das Bauprogramm aufstellt: Zweckbestimmung, Lage, Abmessung usw. des geplanten Bauwerkes werden festgelegt.

Als nächster Schritt folgen Vorentwurf und Kostenüberschlag. *Haben wir uns für den Vorentwurf entschieden, werden der Bauentwurf, die Baubeschreibung und alle anderen für den Bauantrag erforderlichen Unterlagen angefertigt.* Diese müssen nun der zuständigen Baubehörde zur Genehmigung vorgelegt werden. Entspricht der Bauantrag in allen seinen Teilen den gesetzlichen Vorschriften, wird die *Baugenehmigung* erteilt, ein schriftlicher Bescheid (Bauschein) mit Angabe aller zu beachtenden Vorschriften.

Nun können die Handwerker endlich mit den Bauarbeiten beginnen, überwacht von der Bauleitung, die gewöhnlich in der Hand des beauftragten Architekten oder Baumeisters liegt. Richtfest und Bauabnahme sind dann stolze Höhepunkte in der langen Kette der Tage bis zum Einzug unserer Pferde in den neuen Stall.

Doch die Erde hat uns bald wieder, denn die Schlußabrechnung folgt. Auch wir werden Gelegenheit haben, in die Klage aller Bauherren einzustimmen: Der Bau ist teurer geworden als ursprünglich geplant. *Deshalb hüte man sich während des Bauens vor allen nicht eingeplanten Änderungs- und Extrawünschen!* Sie werden extra berechnet und schlagen in der Schlußabrechnung stark zu Buche.

Doch wenn der Stall unsere Erwartungen erfüllt und allen Anforderungen an eine sachgemäße Pferdehaltung entspricht, dann haben alle aufgewandten Mühen und Kosten ihren Zweck erfüllt. Und darauf kommt es an, ganz gleich, ob wir uns für einen Stall in althergebrachter Bauweise aus Ziegelsteinen oder für einen Fertigstall entscheiden.

Stallbau »Stein auf Stein« oder Fertigstall

Keine Frage, beide Bauweisen haben ihre Vorzüge. Die Verwendung von Mauerziegeln erlaubt es jedoch, eventuelle Auflagen der Baugenehmigungsbehörde an die äußere Gestaltung des Stallneubaues zum Schutz des Orts- und des Landschaftsbildes zu erfüllen. Dies gilt auch im Hinblick auf etwaige Wünsche des Bauherrn: Nur mittels der herkömmlichen Mauerziegelbauweise ist es möglich, ein Gebäude gleichsam maßgeschneidert dem Baugrundstück, den Wünschen des Bauherrn und den Auflagen der Baugenehmigungsbehörde anzupassen. Stall und Nebenräume könnten z. B. so geplant werden, daß sie sich nach Einstellung der Pferdehaltung ohne aufwendige Umbaumaßnahmen auch einer anderen Verwendung zuführen ließen. Ein weiterer Vorzug ist, daß der Bauherr auf die Art und Qualität der Baumaterialien einen unmittelbaren Einfluß hat.

Natürlich braucht ein solches Bauwerk von der Planung bis zur Ausführung und Fertigstellung seine Zeit. Wer versucht, seinen Stall »auf die Schnelle« durchzuboxen, zahlt drauf; wenn nicht sofort, dann später, wenn er aufgetretene Mängel beseitigen muß und Änderungswünsche hat. Es gilt noch immer: Gut Ding will Weile haben.

Deshalb ist der Fertigstall keine schlechte Sache, im Gegenteil. Nur hüten wir uns vor der Vorstellung, so ein Fertigstall käme mittels Baukran fix und fertig vom Transportfahrzeug unmittelbar in unser »Pferdeparadies«, d. h. unser Baugrundstück, geschwebt. Das gibt es nur bei Fertiggaragen, die komplett in einem Stück samt Tor geliefert werden. Ein Fertigstall muß dagegen aus vorgefertigten Bauteilen auf der vorbereiteten Baustelle mit geringem Arbeitsaufwand zum Gesamtbauwerk zusammengesetzt werden.

Die Vorbereitung der Baustelle, d. h. das Verlegen der Wasseranschlüsse von der Hauptwasserleitung zum geplanten Stall, sowie der Abwasserleitung zur Klärgrube oder zum Abwasserkanal, das Betonieren des Fundaments und des Stallbodens, muß vom Bauherrn vor der Montage des Fertigstalles veranlaßt werden.

Die Hersteller liefern die Fertigteile, das Stallzubehör, Bauzeichnung und Fundamentpläne (auch zur Vorlage bei der Baugenehmigungsbehörde) zum Festpreis inclusive Montage. Nur in Ausnahmefällen übernehmen sie auch das Herrichten der Baustelle und das Gießen des Fundamentes und des Stallbodens. Mit diesen Arbeiten muß der Bauherr einen örtlichen Bauunternehmer beauftragen.

Die Fertigbauweise führt ohne Frage schneller zum Ziel. Man kann als Fertigstallbesitzer auch leichter den Wohnsitz wechseln: Was montiert wurde, läßt sich auch demontieren. Aber billiger als die herkömmliche Bauweise ist die Fertigbau-

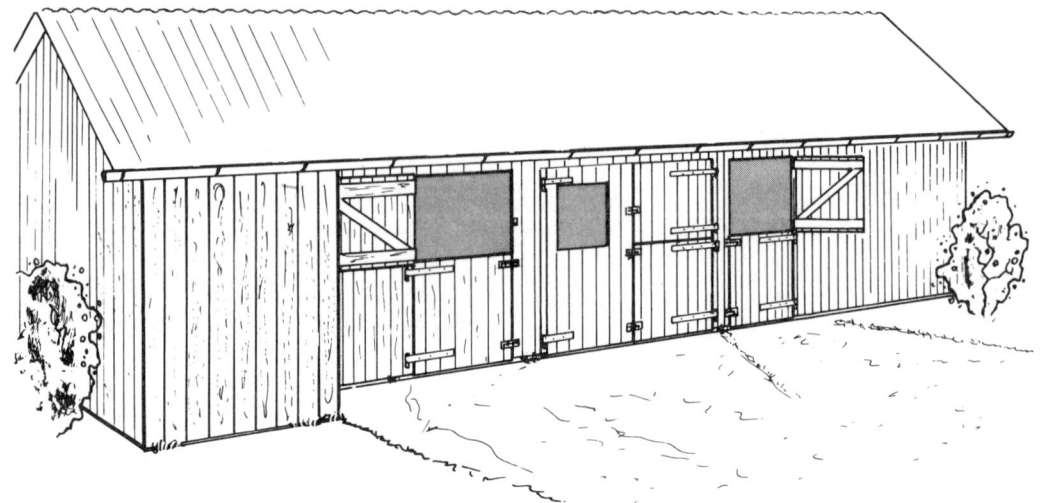

weise in der Regel nicht: es sei denn, man hat genügend Zeit, Kraft und handwerkliches Geschick, diese umfangreichen Nebenarbeiten selbst zu machen.

Ein eingehendes Studium der Prospekte, ein Vergleichen der Leistungen und der Preise der einzelnen Hersteller, aber auch das Besichtigen verschiedener Ställe und Gespräche mit Bauherren, die ihre Bauerfahrungen schon gemacht haben, sind unumgänglich. Damit wir dabei das Wichtigste nicht vergessen, kann das schriftliche Vorbereiten der Fragen und Niederlegen der Antworten eine gute Hilfe sein. Die Erfahrung lehrt übrigens, daß Bauherren gerne Auskunft über die Vor- und Nachteile des in ihrem Auftrag errichteten Gebäudes geben.

Der Umbau

Ehe wir mit dem Umbau beginnen, sollten wir erst einmal bedenken, wieviel Platz wir

Pferdeboxen in Fertigbauweise haben sich bewährt. Ihre besonderen Vorzüge: Kurze Bauzeit, Kosteneinsparung durch Selbstmontage möglich; auch einer Erweiterung bei Vergrößerung des Pferdebestandes steht durch das »Baukastensystem« nichts im Wege. Und wenn wir einmal umziehen müssen, können wir einen Fertigstall abbauen und mitnehmen.

überhaupt für unser Pferd benötigen. Ganz gleich, ob wir ein Pony, ein großes oder ein kleines Reitpferd unterbringen müssen, *ohne eine Box kommen wir nicht aus.*

Die Box

Das Mindestmaß von 3,5 × 3,5 m sollten wir auf keinen Fall unterschreiten. Ist reichlich Platz vorhanden, können wir natürlich die Box noch größer anlegen, jedoch nicht größer als 5 m im Quadrat. Das ist nicht nur eine Frage der Einstreu, sondern auch der Stallatmosphäre. Schließlich soll sich unser Pferd in der Box auch wohlfühlen, geborgen wissen.

Ist dann noch *Platz für eine weitere Box* oder einen Stand, um so besser, denn vielleicht kommt einmal ein zweites Pferd in unseren Stall. Ganz sicher aber steht irgendwann ein *Gastpferd* ins Haus; sei es, daß wir berittenen Besuch erhalten oder uns einmal für einige Zeit ein Pferd anvertraut wird. Um Kosten zu sparen, braucht dieser zusätzliche Platz beim Umbau ja noch nicht mit allen Stalleinrichtungen wie Trennwänden, Krippe, Selbsttränke usw. versehen zu werden. Nur einplanen sollten wir die Unterbringung eines weiteren Pferdes, wenn es der Stall erlaubt, von Anfang an.

Bei der Stallhaltung von Pferden verdient die Box den Vorzug, da sie dem Pferd die Möglichkeit gibt, sich frei zu bewegen.

Vor allem dürfen wir nicht vergessen, die Wasserleitung der Selbsttränke mit einer Abzweigung zum Anschluß eines zusätzlichen Tränkebeckens zu versehen. Wir ersparen uns mit geringem Aufwand weit höhere Kosten bei dessen endgültiger Montage. Sollte der restliche, uns zur Verfügung stehende Stallraum nur den Einbau eines Standes zulassen, darf dieser für ein normales Reitpferd das Maß von 3,20 m Länge und 1,80 m Breite nicht unterschreiten. Nur Ponys benötigen etwas weniger Raum.

Schließlich darf bei der ganzen Planung für einen zusätzlichen Einstellplatz nicht vergessen werden, daß noch *Raum für eine Stallgasse* bleiben muß; diese sollte wenigstens 2,20 m breit sein. Natürlich kann man ein Pferd auch in einer Box putzen,

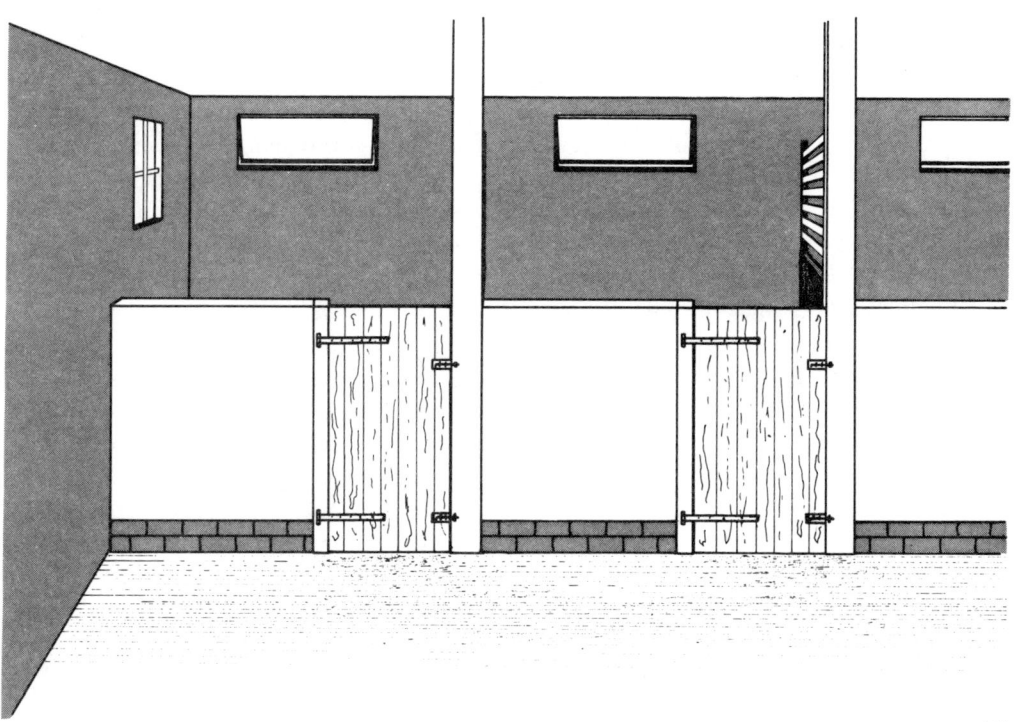

aber manchmal ist es doch erforderlich, das Pferd aus der weichen Streu der Box oder des Standes auf ebenen und festen Boden zu stellen. Auch sind wir bei schlechtem Wetter oder Dunkelheit froh, wenn wir nicht zum Putzen ins Freie ausweichen müssen, sondern dies im Stall auf der Stallgasse tun können. Eine genügend breite Stallgasse ist also sehr wichtig.

Der Stallfußboden

In alten Ställen findet man Fußböden der unterschiedlichsten Art vor. Sie reichen vom Lehmschlag über Kopfstein-, Klinker- und Holzkopfpflaster bis zur »Bruck« und dem Betonboden. *Ein Stallfußboden muß undurchlässig sein*, damit Krankheitskeime sich nicht einnisten können. Dieser Voraussetzung entsprechen am besten der Betonboden und das gut verfugte Klinkerpflaster. Alle anderen Fußböden kann man natürlich von Grund auf erneuern oder auch nur verbessern. Schadhaftes Kopfsteinpflaster oder Klinkerpflaster läßt sich z. B. gut mit Beton überziehen. Eine Stärke von 5 cm genügt. Wir müssen dabei nur beachten, daß die für Pferdeställe erforderliche lichte Höhe von ca. 3 m nicht unterschritten wird und sich die Maße für schon vorhandene und fest eingebaute Krippen und die Stalltür nicht allzusehr verändern. Auch das Gefälle zur Jaucherinne sollte erhalten bleiben.

Alle diese Maßnahmen sind natürlich mit Kosten verbunden. Den Umbau oder die Instandsetzung in die eigenen Hände zu nehmen ist nicht nur eine Frage des handwerklichen Geschicks und des erforderlichen Aufwandes an Zeit und Kraft, sondern auch eine Kostenfrage. Und es ist nicht immer die billigste Lösung. Nach einem verbindlichen und schriftlichen Kostenvoranschlag einen Handwerker zu beauftragen, ist oft nur scheinbar teurer, als die Arbeit in eigene und vielleicht auch noch Freundeshände zu nehmen.

Tür und Fenster

Nun bleiben noch Tür und Fenster zu bedenken. Hat unser Stall schon einmal als Pferdestall oder Viehstall gedient, können wir es bei den vorgegebenen Tür- und Fenstermaßen bewenden lassen. Vielleicht fertigen wir für den Sommer eine Lattentür und für den Winter eine zusätzliche Tür als Doppeltür an oder verstärken die vorhandene Tür ganz einfach um das Doppelte. Schließlich bietet sich noch die Möglichkeit, die aus schwachen Brettern bestehende alte, einteilige Tür zu verstärken und als Halbtür – ein unterer und ein oberer Türflügel – zu teilen. Dazu bedarf es aber im Mauerwerk des Stalleinganges zweier zusätzlicher Türkloben und für die beiden Halbtüren noch zweier zusätzlicher Türbänder.

Gründliche Reinigung

Ein »Stalloch«, im wahren Sinne des Wortes, gewinnt fast immer schon dadurch ein freundlicheres und helleres Aussehen, daß wir Decke, Wände, Fenster und Türen gründlich reinigen und vorhandene Putzschäden ausbessern. *Gründliche Reinigung,* dazu gehört nicht nur das Abkehren der Wände und der Stalldecke mit einem festen Besen, sondern auch das Abwaschen der Wände, Fenster und Türen und das Scheuern des Fußbodens. Es empfiehlt sich, schon dem Scheuerwasser ein *Desinfektionsmittel* (z. B. Lysol) zuzusetzen, wobei immer das auf dem Etikett der Flasche oder der Verpackung angegebene Mischungsverhältnis zu beachten ist. Nach dieser gründlichen Säuberung werden Decke und Wände sorgfältig mit *Weißkalk* getüncht. Ein zweimaliges Weißen wird in den meisten Fällen genügen. Am besten fügen wir auch der Weißkalkmischung etwas Desinfektionslösung bei.

Eine Stallaterne genügt nicht

In jeden Stall gehört *elektrisches Licht*, möglichst auch auf den Heu- und Strohboden oder in den dafür vorgesehenen Lagerraum. Das Überprüfen einer vorhandenen oder das Verlegen einer neuen Lichtleitung müssen wir auf jeden Fall einem Elektriker übertragen. *Selbsthilfe gerade auf diesem Gebiet könnte bei Kurzschluß mit Brandschaden sehr unangenehme finanzielle und auch strafrechtliche Folgen für uns haben.*
Schließlich werden noch Türen und Fenster gestrichen, wobei wir die Eisenbeschläge der Türen farblich abheben. Dann Fensterputzen, große Schlußreinigung – und mit Freude werden wir nach Beendigung aller dieser Arbeiten feststellen, wie aus einem vielleicht vorher muffigen und dunklen Loch ein schöner und heller Pferdestall geworden ist.

Aus alt mach neu: ein Beispiel

Nehmen wir folgenden Fall. In einem Stall waren ursprünglich zwei Kühe und zwei Kälber, mehrere Schweine und das Geflügel untergebracht. Der Stand für die Kühe und Kälber war zur Stallgasse durch zwei große ebenerdige Natursteintröge und hölzerne Freßgitter getrennt. Schweinekoben und Geflügelstall waren durch Wände in Mischbauweise, ausgemauertes Fachwerk, zum Teil holzverschalt, abgeteilt. Der Stall war durch drei Türen zugänglich. Zwei große einflügelige Fenster an der Stallgasse und fünf, in 1,80 m Höhe fest eingemauerte Fenster gaben dem Stall ausreichend Licht. Über dem Stand der Kühe waren in ca. 2 m Höhe drei querliegende Balken angebracht, die zur Lagerung von allerlei Gerätschaften gedient hatten.
Bei der ersten Besichtigung war dieser Stall – jahrelang hatte er zweckentfremdet als Abstellkammer für defektes Gerät und Gerümpel gedient – ein schmutziges, dunkles Loch.
Zunächst mußte alles Gerümpel herausgeräumt und abgefahren werden. Nachdem die Freßgitter und die über dem Kuhstand angebrachten Balken entfernt und die Natursteintröge aus dem Mauerwerk der Seitenwände gelöst und zur Seite gerückt worden waren, wurde der ganze Stall gründlich gesäubert. Als nächster Arbeitsgang folgte das Ausbessern des schadhaften Klinkerpflasters der Stallgasse. Schließlich mußten im Stallinneren Balkenwerk und Holzteile sämtlich mit der Drahtbürste gesäubert und dann mit einem Schutzanstrich aus Karbolineum versehen werden, ebenso die Innenseiten der Türen. Die Außensei-

ten der Türen erhielten einen Anstrich aus Ölfarbe. Auch die Fensterrahmen wurden innen und außen mit Ölfarbe gestrichen. Den Abschluß der Malerarbeiten bildete das zweimalige Tünchen der Stalldecke und aller Mauerteile mit Weißkalk.

Eine bis zur Stalldecke reichende Trennwand zwischen Kuh- und Kälberstand blieb als Trennwand für die beiden geplanten Boxen stehen. So konnten eine rechteckige und eine – bedingt durch den Grundriß des Gebäudes – trapezförmige kleinere Box gewonnen werden. Den Abschluß der größeren Box zur Stallgasse bildete der Natursteintrog, der dazu mittels einer Winde nur angehoben und untermauert werden mußte. Damit war auch das Problem der Futterkrippe gelöst. Eine Trennwand aus Holz – im unteren Teil aus starken Brettern, im oberen Teil aus Rundholzstangen – bildete den Abschluß der kleineren Box zur Stallgasse. Da sie zur Aufnahme eines Ponys vorgesehen war, erübrigte sich der Einbau des zweiten vorhandenen großen Natursteintroges. Ein kleinerer Steintrog wurde einfach zur gelegentlichen Aufnahme von Hafer, Kartoffelschalen usw. auf die Erde gestellt.

Als letztes überprüfte ein Elektromeister die Leitungen und Lampen der elektrischen Anlage. Eine Lichtleitung mußte aus der Reichweite der Pferdezähne verlegt werden. Man kann solche Leitungen nicht weit genug weg verlegen, denn ein neugieriges Pferd kann einen sehr »langen Hals« machen. Und es ist nicht auszudenken, was geschieht, wenn ein Pferd spielerisch die Lichtleitung oder auch einen Lichtschalter anknabbert! Bei dieser Gelegenheit wurde auch gleich noch Licht auf den Stroh- und Heuboden gelegt. Herbst und Winter haben kurze Tage. Wie schön, wenn man nicht im Dunkeln oder mit der Taschenlampe auf dem Heuboden herumtappen muß.

Der Stall machte nun einen freundlichen Eindruck auf jeden Besucher, denn er war hell und luftig geworden und bot einem Reitpferd und einem Pony ausreichend Platz. Weitere Stellmöglichkeiten wären durch den Umbau der Schweinekoben und des Geflügelstalles leicht zu gewinnen. Und alles war mit geringem Aufwand an Kosten, Zeit und Material möglich gewesen. Einen Nachteil, wenn man so will, hat der Stall: Das ganze Gebäude hat keinen Wasseranschluß, so daß der Einbau von Selbsttränken nicht möglich war. Da der Stall aber keine 20 Schritte vom Haus entfernt lag, machte das mehrmalige tägliche Tränken und Nachtränken von ein oder zwei Pferden keine Mühe. Im Gegenteil, durch die Pflicht, den Stall auch zusätzlich zum Tränken der Pferde aufsuchen zu müssen, wuchs die Verbindung zwischen Roß und Reiter, man lernte sich noch besser kennen.

Weitere Möglichkeiten

Ja, welche Möglichkeiten bieten sich denn noch, um ein Pferd auf eigenem Grundstück – behelfsmäßig zwar, aber doch pferdegemäß – unterzubringen? Nun, als meist erste und einzige Möglichkeit die *Garage,* denn zweifellos läßt sich ein Auto problemloser auf einer Grundstückseinfahrt oder Straße abstellen als ein Pferd.

Pferde in einer Garage sind sicher ein erstaunlicher Anblick, aber wenn das erste

Erstaunen ruhigem Überlegen gewichen ist, dann sagt man auch: Warum nicht, man muß sich nur zu helfen wissen.

Eine Falt- oder Wellblechgarage genügt natürlich nicht. Festes Fundament und feste Wände sind unerläßlich. Und zu klein sollte die Garage auch nicht sein. Auch ist eine Garage mit einem zweiflügeligen Holztor geeigneter als eine mit einem Schwingtor aus Stahlblech. Aber es geht, wenn nur das Fundament und die Wände fest genug sind und die lichte Höhe ausreichend ist.

Als ich zum ersten Mal eine zum Behelfsstall für zwei Reitpferde umfunktionierte Garage zu sehen bekam, erwiderte mir der Besitzer der beiden Pferde – sie machten übrigens einen prachtvollen Eindruck, wovon ich mich auch auf einem längeren Ausritt überzeugen konnte – auf meine Einwände trocken: Es geht. Es geht sogar sehr gut, wenn sich die Pferde an die etwas geringere Kopffreiheit gewöhnt haben.

Diese *Doppel-Garage*, im Erdgeschoß eines großen Wohnhauses gelegen, war folgendermaßen für die Aufnahme der beiden Pferde eingerichtet worden: Das große Garagenschwingtor wurde im geöffneten Zustand durch zwei nachträglich angebrachte starke Riegel an der Garagendecke gehalten und so ein unerwünschtes Zuklappen verhindert. Die Doppelgarage hatte eine Breite von ca. 4,20 m, eine Höhe von ca. 2,30 m und eine Tiefe von ca. 6 m und wurde nur durch einen Flankierbaum in zwei Stände geteilt. Da beide Pferde einander kannten, war ein Flankierbaum ausreichend, anderenfalls hätte man unter Verwendung von U-Eisen eine Trennwand einbauen müssen. An der Stirnseite jedes

Standes waren noch ein eiserner Anbindering (in Standmitte) und jeweils links bzw. rechts davon eine Krippe angebracht worden. Getränkt wurden die Pferde von Hand.

Das Garagentor blieb ständig offen, da die Garage windgeschützt in einem großen, eingefriedigten Grundstück lag. Ein Entlaufen der Pferde aus dem Grundstück war also nicht zu befürchten. Bis zur Fertigstellung des im Bau befindlichen Pferdestalles waren die beiden Pferde gut untergebracht, zumal sie ausreichend Bewegung unter dem Reiter hatten und zusätzlich Auslauf auf einer großen Hauskoppel bekamen. Für das Sattelzeug und einen zwei- bis dreiwöchigen Vorrat an Futtermitteln und Stroh stand ein Nebenraum zur Verfügung.

Die Matratzenstreu auf Torfunterlage wurde alle 6 bis 8 Wochen gewechselt. Anfallende »Äpfel« wurden sofort aus der Streu genommen, in einem Kunststoffkübel mit Deckel gesammelt und nach Bedarf im Kofferraum eines Pkw abgefahren. Da die Pferde – wie schon gesagt – mehr unter dem Sattel und auf der Koppel als im Stall waren, ergab sich aus dem »Äpfeln« kein allzu großes Problem. Ein Pferd mistet täglich 8- bis 10mal eine Menge von insgesamt 15 bis 25 kg, das ist eine Menge, die sich bewältigen läßt. Voraussetzung ist allerdings eine gepflegte Matratzenstreu (s. Seite 63).

Natürlich sind nicht für jedermann die Umstände – abgesehen von der vorhandenen Garage – so günstig wie im angeführten Beispiel. Auch wenn es sich beim »Garagenstall« in jedem Fall nur um eine vorübergehende Lösung handeln kann – in einer Reihenhaussiedlung wird man eine Garage auch vorübergehend nicht zweckentfremden können.

Im Einzelfall wird man unter Berücksichtigung der örtlichen Gegebenheiten – Lage des Grundstückes und der Garage, Lage zum Nachbargrundstück und zur Straße – und unter Wahrung des Rechtsfriedens entscheiden müssen, wobei unter Rechtsfrieden die Beachtung und Einhaltung der Gesetze und das Einvernehmen mit den Nachbarn und Anliegern zu verstehen ist. Und ein Mieter muß selbstverständlich auch noch das Einverständnis des Vermieters einholen. Beide, Eigentümer und Mieter, sind zur Beachtung des Baurechtes (Baubeschränkung) und eines sich etwa daraus ergebenden Verbotes der Pferdehaltung verpflichtet. Je ländlicher wir wohnen, um so weniger haben wir solche einschränkenden Vorschriften zu befürchten.

Eine Garage wird Pferdestall

Gesetzt den Fall, es steht uns eine passende Garage zur Verfügung, die es erlaubt, vorübergehend als Pferdestall genutzt zu werden. Nehmen wir an, diese Garage gehört zu einem ländlichen Wohngrundstück und wurde vor Jahrzehnten in die alte, zum Grundstück gehörende Scheune eingebaut.

Die Garage ist 5,20 m lang, 3,40 m breit und 3,20 m hoch. Die Garageneinfahrt liegt an einer verkehrsarmen Straße und ist durch ein Schwingtor abzuschließen. In dieser Garage läßt sich ohne großen Aufwand ein Stall für ein Pferd einrichten, der zur dauernden Aufnahme eines Pferdes geeignet ist.

Wir teilen die ehemalige Garage durch eine 1,40 m hohe Trennwand und Tür so, daß wir eine Box von 3,50 × 3,40 m gewinnen. Der restliche Raum von 1,70 × 3,40 m bleibt uns als Stallgasse.

Zum Bau der Trennwand und Tür besorgen wir uns Kanthölzer in der Stärke von 14 × 14 cm (man kann auch Rundhölzer verwenden) und Bretter von 3 bis 4 cm Stärke. Das Holz sollte nach dem Zuschneiden und vor dem Einbau gründlich mit Karbolineum gestrichen werden.

Außerdem benötigen wir noch Türbänder (Langbänder) mit Kloben, Dübel, Eisenwinkel, starke Bankeisen, Schlüsselschrauben, Nägel, Zement und Weißkalk.

Die Winkeleisen und Bankeisen sollen die Kanthölzer (Rundhölzer) fest mit den beiden Wandseiten und dem Fußboden verbinden. Zusätzlich kann man die tragenden Hölzer noch im Mauerwerk und Fußboden einlassen und einzementieren. Die Schlüsselschrauben dienen zur Befestigung der Eisenwinkel und Bankeisen an den Holz- und Mauerteilen. Schlüsselschrauben deshalb, weil sie sicherer und haltbarer als normale Holzschrauben sind; es arbeitet sich mit ihnen auch leichter. Zur Verwendung im Mauerwerk gehören selbstverständlich Dübel in entsprechender Stärke.

Es versteht sich auch von selbst, daß die Garage vor Beginn der »Umbauarbeiten« gründlich gesäubert, desinfiziert und geweißt wird.

Nun muß freilich noch die Frage der *Belichtung und Belüftung* gelöst werden. Wenn das Garagentor, wie im Beispiel, an einer der Hauptwindrichtung abgewandten Seite liegt, ist diese Frage für die Zeit vom Frühjahr bis zum Herbst bereits entschieden, denn durch die offene Seite der Garage – das Schwingtor wird ja nicht geschlossen, ganz gewiß tagsüber nicht – haben Luft und Licht ungehinderten Zutritt, und das Pferd ist in seiner Box doch zugfrei und ausreichend temperiert untergebracht. Nur an sehr kühlen Tagen und Nächten wird man das Schwingtor teilweise oder ganz schließen.

Spätherbst bis Frühlingsanfang erfordern selbstverständlich eine andere Lösung. So läßt sich die ehemalige Garageneinfahrt durch eine Holzwand mit Tür und eingebautem großen Fenster schließen, indem man einen Fachwerkrahmen aus Kanthölzern einpaßt und diesen mit dem Mauerwerk durch starke Bankeisen und Winkel verbindet. Das Schwingtor muß nicht unbedingt ausgebaut werden, hochgeklappt stört es ja nicht. Beim Bau des Fachwerkrahmens berücksichtigen wir die Maße der Tür und des Fensters. Die Bretter zur Verkleidung des Fachwerkrahmens müssen nicht unbedingt so stark sein wie das Holz für die Trennwand der Box. Bretter mit Nut und Feder leisten hier gute Dienste. Es schadet auch nicht, wenn wir diese Außenwand doppelwandig herstellen, aber das ist natürlich eine Kostenfrage.

Fenster und Türen in ausreichender Qualität – nur Glas und Farbe bedürfen der Erneuerung – finden wir bei Hausabbrüchen oder auf Schutthalden, die zur Lagerung von Bauschutt benutzt werden. Auf eine entsprechende Bitte an den zuständigen Polier oder Platzwart bekommen wir Tür und Fenster vielleicht sogar umsonst. Das Holz der Türen, Fenster, Bretter, Bohlen und Balken aus Bauabbrüchen ist in den meisten Fällen noch ganz einwandfrei und für unsere Zwecke – auch für Koppelzäune – durchaus geeignet. Es ist erfahrungsgemäß sehr billig zu haben. Natürlich muß es vor der Wiederverwendung sorgfältig entnagelt werden. Wenn wir dann noch den etwa vorhandenen alten Anstrich entfernen und mit neuer Farbe für neuen Glanz sorgen, ist am Ende nicht mehr festzustellen, ob das Holz vom Sägewerk oder von einem Hausabbruch stammt. Wir können »Abbruchholz« also auch getrost für eine Dauerlösung verwenden.

Schließlich sei noch daran erinnert, daß wir Lichtleitung und Schalter aus der Reichweite der Pferdezähne verlegen; erforderlichenfalls auch die Lampe.

Als weitere Möglichkeit zum Bau der Boxenfrontwand und der neu zu errichtenden Außenwand bietet sich als Baumaterial der Mauerziegel an. Der Umgang mit Mauerziegel, Mörtel und Kelle ist gar nicht so schwer; erste Erfahrungen kann man ja beim Mauern der nur 1,40 m hohen Boxenfront (Höhe ohne Gitteraufsatz) sammeln, die wir als Krippentisch ausführen, d. h. so stark, daß die Krippe in das Mauerwerk eingelassen werden kann. Wer den eigenen Fertigkeiten gegenüber mißtrauisch ist, wird für die Maurerarbeiten die Hilfe eines Fachmannes in Anspruch nehmen und handlangern.

Es wird von den örtlichen und rechtlichen Gegebenheiten und unserer persönlichen Entscheidung abhängen, ob wir eine »Lösung auf Zeit« zu einer Dauerlösung werden lassen.

Was beim Stall alles zu bedenken ist

Grundsätzliches

Nachdem wir die rechtlichen Voraussetzungen für unsere Pferdehaltung und den Stallbau geklärt haben, kann es losgehen. Nicht mit dem Bauen – nein, soweit sind wir noch nicht – mit der Planung. *Denn gut geplant ist halb gebaut.*

Welche Mittel uns auch immer für das Bauvorhaben zur Verfügung stehen, wir wollen nicht vergessen, daß wir kein Denkmal bauen wollen, sondern einen Pferdestall. Ob üppig und verschwenderisch oder einfach und sparsam in Planung und Ausführung, erliegen wir nicht der Versuchung, für Architekten und Kritiker zu bauen. Durch übertriebenen Aufwand und Kinkerlitzchen beim Stall und seiner Einrichtung sind Pferde nicht zu beeindrucken, *sie wollen es nur pferdegemäß!*

Darauf kommt es an, daß der Stall Ruhe und Geborgenheit bietet und dadurch der Gesundheit und dem Wohlbefinden unserer Pferde dient. Und schließlich soll ein Stall – was der Hausfrau recht ist, ist dem Pferdehalter billig – auch pflegeleicht sein.

Unsere Hauptaufgaben, wenn wir nicht Berufsreiter sind, liegen auf dem Feld von Beruf und Familie, darum müssen wir schon bei der Bauplanung dafür sorgen, daß uns die Pferdehaltung, d. h. das Reiten und Fahren, Pflegen und Füttern, so wenig wie nur möglich Arbeit verursacht. Denn was wir bei den Pflegearbeiten an Zeit sparen, haben wir für unseren Sport an Zeit gewonnen. *Wir sollten also auch einen Stall der kurzen Wege planen:* vom Haus zum Stall, vom Stall zum Futter und zur Mistlege und vom Stall zum Reitplatz, der Reithalle und dem Reitgelände.

Vom Baugrundstück

Aber damit sind die gemeinsamen Interessen von Mensch und Pferd noch nicht erschöpft. Kein Mensch baut sich sein Haus in ein elendes, feuchtes und schattiges Loch oder an eine windige Ecke. Da wir pferdegemäß bauen wollen, kommt ein solcher Platz für unseren Stall auch nicht in Frage. *Trocken sollte der Baugrund sein,* denn auf Dränagen ist auch nicht allezeit Verlaß.

Die Hauptfront des Stalles sollte nach Süden oder wenigstens Südosten oder Südwesten liegen; der Eingang nicht zur Hauptwindrichtung und Wetterseite. Luft, Licht und Sonne müssen wir so in die Bauplanung einbeziehen, daß ein Pferd diese Himmelsgaben zum Wohlfühlen und zur Gesunderhaltung auch nutzen kann. Auch im Stall soll ein Pferd die Möglichkeit haben – wie sie ihm auf der Weide ganz natürlich geboten wird – sich Luft, Licht und Sonne auszusetzen oder mehr oder weniger zu entziehen. Angenehme Kühlung, aber keine Zugluft; mildes Tageslicht für Ruhe und Rast, aber keine grelle Helligkeit; warmes Sonnenlicht, aber keine stechenden Sonnenstrahlen.

Die richtige Stallgröße

Einen großen Teil ihres Pferdelebens verbringen unsere vierbeinigen Kameraden im Stall. Deshalb müssen wir dafür sorgen, daß sie diese Zeit in geräumigen, zweckmäßigen, gut belichteten und belüfteten Stallungen verbringen. *Ein zu kleiner Stall wird zu warm, da der Luftaustausch beeinträchtigt ist. Auch ein zu großer Stall hat Nachteile, denn er erwärmt sich schlecht.* Darum noch einmal die mir wichtigsten fünf Gesichtspunkte für den Pferdestall und seine Nebenräume: 1. Genügend groß, 2. trocken, 3. ausreichend temperiert (nicht zu warm), 4. hell, 5. gute Luft.

Welches Baumaterial?

Von daher gesehen ist es wohl selbstverständlich, daß wir uns von den vorgenannten Gesichtspunkten für Raumbedarf, Grundriß, Gebäudeform, Gebäudekonstruktion und Materialwahl bestimmen lassen. Auch *vermeiden wir Beton* für Wände und Decken um jeden Preis, da Beton die Bildung von Feuchtigkeit und Kälte begünstigt. Am guten alten Ziegelmauerstein kommen wir nicht vorbei, wenn uns an einem trockenen und wohltemperierten Stall gelegen ist und wir nicht auf Holz, Fachwerk, Lehm und Gips oder wärmetechnisch gleich gute moderne Baumaterialien zurückgreifen wollen.

Schließlich kann auch gar nicht genug geraten werden, *keinen Stall ohne Nebengelaß und ohne ausreichenden Bodenraum bzw. Lagerraum zu bauen.* Sicher ist ein Stall ohne Dachboden mit geringeren Baukosten verbunden, und ganz gewiß gibt es Baumaterialien, die auch in Stallungen ohne Bodenraum in der kalten Jahreszeit die für die Pferde *ungesunde Kondenswasserbildung* (Tropfenbildung) an der Stalldecke und den Innenseiten der Stallaußenwände verhindern, aber das alte Übel solcher Ställe – im Sommer zu heiß und im Winter zu kalt – ist doch nie ganz zu vermeiden. Und »schwitzwasserfreie« Aluminiumdächer machen einen beim kleinsten Regen glauben, man erlebe einen Wolkenbruch, so laut sind diese Dächer, wenn sie nicht zusätzlich isoliert werden.

Dabei muß der Bodenraum über dem Pferdestall ja gar nicht so groß sein, wenn er uns nur im Verlauf des Dachgiebels aufrechtes Gehen und Stehen erlaubt, also etwa 1,80 bis 2 m hoch ist. Von so einem Mittelgang aus – oder wohin wir auch diesen Gang legen – können wir dann recht bequem unsere Heu- und Strohvorräte in alle Winkel des Bodens packen oder zum Füttern und Einstreuen entnehmen. Und wenn richtig gepackt wird, dann bringt man selbst auf einem Boden mit Giebelhöhe von ca. 2 m einen großen Vorrat an Heu und Stroh unter. Auch das Abladen und Aufstaken eines Fuders ist nicht so schlimm – schließlich soll man ja täglich einmal schwitzen – wenn es sich nicht gerade um hochdruckgepreßte, übergroße Ballen handelt und wir diesen Arbeitsgang durch den Einbau einer seitlichen Ladeluke im Dach oder im Dachgiebel erleichtert haben. Nach unten fällt dann ja alles fast von allein, nur sollten wir es wegen der damit verbundenen Staubentwicklung nicht in die Stall-

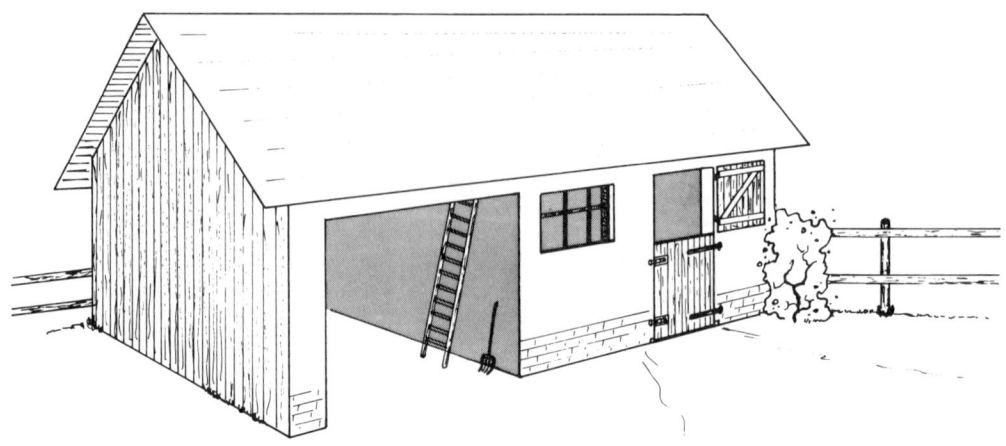

Einfacher Boxenstall mit angebautem Schuppen, dessen Maße sich beliebig ändern lassen. Boxen 4 × 4 m, Schuppengröße 6 × 4 m, Traufhöhe 2,20 m, Firsthöhe 3,50 m, Baumaterial: Holz auf Betonfundament.

gasse fallen lassen. Ein Abwurfschacht in die Stallgasse oder der Abwurf von Heu und Stroh in die Futterkammer hilft, die Belästigung der Pferde und mögliche gesundheitliche Schäden für Augen und Lungen durch Heustaub oder Schimmelpilze vermeiden.

Lage und Lüftung

Unbestritten sind wir bei der Lage unseres Stallgebäudes von den vorgegebenen Verhältnissen des uns zur Verfügung stehenden Grundstückes oder des zum Umbau vorgesehenen Gebäudes abhängig. Aber wir sollten uns die Sache auch nicht zu leicht machen, sondern etwaige Mängel, die geeignet sind, das Wohlbefinden unseres Vierbeiners zu beeinträchtigen, so

gründlich und gut als möglich beseitigen. *Ein feuchter Baugrund oder ein feuchtes Gebäude sind für die Pferdehaltung ungeeignet,* um es recht milde zu sagen. Hier muß man versuchen, durch gründliche Dränage, vielleicht auch durch ein Höherlegen des Stallfußbodens, auf den man eine Isolierschicht aufbringt, Abhilfe zu schaffen. Und bitte nicht denken, es wird schon gehen. Ein feuchter Stall wird ja durch das Einstellen von Pferden nicht trockener. Darum ist es vernünftiger und billiger, wenn wir von Anfang an das Erforderliche tun und nicht erst nachträglich mit erhöhtem Aufwand an Zeit, Material und natürlich auch dem lieben Geld.

Daß wir das Gebäude auch mit den erforderlichen Dachrinnen versehen, ist ja wohl selbstverständlich. Selbstverständlich muß aber auch sein, daß wir das Regenwasser nicht unkontrolliert aus dem Fallrohr verlaufen oder versickern lassen, sondern in die Kanalisation einleiten. Es empfiehlt sich, das Abflußrohr mit einem Zwischenstück zur Entnahme von Regenwasser auszustatten, das wir in einem sauberen Faß mit Deckel zur Verwendung als Waschwasser (für Schweif und Mähne ganz vorzüglich geeignet!) sammeln.

Die Sonnenseite des Lebens steht uns nicht immer zur freien Verfügung, wie es uns auch nicht immer möglich ist, die Fensterfront des Stalles nach Süden zu legen, oder wenigstens nach Südost oder Südwest, um die Morgensonne einzufangen. *Die Summe der Fenster sollte $^1/_{15}$ bis $^1/_{20}$ der Stallgrundfläche betragen.* Mitunter ist dann die Verwendung von *Glasbausteinen* ein guter Behelf.

Liegt die Stalltür an der Südseite, sollten wir diese getrost ein wenig größer und breiter als gewöhnlich anlegen, also statt des Maßes von z. B. 1,50 × 2 m eine Türgröße von 1,80 × 2,30 m wählen oder auch größer. *Am besten lassen wir diese Tür als »geteilte Tür« ausführen,* um je nach Jahreszeit und Witterung Licht, Luft und Sonne ausreichend Zutritt zu ermöglichen, *denn Licht, Luft und Sonne sind bewährte und kostenlose Helfer im Kampf gegen Krankheiten aller Art.*

Für größere Stallanlagen muß man sich zusätzlich noch moderner Stallüftungstechniken bedienen und *Abluftschächte* oder sogar *Ventilatoren* einbauen, um einen gut belüfteten und gut temperierten Stall zu haben.

Welcher Technik wir uns auch für die Be- und Entlüftung bedienen, *wichtig ist, daß die schlechte, verbrauchte Luft auch wirklich durch unverbrauchte ersetzt wird, ohne Zugluft entstehen zu lassen.* Das ist gar nicht so leicht, da ja die Masse der ammoniak- und kohlendioxidhaltigen, verbrauchten Luft in den Boxen 20 bis 50 cm hoch über der Einstreu steht. Diese schlechte Luft muß, um Gesundheitsschäden (Katarrhe, Lungenentzündungen) zu vermeiden, durch tief reichende Abluftschächte abgesaugt und durch frische Luft ersetzt werden. Die gut isolierten Abluftschächte müssen wenigstens 50 cm über den Dachfirst hinausreichen, um genügend Saugkraft zu entwickeln.

Wir können für die gute Luft in unserem Stall noch ein übriges tun, wenn wir es uns zur Gewohnheit machen, bei jedem Stallbesuch alle »Falläpfel« (egal ob im Stand oder in der Box) unverzüglich zu entfernen. Saubere Einstreu und ein sauber gehaltener Stall sind für eine saubere Stalluft unerläßlich. Grundlegende Voraussetzung ist ein undurchlässiger Stallfußboden; undurchlässig gegen Feuchtigkeit von unten (Grundwasser oder einsickerndes Oberwasser) und undurchlässig gegen Feuchtigkeit von oben (Urin, Kot und etwa anfallendes Schmutzwasser) muß er sein. Am besten ist ein gut isolierter Zementboden oder ein gut mit Zementmörtel verfugtes Pflaster aus Klinkern oder Betonverbundsteinen.

Türen und Fenster

Eine Stalltür muß so breit sein, daß sie es Reiter und Pferd nebeneinander bequem ermöglicht, den Stall zu betreten bzw. zu verlassen. Viele Türen sind jedoch zu schmal, zu niedrig. Die Pferde stoßen im Vorbeigehen an und können sich dabei ernste Kopf-, Hüft- und Schulterverletzungen zuziehen. Deshalb muß die Tür so breit und so hoch bemessen werden, daß Reiter und Pferd ohne seitlich anzustoßen

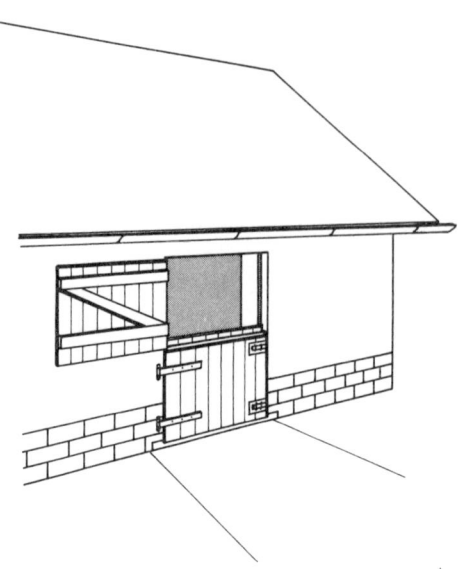

Geteilte Tür, oft auch »Halbtür« genannt. Sie gibt dem Pferd die Möglichkeit, am Leben der Außenwelt teilzunehmen. Geteilte Türen – mit einem oberen und einem unteren Türflügel – können helfen, das Stallklima zu regulieren.

Die viergeteilte Tür empfiehlt sich zum Beispiel da, wo ein Offenlaufstall in der kalten Jahreszeit mit einer Tür versehen werden soll.

oder den Kopf beugen zu müssen hindurchgelangen können und ein Hängenbleiben mit Bügel, Bügelriemen oder anderen Geschirrteilen ausgeschlossen ist. Tür und Türstock müssen möglichst glatt, ohne scharfe oder hervorstehende Ecken und Kanten gearbeitet sein, die Beschläge sollten in das Holz eingelassen werden.

Aus dem Vorgesagten wird deutlich, *daß Stalltüren unbedingt breiter als 1,20 m und möglichst höher als 2 m sein sollten.* Mir erscheint z. B. als Innenmaß für eine Stallaußentür die Größe von 1,55 × 2,25 m als angemessen.

Jede Stalltür muß sich, um ein Tier bei Brandgefahr schnell aus dem Stall führen zu können, *nach außen öffnen lassen.* Umgekehrt würde ein in Angst und Panik geratenes Pferd gegen die Tür drängen und so das Öffnen erschweren oder gar unmöglich machen.

Die Türschwelle soll mit dem Fußboden der Stallgasse abschließen, aber gut 6 bis 8 cm über dem Außenboden liegen und 4 bis 8 cm nach außen vorstehen, um das Einfließen von Oberflächenwasser zu verhindern.

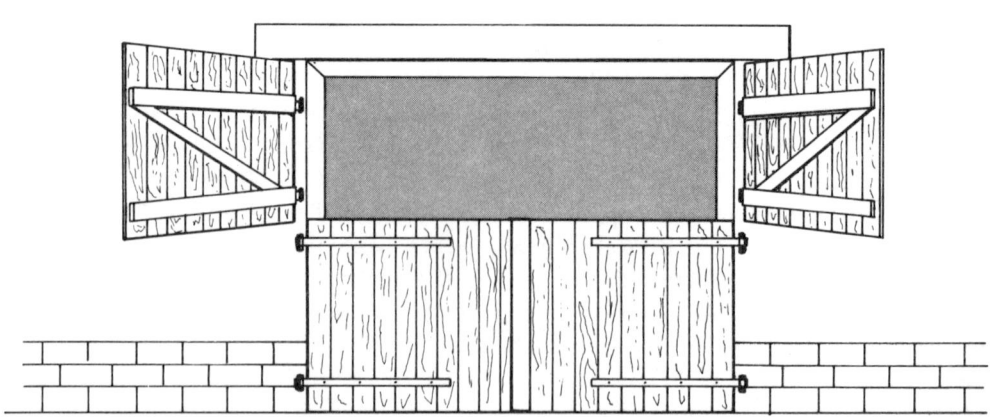

Stallaußentüren sollten unbedingt als geteilte Türen hergestellt werden. Wir brauchen dann nur den oberen Türflügel zu öffnen, um zusätzlich zu den anderen Lüftungsmöglichkeiten Licht, Luft und Sonne hereinzulassen. Der untere Türflügel bleibt geschlossen und verhindert, daß Zugluft entsteht oder daß Pferde, die sich losgemacht haben, entlaufen. Es gibt unter Pferden Meister, die sich nicht nur vom Stallhalfter befreien, sondern auch aus der Box. Kaum zu glauben, aber doch schon wiederholt geschehen. Sehr große Stalltüren kann man sogar vierteilig ausführen, also sowohl waagrecht als senkrecht teilen.

Keine Tür ohne Schloß und Riegel

Schließlich muß die Stalltür auch zu verriegeln und zu verschließen sein, wenn wir unbefugten Personen den Zutritt verwehren wollen. Sattel- oder Pferdediebstahl, groben Unfug und Tierquälerei kann man durch Schloß und Riegel zu verhindern suchen. *Ein festes Vorhangschloß ist jedem anderen Schloß vorzuziehen*, da es im Notfall, wenn der Schlüssel nicht zur Hand ist, durch Hammerschläge oder Schläge mit einem anderen festen Gegenstand leichter zu sprengen ist, als ein Einsteck- oder Kastenschloß.

Um das Eindringen von Kälte zu vermeiden, müssen Stallaußentüren doppelwandig hergestellt werden. Die Bretter sollten wenigstens 25 mm stark sein, und es genügt, wenn sie einseitig gehobelt sind. Bretter mit Nut und Feder oder Falz sind nicht nötig, das ist eine Frage des Geschmacks und des Geldbeutels. Zum Streichen der Türen eignet sich Karbolineum, aber auch jedes der anderen Holzschutzmittel. Um ganz sicher zu sein, daß die Türe dicht ist und Zugluft und Kälte auch wirklich abhält, kann man ja zwischen die beiden Bretterschichten ungesandete Dachpappe oder Styropor einlegen oder die äußeren Stoßfugen der Tür mit Holzleisten abdecken.

Als Schiebetüren gearbeitete Außentüren sind nicht dicht genug. Die obere Führung hakt oft aus, die untere Führung verschmutzt sehr schnell und erschwert dadurch das Hin- und Herschieben der Tür.

Für den Innenbereich genügen einfachere Türen mit einer geringeren Breite und Höhe, doch sollte die Größe von 1,20 × 1,80 m nicht unterschritten werden. Für die Boxentüren trifft dies alles natürlich nicht zu, sie sollen im Zusammenhang mit der Box und ihrer Einrichtung besprochen werden.

Stallfenster haben die wichtige Aufgabe, den Stall durch den Zutritt von Tageslicht und Sonne ausreichend zu erhellen, nach Wunsch und Bedarf auch Frischluft ein- und verbrauchte Luft ausströmen zu lassen und das Eindringen unerwünschter Kaltluft zu verhindern. Stalltemperatur und Stallklima lassen sich über die Fenster regulieren, darum müssen sich alle Fenster einwandfrei öffnen und schließen lassen und die Anzahl der Fenster muß so bemessen werden, daß die gewünschte Wirkung entstehen kann. Eine von Fachleuten aufgestellte und allseits anerkannte Faustzahl fordert, daß die Fensterfläche $1/15$ bis $1/20$ der Stallgrundfläche betragen soll. Unter Stallgrundfläche ist die Bodenfläche eines Pferdestalles einschließlich Boxen, Stände,

Stallgasse und etwaiger Nebenräume entsprechend dem Grundriß des Stalles zu verstehen. Bei einem Stall von 6×20 m = 120 m^2 müßte die Fläche aller Fenster bei $^1/_{15}$ der Stallgrundfläche 8m^2 betragen, bei $^1/_{20}$ dagegen nur 6 m^2 Fenster insgesamt. Wie nun im einzelnen diese Gesamtfensterfläche auf die Zahl der gewünschten Fenster verteilt wird, das bleibt im allgemeinen dem Bauherrn bzw. dem Architekten überlassen. Nach den Maßen des Beispiels würde man entweder 8 oder 6 Fenster von je 1 m^2 Größe und lieber ein rechteckiges als ein quadratisches Format wählen. Die Fläche der Fenster im Stall kann im Grunde genommen nie zu groß, eher zu klein sein. Nur ein heller und gut belüfteter Stall – und ein sauberer dazu – ist auch ein gesunder Stall!

Als Material für Fensterrahmen stehen uns heute neben Holz und Eisen auch Beton und Kunststoff zur Verfügung. Die »Fertig-Stallfenster« aus Beton oder Kunststoff werden komplett mit Scheiben und Rahmen in den verschiedensten Größen und Ausführungen geliefert. Der Einbau dieser Fenster kann problemlos auch nachträglich erfolgen. Als großer Vorzug entfällt der Anstrich der Rahmen, und Rost und Fäulnis haben keine Angriffsmöglichkeit. Darüber hinaus verhindern die »Kunststoff-Fertigfenster« als schlechte Wärmeleiter auch die Bildung von Kondenswasser.

Für welche Ausführung wir uns auch immer entscheiden, es ist wichtig, daß die Fenster den Stall zugfrei entlüften. Sie sollten deshalb mit »Fensterbacken« versehen sein. Weiter müssen wir dafür Sorge tragen, daß sich möglicherweise doch bildendes Kondenswasser durch Schlitze oder Tropf-

nasen so nach außen abgeführt wird, daß für das Mauerwerk kein Schaden entstehen kann, denn es darf auf keinen Fall Wasser in das Mauerwerk der Fensterbänke eindringen.

Schließlich sollen die Stallfenster nach Meinung der Fachwelt über den Köpfen der Pferde angebracht werden, damit die Pferde nicht in grelles Licht blinzeln oder bei geöffnetem Fenster in Zugluft stehen müssen. Diese Gefahr besteht ja nur, wenn die Pferde in Ständen aufgestellt werden und auch dann nur bei einreihiger Aufstallung, bei zweireihiger Aufstallung läßt sich dieses Übel durch andere Glasarten nur mildern, aber nicht ganz verhindern. Es sei denn, man entscheidet sich – wo die Dachform es erlaubt – für Oberlichtfenster.

Die heute bevorzugte Boxenhaltung läßt dieses Übel erst gar nicht auftreten. Aber wie auch immer, auch im Boxenstall sollen die Fenster nach Meinung der Fachwelt so hoch liegen, daß die Unterkante der Fenster über den Köpfen der Pferde liegt, damit sie nicht mit dem Kopf durch die Scheiben stoßen oder sich am geöffneten Fenster verletzen. Diese Gefahr scheint besonders bei Fohlen gegeben.

Die bewährte Faustregel sagt also: Stallfenster sind im oberen Drittel der Stallwand möglichst so anzubringen, daß die Pferde nicht gezwungen sind, ständig in helles Licht zu sehen. Das Format der Fenster sollte mehr rechteckig als quadratisch sein. Wo aus baurechtlichen Gründen nicht ausreichend Fenster in die Stallwand eingebaut werden können, kann vielleicht mit Hilfe von Glasbausteinen Abhilfe geschaffen werden.

Es gibt jedoch viele Pferdebesitzer, die ihren

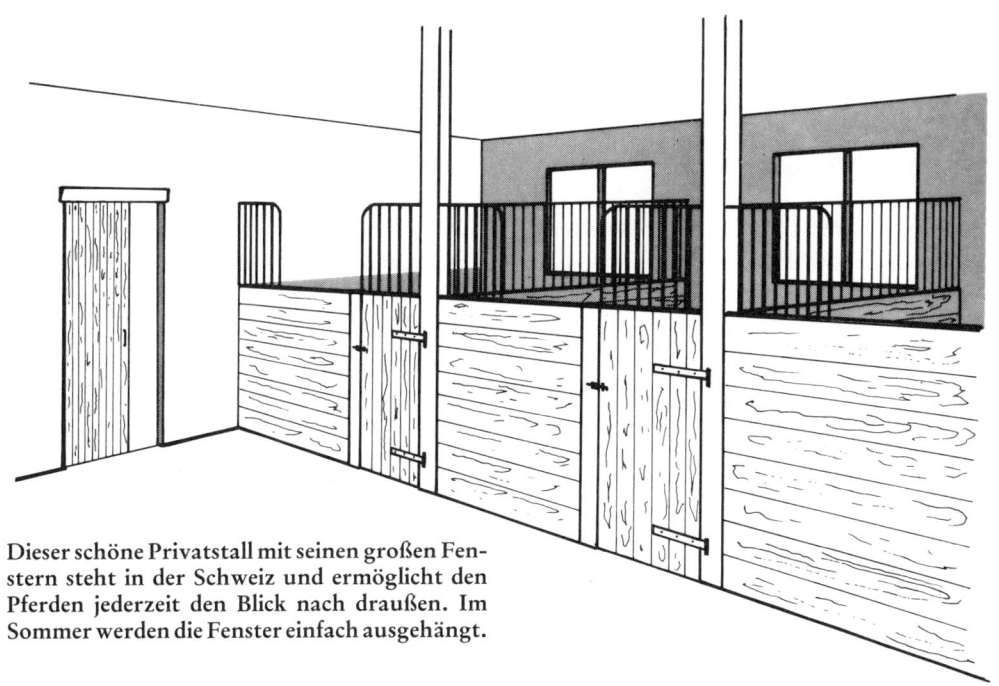

Dieser schöne Privatstall mit seinen großen Fenstern steht in der Schweiz und ermöglicht den Pferden jederzeit den Blick nach draußen. Im Sommer werden die Fenster einfach ausgehängt.

Pferden einen ungehinderten Blick aus dem Stallfenster ermöglichen und gute Erfahrungen gemacht haben. Einige halten es sogar nicht einmal unbedingt für nötig, ja sogar für überflüssig, innen vor den Fenstern zur Vermeidung von Verletzungen und Scherben ein starkes Drahtgeflecht oder Gitterstäbe anzubringen.

So ist mir ein Privatstall mit acht Boxen bekannt, der es den Pferden erlaubt, durch unvergitterte Scheiben zu gucken. Im Sommer werden die Fensterflügel ausgehängt, so daß sie ganz aus dem Fenster schauen und am Leben ihrer Umwelt teilhaben können. Sie langweilen sich nicht. Beschädigungen oder Verletzungen hat es bislang nicht gegeben. Im Stall ist immer frische Luft! Die Unterkante der Fenster liegt etwa 1,30 m über dem Stallboden. Es sind

ganz normale, zweiflügelige Fenster ohne Sprossen.

In meinem Stall liegen die Fenster der großen Box 55 × 55 cm groß an der Straßenseite mit der Fensterunterkante 1,50 m hoch. Zusätzliche größere Fenster befinden sich außerdem noch im Stall. Auch unsere Gastpferde standen gerne am Fenster, um das Leben auf der Straße aufmerksam zu beobachten. In all den Jahren ist noch keine Scheibe – Drahtgeflecht oder Gitterstäbe zum Schutze der Fensterscheiben fehlen – zu Bruch gegangen, und noch kein Pferd hat sich am Fenster verletzt.

Abschließend sei noch daran erinnert, daß auch Stallfenster ab und an – also nicht nur einmal im Jahr – geputzt werden müssen, wenn sie ihren Zweck erfüllen sollen. Denn auch die besten Fensterkonstruktionen sind wertlos und können ihre Aufgabe nicht erfüllen, wenn wir uns dieser Möglichkeit zur Gesunderhaltung unserer Pferde, sowohl im Sommer als auch im Winter, nicht bedienen. Ich möchte sagen, wenn auch in einem anderen Sinne des Wortes: Mach's Fenster auf, laß' Luft herein! Die Pferde werden dir dankbar sein.

Der Stallfußboden

Der Stallfußboden soll sich in wenigstens 10 bis höchstens 20 cm Höhe über dem Gelände erheben. *Er soll wasserdicht sein,* d. h. undurchlässig gegen Feuchtigkeit von unten und von oben. Er soll den Pferden ein angenehmes Lager und sicheren Stand bieten, also *warm und griffig* sein.

Dafür ist vom Fundament und Untergrund her durch ausreichende Packlage, Dränage und Isolation die Voraussetzung zu schaffen. Im Bereich der Boxen wird man den Fußboden üblicherweise aus *Beton* herstellen. Greift man auch für die Stallgasse zu diesem bewährten Material, muß man dem Boden durch geeignete Maßnahmen Profil geben, um ein Ausrutschen der Pferde zu verhindern. Sei es, daß man den noch nicht abgebundenen Beton durch einen harten Besen aufrauht, sei es, daß man groben Sand oder kleine Kiesel einreibt oder mittels eines Brettes Rillen eindrückt, es gibt die verschiedensten Mittel und Möglichkeiten, auch einen Betonfußboden griffig zu machen.

Entschließt man sich zur Verwendung von hartgebrannten *Klinkersteinen,* die als Pflaster hochkant verlegt werden, müssen die Fugen zwischen den Steinen selbstverständlich noch gut mit Zementmörtel ausgefüllt und verstrichen werden.

Wählt man für Box oder Stand ein *Holzpflaster* (hochkant gestellte imprägnierte Hartholzabschnitte), dann müssen auch hier die unvermeidlichen Fugen gut mit Teer ausgegossen werden.

Ein Pflaster-Fußboden, ob aus Klinkern, Zement-Verbundsteinen, Holz oder welches Material auch immer, ist nur so gut, wie seine Fugen gut ausgegossen und damit geschlossen sind, so daß keinerlei Feuchtigkeit eindringen kann. Das ist wirklich sehr wichtig, da ein brüchiger, feuchter Stallboden immer auch ein Nährboden für Krankheitskeime aller Art ist.

Eine Stallgasse mit zu vielen Rillen, etwa zur Vermeidung der Rutschgefahr, erschwert das Sauberhalten. Nicht nur Stroh- und Schmutzteile, sondern auch Wasser lassen sich schlecht aus den Rillen kehren. Man kann auch bei der »Rutschsicherung« des Guten zu viel und zu wenig tun. Es kommt, wie immer im Leben, auf das richtige Maß an. Da wir unsere Stallgasse ja täglich mehrmals fegen, sollten wir uns diese Arbeit durch eine um weniges(!) glattere Stallgasse erleichtern. Wenn man nicht gerade mit den Pferden aus oder in den Stall stürmt (und wer tut das schon?), werden sie auch nicht ausrutschen. *Wichtig ist auch, daß wir beim Anlegen der Stallgasse für ein geringes Gefälle in Richtung Ausgang oder Abfluß sorgen,* damit sich flüssige Stoffe leichter von der Stallgasse entfernen lassen und keine Pfützen stehenbleiben.

Sollten wir eine Aufstallung in Ständen vorsehen, gehört selbstverständlich eine etwa 20 bis 25 cm breite und bis zu 3 cm

tiefe Jaucherinne mit einem Gefälle von 1 bis höchstens 2 cm pro Meter zwischen den Ständen und der Stallgasse angelegt. Diese Jaucherinne mündet dann in einen Gully mit Anschluß an die Jauchegrube oder die Kanalisation.

Ganz ohne Gully, Jauchegrube oder Kanalisation geht es natürlich auch in einem Boxenstall nicht. Abgesehen von den möglichen rechtlichen Folgen würden wir unseren Pferden und uns einen schlechten Dienst erweisen, wenn wir Jauche und Schmutzwasser so einfach beim Stall versickern lassen, denn wo Schmutz ist, gedeihen Krankheitskeime aller Art.

Box oder Stand?

Die Box, auch Laufbox, Laufstall, Bucht oder Stallbox genannt, ist ganz ohne Frage die für Pferde jeden Alters und jeder Größe

Die Aufstallung in Ständen spart Platz, hat aber auch ihre Nachteile (vgl. Seite 49). Wenn schon, dann sollten wir dem Kastenstand den Vorzug geben.

angemessenste Art der Unterbringung, denn sie ermöglicht den Pferden ausreichende Stallruhe sowie ein Mindestmaß an Bewegung und Kontakt mit der Umwelt. Die Haltung von Pferden in Boxen ist also nicht nur eine Frage der Bauplanung und der Baukosten, sondern auch eine Maßnahme, die der Erziehung und Gewöhnung des Pferdes dient. Denn die Aufmerksamkeit und Beobachtungsgabe der Pferde werden durch die Unterbringung in Boxen gefordert und gefördert, die Neigung zu Furcht und dem damit verbundenen Übel des Scheuens aber gemildert, wenn nicht gar verhindert. Auch Stalluntugenden wie Weben, Scharren, Klopfen, Krippensetzen, Koppen usw., findet

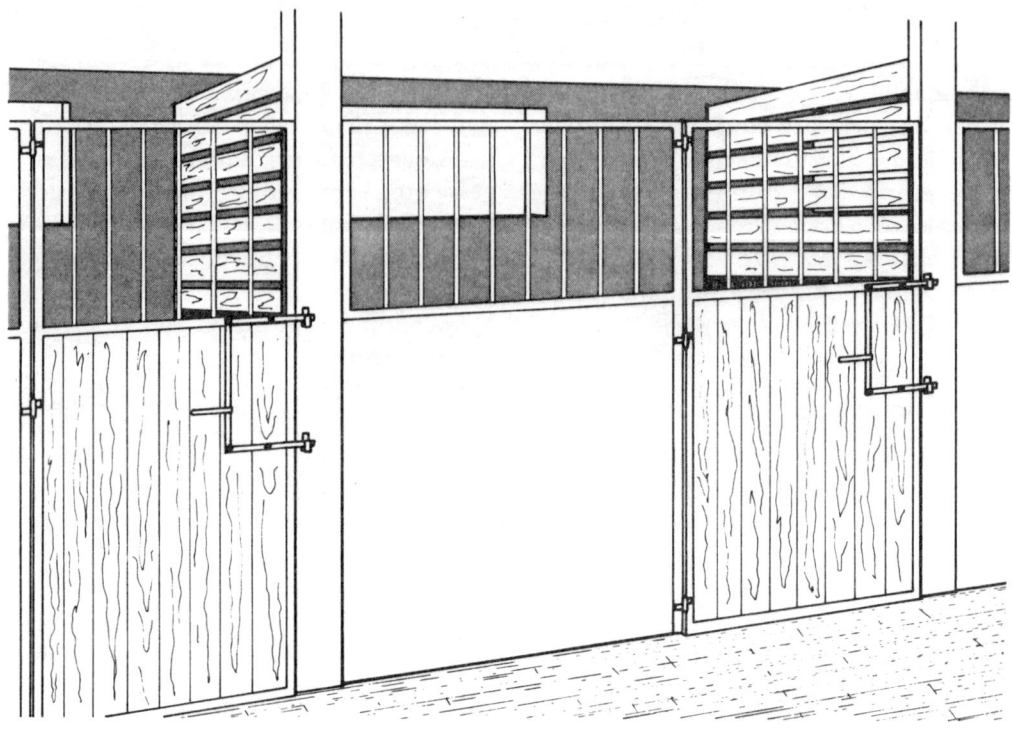

man bei Boxenhaltung nur selten, da die Pferde weniger unter Langeweile leiden. Es gibt ja immer etwas zu sehen, sofern die Box kein Gefängnis ist. Sie soll vielmehr eine sichere Warte sein, die es dem Pferd erlaubt, am Leben und Treiben ringsumher interessiert teilzunehmen oder auch sich zurückzuziehen.

Am besten eine Box mit Auslauf

Die ideale Lösung ist ganz ohne Frage die Box mit anschließendem Auslauf (Paddock), die es in das Belieben der Pferde stellt, ob sie sich im Stall oder im Freien aufhalten möchten. Nur in Schlechtwetterperioden oder in der kalten Jahreszeit soll-

Boxen mit geschlossener Frontwand (wie hier mit dem Stangengitteraufsatz) schränken die Beobachtungsmöglichkeit des Pferdes ein. Was spricht im Privatstall dagegen, daß ein Pferd auch einmal einen langen Hals in die Stallgasse hinein macht?

ten wir regulierend eingreifen und den Auslauf zeitlich begrenzen.

Ist dies nicht möglich, sollten wir wenigstens »Außenboxen« anlegen, also jeweils zusätzlich zur Boxentür im Stall mittels einer geteilten Tür einen Zugang von außen schaffen. Bei geöffneter oberer Türhälfte kann das aufgestellte Pferd am Leben außerhalb des Stalles teilnehmen. Dabei ist dann natürlich darauf zu achten, daß alle übrigen Fenster und Türen geschlossen oder so gestellt bzw. angelegt sind, daß keine Zugluft entstehen kann.

Sicher verteuert sich ein Stallneubau oder -umbau durch zusätzliche Außentüren, aber gesunde und aufmerksame Pferde sollten uns den Preis wert sein. Und schließlich wird auch das vorerwähnte Aufkommen von Stalluntugenden gemildert, wenn es nicht sogar völlig unterbleibt.

Die richtige Größe der Box

Nächst den vorgenannten Gesichtspunkten spielt die Größe der Boxen für das Wohlbefinden der Pferde eine bedeutende Rolle. Die Boxen in großen Reitanlagen sind meist nur 3 × 3 m groß, bedingt durch den Druck der Kosten für Bau und Unterhalt einer solchen Stallanlage. Diese Boxengröße ist zwar auseichend, aber in der Notenskala ergibt das dann trotzdem nur »mangelhaft«.

Ein »Rechteckpferd« hat ein Längenmaß (vom Kopf bis zum Schweif) von drei Schritt = 2,40 m, also höchstens 2,50 m. Und wenn sich Pferde, wie man es ja oft beobachten kann, völlig entspannt niederlegen, indem sie alle vier Beine von sich strecken, dann brauchen sie – vom Hufnagel bis zu den Ohrenspitzen – noch einmal ca. 2 bis 2,20 m Platz. Bei einer Boxengröße von 3 m im Quadrat haben Pferde also viel zu wenig Bewegungsspielraum. Das verhängnisvolle »Festlegen« ist kaum zu vermeiden. Unarten wie Weben, Koppen, Krippensetzen, Klopfen usw. sind zwangsläufig die Folge von Langeweile in zu kleinen Boxen.

Selbst wenn wir unseren Pferden viel Arbeit, Auslauf oder Weidegang bieten können, muß eine Box größer als 3 × 3 m sein, da in unseren Breiten ja schlechtes Wetter und kalte Jahreszeiten vorherrschen. Ich kann bei schlechten Witterungsbedingungen wohl abgehärtete Jungpferde und Zuchttiere »robust« halten, um es einmal so auszudrücken, aber doch nicht Pferde, die möglichst jederzeit und ohne große Vorbereitung zum Reiten zur Verfügung stehen sollen.

Schlechtes Wetter und schlechte Jahreszeit erfordern bei Weidegang – die Pferde wälzen sich ja gerne auf feuchten Stellen – einen erhöhten Aufwand für das Putzen, also Zeit, die für das Reiten verloren geht. Bei trockenem Wetter oder Stallhaltung genügt es aber meist, vor dem Reiten die Sattel- und Gurtlage gründlich zu säubern.

Aber zurück zur Größe der Box. Sie richtet sich – ob Neubau oder Umbau – nach den gegebenen Möglichkeiten von Baugrundstück und vorhandenem Kapital. Doch sollte man lieber auf ein Reiterstübchen ganz verzichten und die Sattelkammer nur so groß wie unbedingt nötig bauen, als den Raum für die Boxen zu klein zu bemessen. Schließlich nannte man – und man wußte wohl auch warum – die Box zu Beginn dieses Jahrhunderts auch ganz bewußt Laufbox.

Die Grundfläche darf also nicht so klein sein, daß ein Pferd sich gerade noch drehen kann. Wir sollten den Stallebensraum reichlicher bemessen, auch wenn sich dadurch die Baukosten erhöhen. Kurz: 4 × 4 m halte *ich für die angemessene Boxengröße zur Unterbringung eines Reitpferdes.*

Möchte aber ein Stutenbesitzer unbedingt unter die Züchter gehen (wovor nicht nach-

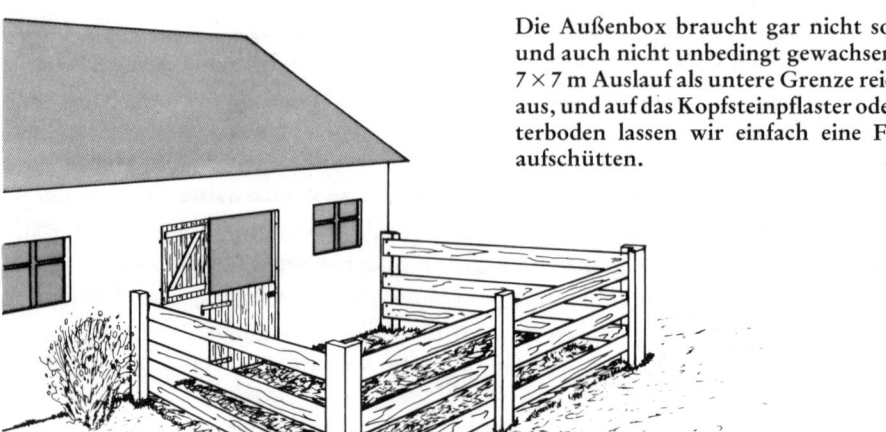

Die Außenbox braucht gar nicht so viel Platz und auch nicht unbedingt gewachsenen Boden. 7 × 7 m Auslauf als untere Grenze reichen schon aus, und auf das Kopfsteinpflaster oder den Mutterboden lassen wir einfach eine Fuhre Sand aufschütten.

drücklich genug gewarnt werden kann!), muß er noch einen Meter zugeben. Also 4 × 5 m, besser noch 5 m im Quadrat.

Der Untergrund

Ebenso wie die Größe der Box spielt der Untergrund, also der Stallfußboden, eine wichtige Rolle für Gesundheit und Wohlbefinden der Pferde. Nun hört man ja davon, daß mancher nur den Mutterboden im Stall- oder Boxenbereich entfernt, mit Torfmull wieder auffüllt und darauf dann die Streu als Wechselstreu oder Matratzenstreu aufbringt. Natürlich lassen sich dadurch die Baukosten niedrig halten. Ob auch die Tierarztkosten, erfährt man in diesem Zusammenhang freilich nicht, denn trotz reichlicher Torfunterlage ist es nicht zu verhindern, daß Harn und Kot in den durchlässigen Untergrund eindringen und

einen Nährboden für mancherlei Infektionskrankheiten bilden.

Unsere Altvordern waren doch ganz gewiß sparsamere Leute als wir Heutigen. Doch diese Methode haben sie – gewiß aus guten Gründen – nicht angewandt. Natürlich hatten sie den Lehmboden für Stallungen, der auch heute noch seine ganz großen Vorzüge hat: Er ist warm und rutschsicher. Und wenn er mindestens alle drei bis vier Jahre entfernt und durch einen neuen Lehmschlag ersetzt wird, ist der Lehmboden auch hygienisch. Aber wer hat schon eine Lehmgrube, und wer hat so billige Arbeitskräfte oder so viel Zeit und Kraft, daß dieses Verfahren nicht nur sehr gut für das Wohlbefinden der Pferde, sondern auch gut für unsere Brieftasche, d. h. preiswert ist? Nein, diese Methode scheidet für uns Heutige wohl aus.

Wir müssen auf andere Weise dafür sorgen, daß wir einen gesunden Stallfußboden bekommen, der gegen Feuchtigkeit von unten und von oben undurchlässig ist. Dazu gehört, ganz besonders, wenn das

Stall- oder Baugrundstück feucht ist, daß wir von Grund auf für eine gute Dränage und Isolierung sorgen. *Trockenes Baugrundstück, trockene Fundamente und trockenes Mauerwerk sind wichtige Voraussetzungen für einen gesunden Stall mit gesunden Pferden.* Deshalb hat der *Betonfußboden* sich so sehr bewährt. Sicher, es gibt wärmere Stallfußböden, den Lehmboden, von dem wir ja schon sprachen, der aber durch die erforderliche Erneuerung arbeitsaufwendig und teuer ist.

Das *Holzpflaster* hat ebenfalls vorzügliche Eigenschaften: es ist warm und weich. Doch wenn es feucht wird und die Fugen ausbröckeln, wird es rutschig und auch unhygienisch. Beides ist auf Dauer kaum zu vermeiden. Ein Stallfußboden aus *hartgebrannten Ziegelsteinen*, flach oder hochkant verlegt und mit Zement ausgefugt, ist wärmer als Beton, aber von geringerer Haltbarkeit. Teurer ist er auch, weil das Pflaster eben mehr Arbeitszeit erfordert als das Gießen eines Betonbodens. Wenn dann noch nachlässig ausgefugt worden ist und Fugen ausbröckeln, kann die Stalloberflächenfeuchtigkeit einbrechen und im Boden ein Zersetzungs- und Zerstörungswerk beginnen, das sich mit der Zeit schädlich auf die Gesundheit der Tiere auswirken muß.

Ich kann nur den Betonboden empfehlen, jedenfalls bei Neubau oder Umbau. Allein der Betonboden ist auch rattensicher! Natürlich darf ein Betonfußboden nicht glatt wie eine Tanzdiele sein: Griffiger Rauhbeton soll und muß es sein; ob mit oder ohne Gefälle nach irgend einer Seite, darüber kann man verschiedener Meinung sein.

So hat man mancherorts gute Erfahrungen damit gemacht, daß man dem Fußboden in jeder Box von den Seiten her ein geringes Gefälle zur Mitte gegeben hat. *»Badewanneneffekt«* nennt man das. Auf diese Weise will man erreichen, daß sich alle Feuchtigkeit in der Mitte der Box unter der Matratze sammelt und der an den Seiten leicht ansteigende Stallfußboden – unterstützt durch eine sachgerechte Einstreu – ein Festlegen der Pferde erschwert. Nun bin ich freilich der Meinung, daß in einer genügend großen Box ein Festlegen beinahe unmöglich ist und es deshalb dieses »Badewanneneffektes« beim Boxenfußboden nicht bedarf.

In manchen Ställen hat man auch ganz bewußt den Fußboden um ca. 10 cm tiefer gelegt als die Stallgasse. Dadurch soll der Verunreinigung der Stallgasse durch Stroh und Mist begegnet werden, was sich jedoch auch durch diese Maßnahme nie ganz vermeiden läßt. Der Besen ist noch immer das wirksamste Mittel, um eine Stallgasse sauber zu halten.

In großen Stallanlagen mit verschiebbaren Boxentrennwänden ist der tiefer liegende Boxenboden natürlich für die mechanische Entmistung mittels Frontlader von großem Vorteil, da er eine sichere seitliche Führung der Ladeschaufel ermöglicht. Nachteilig kann sich der tiefere Boxenboden beim Hinaus- und Hineinführen der Pferde auswirken, da es leicht zu Kronenverletzungen und Verstauchungen kommt. Die Pferde gewöhnen sich jedoch sehr schnell daran, zumal, wenn man sie anfangs durch ein »Paß auf!« aufmerksam macht.

Der entscheidende Nachteil der tieferliegenden Box ist meiner Meinung nach der, daß bei der Pferdepflege, Stallsäuberung usw. Schmutzwasser von der Stallgasse in die tiefer liegende Box läuft, sich dort sammelt und die Matratzenstreu zusätzlich verschmutzt und durchfeuchtet. Darum ist dem Boxenfußboden auf dem Niveau der Stallgasse der Vorzug zu geben.

Nicht unerwähnt bleiben soll, daß mitunter auch dem Boxenfußboden *ein leichtes Gefälle zur Stallgasse* gegeben wird, wobei die leicht gebrochene, abgerundete Vorderkante ca. 2 cm höher liegt als die Stallgasse und dann zur Rückseite der Box um 1 cm pro Meter ansteigt. Damit erreicht man, daß alle in die Boxenstreu eindringende Feuchtigkeit nach vorn – also zur Stallgasse hin – durchsickert, die Streu bleibt trockener. Außerdem wird die gründliche, von Zeit zu Zeit erforderliche Säuberung der Box erleichtert, da das Wasser leichter abfließt.

Schließlich muß auch noch die *Stallmatte aus Gummi oder Kunststoff* erwähnt werden, die als neuer Bodenbelag in die Pferdeställe einzieht. Die Hersteller geben an, daß der Boxenboden bei Verwendung von Stallmatten weich, warm und trocken, rutschfest und hygienisch wird. Dazu kommt als weiterer Vorzug geringerer Strohverbrauch, da man bei der Einstreu mit weniger Stroh auskommt, in Ausnahmefällen sogar ganz auf das Stroh verzichten kann. Aber bitte nur in Notfällen!

Die Boxenwände

Eine Wandseite der Box steht uns ja immer durch die Stallaußenwand zur Verfügung. Die drei anderen Wandteile (zwei seitliche Trennwände und die Frontwand mit Tür)

müssen noch zusätzlich errichtet werden.

Hier verwenden wir am besten die *Fertigbauteile* bewährter Hersteller. Die Angebotspalette ist so breit, daß für jeden Zweck und jeden Geldbeutel geeignete Teile angeboten werden. Allerdings sollten wir prüfen und vergleichen, denn Preiswertes ist nicht immer seinen Preis wert und Teures ist auf Dauer manchmal eben doch billiger. Wenn wir aber keine Bauteile verwenden wollen, müssen wir Handwerker bemühen. Da ja wohl zu jedem Bau auch das Maurerhandwerk gehört, liegt es nahe, für die seitlichen Trennwände und die Frontwand der Box auf den allseits bewährten *Ziegelstein* zurückzugreifen: er ist unempfindlich, wenig reparaturanfällig und hat gute wärmetechnische Eigenschaften. Er wird von den Pferden weder benagt, noch klopfen sie mit den Hufen dagegen.

Und es gibt ja Pferde, die geradezu mit Begeisterung gegen die Holztrennwände ihrer Boxen schlagen oder diese auch gekonnt benagen, sehr zum Ärger der Pfleger und Besitzer. Vom Pferdezahn verschont bleiben ja nur bestimmte ausländische Holzarten, die einfach abscheulich schmecken müssen. Unsere deutsche Eiche dagegen wird – auch wenn sie imprägniert ist – von vierbeinigen Feinschmeckern gerne angenommen. Und wenn man so durch Deutschlands Pferdeställe geht, gibt es anscheinend viele Feinschmecker.

Schließlich wäre noch von den Kosten zu reden. Und diese sind ohne Zweifel geringer, wenn man die Trennwände aus Ziegelsteinen baut.

Soll man das Mauerwerk verputzen oder

nicht, diese Frage stellt sich noch. Hier scheiden sich die Geister. Wie auch immer wir uns entscheiden, wir müssen wissen und deshalb den ausführenden Handwerker darauf hinweisen, *daß für das Verputzen von Stallinnenwänden kein Zementputz verwendet werden darf,* denn Zementputz ist ein guter Wärmeleiter und alle Feuchtigkeit im Stall schlägt sich auf ihm nieder. Und feuchte Wände und Ställe sind auch immer kalt und ungesund. Halt-

barer ist Zementputz, aber auch luftundurchlässig. *Und unser Mauerwerk im Stall soll ja atmen können. Darum rate ich zu unverputztem Mauerwerk aus »Vollziegeln« und zur Verwendung eines ganz normalen Mauermörtels im Mischungsverhältnis 1:3.* Haben die Maurer sauber, d. h. vollfugig gemauert, erübrigt sich jegliches Verputzen; nur auf ein zweimaliges Tünchen mit Weißkalk sollten wir nicht verzichten.

Wenn aber Putz, dann kein Zementputz, sondern ein Mörtelputz mit glatter Oberfläche, die sich leicht sauberhalten läßt. Aber auch dieser Putz, darüber sollten wir uns im klaren sein, erschwert das Atmen der Wände (Teil der »natürlichen Ventilation«) im Stall. Gleiches gilt auch für An-

Diese einfache Trennwand aus Holz ist leicht zu bauen. Doch sollten wir die Kant- oder Rundhölzer und die Bretter aus Gründen der Kostenersparnis nicht zu schwach wählen. Was wir am Anfang sparen, setzen wir sonst bei den erforderlichen Reparaturen wieder zu.

striche mit Ölfarbe oder Verkleidung der Wände mit Kacheln.

Für die Höhe der Boxentrennwände gilt als Faustregel, daß dieselben bis zur halben Stallhöhe geschlossen sein sollen. Darüber folgt ein Gitter aus Holz oder Metall, wenigstens 60 cm hoch. Bei einer lichten Stallhöhe von 3 m sollten die seitlichen Trennwände bis zur Höhe von 1,50 m geschlossen sein, ruhig auch höher. Auf die Mauerkrone kommt dann ein ca. 1 m hoher *Gitteraufsatz* aus Metall oder auch aus Holz. Auf keinen Fall dürfen die seitlichen Trennwände bis zur Höhe der Stalldecke

Ein Trennwandaufsatz muß nicht immer aus Metall sein, starke Dachlatten tun es auch.

geschlossen sein, da sonst die natürliche Ventilation unterbrochen wird. Man kann natürlich auch die Seitenwände bis zu 2 m hoch mauern und dann den Gitteraufsatz weglassen. Es genügt den Pferden zur Not, wenn sie sich hören und riechen können; sie müssen sich nicht unbedingt sehen.

Wenn aber Gitteraufsatz, dann muß das wie gesagt nicht immer ein metallener sein. Greifen wir ruhig auch zu Holz; Dachlatten in der Stärke von 3 × 5 cm, gut mit Karbolineum imprägniert, erfüllen den Zweck auch. Natürlich können wir auch andere Holzschutzmittel verwenden, doch sollten wir uns vor der Verwendung vergewissern, daß sie ungiftig sind, denn nach meiner Erfahrung kann kein Holzschutzmittel ver-

Luftschlitze in der Boxentrennwand helfen die Luft bewegen und sind damit wichtig für ein gesundes Stallklima. U-Eisen läßt sich gut als Führung für das Holz der Boxentrennwand verwenden. Nicht zuletzt lassen sich dadurch zwei kleinere Boxen zu einer großen Box einfach erweitern (s. Seite 46).

hindern, daß Holz von Pferden benagt wird. Weiter ist zu beachten, aus welchem Material der Aufsatz auch hergestellt wird, *daß die einzelnen Metallstäbe oder Holzlatten nicht weiter als 8 cm auseinanderstehen,* um bei etwa steigenden Pferden ein Hängenbleiben mit den Hufen auszuschließen, was zu unheilbaren Verletzungen führen kann. Bei tiefer angebrachten Trenngittern (etwa ab 1,50 m Höhe) wird so auch ein gegenseitiges Beknabbern, das häufig zu Beißereien führt, verhindert.

Wer aufmerksam durch Pferdeställe geht, wird beobachten, daß mitunter seitliche Boxentrennwände mit *Luftschlitzen* ausgestattet sind. Man findet sie in verschiedener Höhe und auch in verschiedener Breite. Sie haben die Aufgabe, die natürliche Ventilation zu fördern, d. h. verbrauchte, ammoniak- und kohlendioxidhaltige Luft wegzuführen und frische Luft zuzuführen. Die gesundheitsschädlichen Gase, die bei der Zersetzung der Harnstoffe entstehen, befinden sich ja in der Masse in Bodennähe über der Einstreu. Die Luftschlitze müssen also, wenn sie ihren Zweck erfüllen sollen, in einer Höhe von weniger als 50 cm angebracht werden.

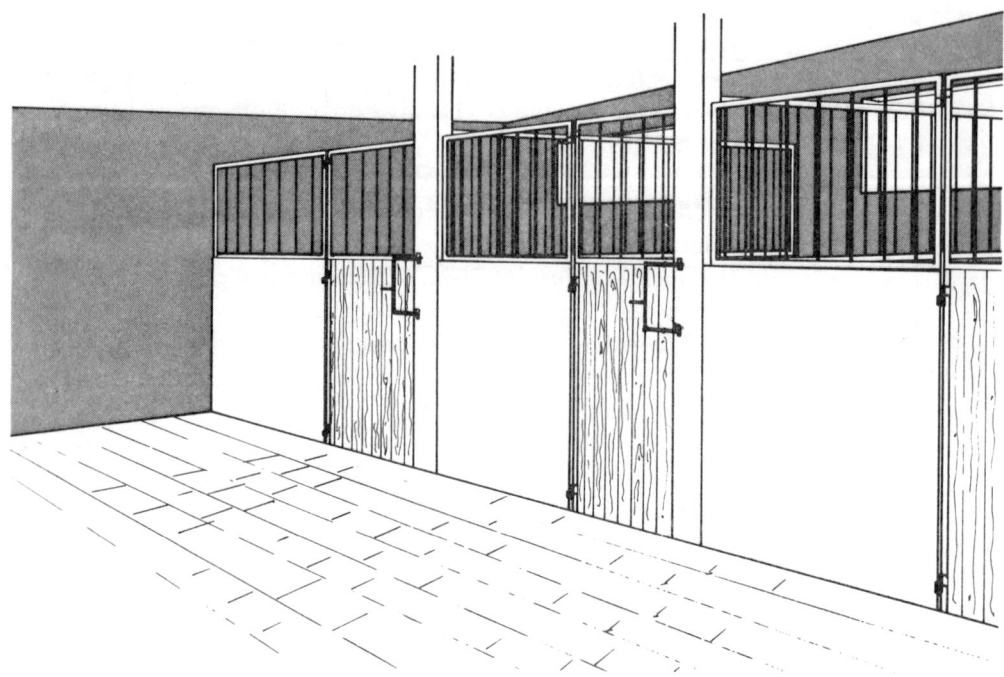

Die durch die Luftschlitze zugeführte Frischluft tritt an die Stelle der verbrauchten Luft, die nach oben durch die Luftschlitze bzw. Abluftschächte entweicht.

Die *Frontwand*, welche die Box zur Stallgasse abschließt, läßt nun die verschiedensten Möglichkeiten der Ausführung zu. Nicht nur, weil die Boxentür ein Teil dieser Wand ist, sondern weil vom »Gesicht« der Frontwand auch die Stallatmosphäre und der erste Eindruck auf Besucher bestimmt werden.

Eine Stallgassenfront von Metallgittern erinnert immer ein wenig an ein Gefängnis. Natürlich sind solche Gitterfronten in großen Stallungen im Interesse von Pferden, Reitern und Besuchern unumgänglich. Das unerwünschte Füttern wird erschwert und Besucher können durch Pferde, die einen

Geschlossene Boxen, im Bild nicht nur mit Frontgitter-, sondern auch mit Trennwandgitteraufsatz, sind im Interesse aller den Stall aufsuchenden Personen manchmal auch in einem Privatstall nicht zu vermeiden.

»langen Hals« machen, nicht belästigt werden. Aber für einen kleinen Privatstall trifft das ja alles nicht zu, weshalb wir die *offene Frontwand* vorziehen sollten. Auch wer sich für vorgefertigte Bauteile entscheidet, braucht auf eine offene Frontwand nicht zu verzichten.

Eine *geschlossene Frontwand* sollte immer eine verschließbare Futterluke haben. Die offene Futterluke erleichtert zwar das Füttern, da das Auf- und Zuklappen entfällt, doch ist es den Pferden möglich, die Köpfe

42

durch die Luke auf die Stallgasse zu strekken. Überhaupt scheint die Futterluke entbehrlich, wenn man beobachtet, daß in vielen Reitanlagen die Pferdepfleger zum Füttern in die Box treten. Nach dem »Warum« gefragt, sagen sie, daß das Öffnen und Schließen zu umständlich, die Luke für die Futterschüssel zu klein und das Säubern der Krippe von Stroh oder auch Kot durch die kleine Luke unbequem sei. Darum gingen sie lieber gleich zum Füttern in die Box.

Angenehm freilich ist die Futterluke im Umgang mit gierigen futterneidischen Pferden oder für ängstliche, vorsichtige, im Umgang mit Pferden nicht vertraute Gemüter. So gerne die Jungen und Mädchen nach der letzten Nachmittagsreitstunde das Stallpersonal beim Füttern unterstützten und mit großer Freude die Krippen füllten (damals im alten Stall noch ohne Futterluken), wenn die Reihe an »Dandy« oder »Stoltenberg« kam, waren sie doch dankbar, wenn ein Pfleger oder erwachsener Reiter an ihre Stelle trat. Man mußte bei diesen beiden schon ganz entschieden und bestimmt die Box betreten, dann waren sie friedlich wie die Lämmer. Wer aber unsicher war, dem begegneten sie mit Drohgebärden und ließen ihn nicht in die Box.

Die offene Boxenfront erleichtert nicht nur das Füttern (man muß die Box dazu nicht betreten), sondern sie fördert auch den hautnahen Kontakt zwischen Pferd und Reiter im Stall, denn so kann man seinen vierbeinigen Kameraden auch gleich einmal im Vorbeigehen klopfend loben.

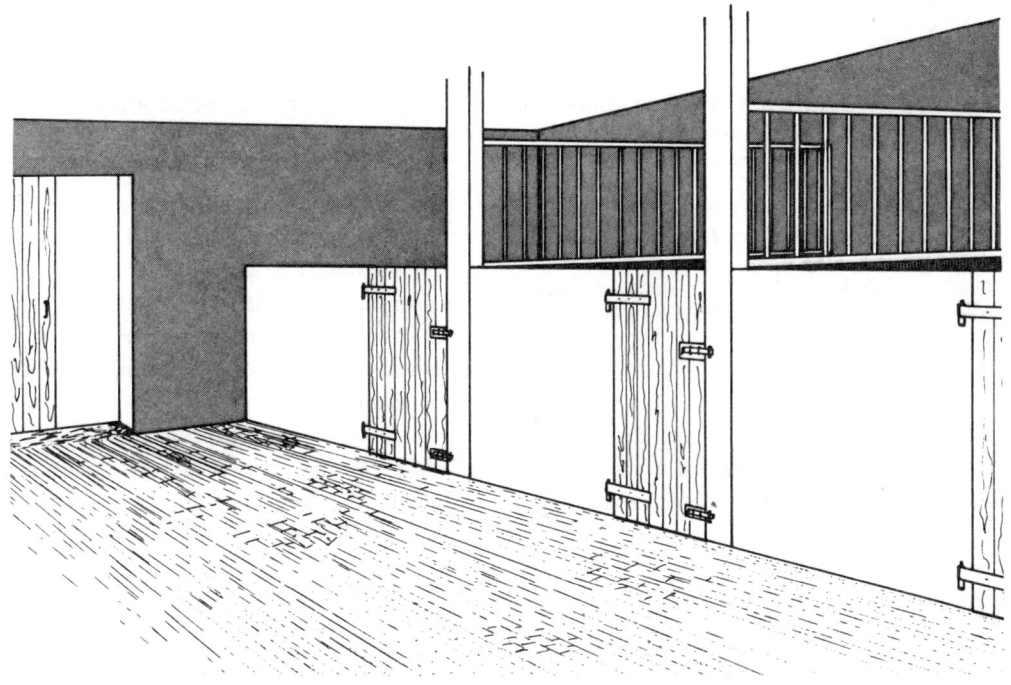

Wird die Boxenfrontwand als Futtertisch gebaut (mit oder ohne Frontgitter und Futterluke), dann dürfen nur Krippe und Raufe nebeneinander liegen. Die Selbsttränke gehört an eine andere Stelle der Box. Der schnelle Schluck Wasser bei der Futteraufnahme fördert nämlich das gute Kauen und Einspeicheln nicht, wohl aber die Manscherei und ihre Folgen: Verunreinigung der Selbsttränke, der Krippe, der Futtermittel und der Einstreu.

Welche Möglichkeiten sich für die Gestaltung der Frontwand bieten, möchte ich nachfolgend an drei Beispielen zeigen:
1. *Haben wir für die Trennwände zum Ziegelstein gegriffen,* werden wir es für die Frontwand auch tun. *Wir bauen die Frontwand als Futtertisch,* d. h. die Krippe wird in das Mauerwerk (Oberkante etwa 80 bis

90 cm hoch) glatt und bündig eingesetzt. Wir achten dabei darauf, daß die Krippe in der ganzen Breite untermauert wird, daß sich das Mauerwerk aber schräg nach unten verjüngt, um Verletzungen im Bereich des Vorderfußwurzelgelenks zu vermeiden. Wir sorgen dafür, daß alle Kanten gebrochen, d. h. abgerundet werden. Für alle Fälle bringen wir auch in der Box am Krippentisch einen Anbindering an.
Wer das Heu nicht vom Boden füttern will, wird eine Heuraufe mit in den Futtertisch einbauen. Geeignete, sich nach unten verjüngende Heuraufen bietet der Handel als »Bodenraufen« an.
Nun klafft ja in der Frontwand noch ein Loch von 1,20 bis 1,50 m Breite für die Tür, das wir schließen müssen. Um ein einheit-

liches Gesicht zu wahren, kommt nur eine *Halbtür* in Frage, die nur wenig höher als der Krippentisch sein soll. Die Kloben für die Tür setzt man am besten in die Mauer des Krippentisches ein, da dieses Mauerwerk stärker ist als das der Trennwand.

Auf der rechten Hand, in den kleinen Winkel, der durch die T-Form des Abschlusses der seitlichen Boxentrennwände entstanden ist, bringen wir die Selbsttränke unter.

Für die offenen Frontwände spricht auch, daß die Pferde an allen Vorgängen im Stall teilnehmen können. Allerdings ist die Stallgasse in einem Boxenstall, in dem sich beiderseits vom Mittelgang Boxen befinden, so breit anzulegen, daß die Pferde, auch wenn sie extrem lange Hälse machen, sich nicht berühren können: also mindestens 3 m breit.

Nicht alle Pferde sind friedlich und nicht alle Stallbesucher ohne Angst vor großen Tieren; bei offener Frontwand ist aber eine Belästigung von Besuchern durch neugierige und eine Verletzungsgefahr durch ängstliche oder auch bösartige Pferde nicht auszuschließen. *Die einschlägige Rechtsprechung ist im Grunde gegen die offene Frontwand,* wie ergangene Urteile beweisen. Ich bin allerdings der Meinung, daß in einem kleinen Privatstall mit wenigen Pferden diese Bedenken nicht nötig sind. Wer zu einem Privatstall Zutritt hat – unsere Kinder eingeschlossen –, kennt die Pferde und umgekehrt, und Belästigungen durch bettelnde Pferde begegnet man, indem man jegliches Füttern von Zucker, Brot usw. außerhalb der Futterzeiten strikt untersagt – von der Belohnung nach einer gelungenen Lektion oder für besondere An-

strengungen und den berühmten Ausnahmen natürlich abgesehen. Wir können diese Probleme vermeiden, indem wir auf den gemauerten Krippentisch, den wir zur Stallgasse hin mit einem Maueraufsatz bis zur Höhe von ca. 1,20 bis 1,30 m versehen, noch ein Trenngitter von ca. 60 cm Höhe setzen. Auch bei der Tür halten wir es so: Bis 1,20 m Holz, dann Gitterwerk. Das Trenngitter des Futtertisches lassen wir so herstellen, daß es sich ganz oder wenigstens zum Teil nach innen öffnen und feststellen läßt. Die Luke muß aber so groß sein, daß die Krippe bequem gereinigt und das Futter gut geschüttet werden kann.

2. Als weitere Möglichkeit, die Boxen im »Eigenbau« herzustellen, bieten sich als Baumaterial *U-Eisen und Holz* an.

Vom Schmied oder Eisenhändler besorge man sich U-Eisen in der Stärke des zu verarbeitenden Holzes und in der erforderlichen Länge. Dabei dürfen wir jedoch die Zugaben zum Einzementieren in den Fuß-

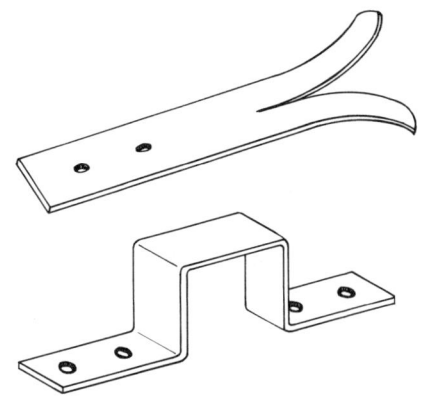

Kräftige Eisenschellen und starke Bankeisen fertigt uns zur sicheren Befestigung von Kant- und Rundhölzern in allen Größen und Stärken jeder Schmied maßgerecht an.

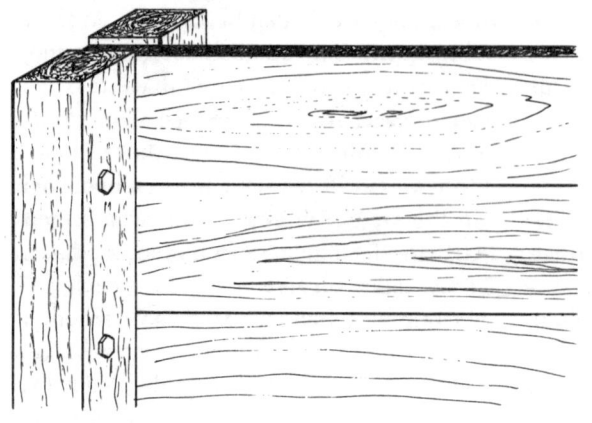

Starkes Kantholz, durch Dübel und Schlüsselschrauben mit dem Mauerwerk fest verbunden, läßt sich als Führung für die Trennwand leicht verarbeiten.

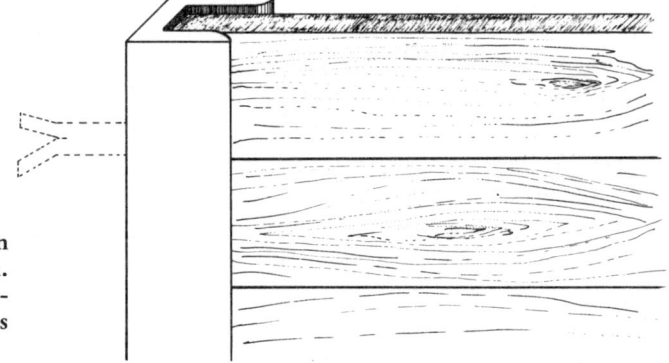

Trennwandführung aus U-Eisen und angeschweißtem Bandeisen. Das Bandeisen wird zur festen Verbindung des U-Eisens mit in das Mauerwerk einzementiert.

boden nicht vergessen. An den für die Wandseite bestimmten U-Eisen lassen wir zusätzlich noch zwei starke Bankeisen anschweißen, die in das Mauerwerk der Wand einzementiert werden und so eine feste Verbindung zwischen U-Eisen und Wand herstellen. Die übrigen U-Eisen für die Trennwände und die Frontseite werden in den Fußboden einbetoniert und zusätzlich noch mit der Decke oder einem Deckenbalken verbunden. Man kann ein übriges tun, und die U-Eisen der Eckverbindung von Trennwand und Frontwand zu-

sammenschweißen, das gibt zusätzlichen Halt. Nicht vergessen dürfen wir, die Kloben für die beiden Türbänder an ein U-Eisen der Frontseite und auf der gegenüberliegenden Seite das Schließblech, die Krampen für die Riegel oder den Schnäpper anschweißen zu lassen.

Den Aufsatz für die Trennwände stellen wir aus starken Dachlatten her. Alle Holzteile werden sofort nach dem Zuschneiden mit Karbolineum imprägniert. Wer keine schmutzigen Hände scheut, kann schon vor Baubeginn alles zu verarbeitende Holz in einer alten Wanne oder einem Faß gründlich mit Karbolineum tränken.

3. *Wir verzichten überhaupt auf Eisenteile und verwenden nur Holz:* Starkes Kantholz, 12 × 12 cm, oder starke Rundhölzer, wenigstens 15 cm im Durchmesser. Das Holz wird gut imprägniert und entweder auf den Fußboden stumpf aufgesetzt oder ca. 30 cm tief in den Fußboden eingelassen. Zusätzlichen Halt kann und sollte man dieser Konstruktion noch dadurch geben, daß man starke Flacheisen in Fußboden und Mauerwerk einzementiert und diese durch Schlüsselschrauben mit den Pfosten verbindet. *Schlüsselschrauben sind Holzschrauben vorzuziehen,* da bei ihnen nicht die Gefahr besteht, daß der Schraubenschlitz ausfranst.

Die Füllungsbretter kann man durch Schrauben oder Nägel befestigen oder auch durch starke Führungen. Wenn wir Schrauben oder Nägel verwenden, müssen wir selbstverständlich die Bohlen auf der dem Boxeninneren zugewandten Seite der Pfosten befestigen.

Besteht auch die Frontwand aus Holz, verwenden wir am besten Eckfuttertröge, da sie platzsparend sind.

Türen

Von den Türen haben wir bisher im Zusammenhang mit den Boxen nur sehr allgemein gesprochen. Die entscheidende Frage bei der Boxentür ist, ob wir nun Boxenfertigteile verwenden oder zur Tür »Marke Eigenbau« greifen, *bauen wir eine Schiebetür oder eine Schwenktür.*

Unsere bisherigen Erfahrungen mit einer dieser Türarten werden unsere Entscheidung im wesentlichen bestimmen. Warum sollte auch, wer mit Schiebetüren bisher gute Erfahrungen gemacht hat, für den eigenen Stall andere Türen wählen, zumal in vielen Ställen ja Pferde zu finden sind, denen die herkömmlichen Türen und Türverschlüsse nicht gewachsen sind. Diese Pferde findet man dann in Boxen, die durch Ketten oder Stricke noch zusätzlich gesichert sind. Es sind jene armen Geschöpfe, die mit über 20 Stunden Langeweile in ihrer Box nichts besseres anzufangen wußten, als das Spiel »Tür öffne dich« zu spielen. Von humorlosen und einfallslosen Reitern und Pflegern haben sie deshalb so viel Prügel bekommen, daß sie sich, sobald eine Person naht, ängstlich in die äußerste Ecke ihrer Box verkriechen. Damit will ich sagen, daß im Grunde genommen alle Türarten gleich gut und gleich schlecht sind.

Doch wird man wohl die Schiebetür immer da verwenden, wo die Stallgasse nicht ganz die wünschenswerte Breite hat. Für die übliche Schwenktür mit Langbändern wird sich entscheiden, wem die obere und untere Führung der Schiebetür nicht fest und sicher genug ist.

Da bei den meisten Schiebetüren die obere Rollenführung durch eine Profilschiene erfolgt, besteht immer die Gefahr, daß die Rollen durch Druck von seiten des Pferdes oder zu viel Schwung beim Aufschieben der Tür von der Schiene springen und die Tür sich nicht mehr öffnen läßt. Es ist dann nicht ganz einfach und erfordert Kraft und Geschick, die Tür allein wieder einzuhängen. Die untere Führung – wie auch immer gearbeitet – verschmutzt schnell und erleichtert dann das Öffnen der Tür auch nicht gerade. Deshalb hat die Industrie dieser häufig vorgebrachten Beschwerde von Handel und Verbraucher Rechnung getragen und stellt jetzt Schiebetürbeschläge her, bei denen die Rollen in rechteckigen Gleitschienen laufen und ein Entgleisen von der Schiene ausgeschlossen ist.

Die Aufstallung in Ständen bringt für Pferd und Reiter viele Nachteile: mangelnde Bewegungsmöglichkeit für das Pferd und den stumpf machenden Blick auf die öde Wand. Und wenn der pferdegewohnte Reiter und Pfleger verhindert ist, dann fördert der Stand die Angst vor großen Tieren. Manches Pferd ist dadurch schon ohne Hafer geblieben, weil mit der langen Gabel von der Stallgasse aus wohl das Heu gegeben werden kann, aber nicht der Hafer.

Die übliche »Schwenktür«, manchmal auch »Drehtür« genannt, da sie sich in den Türangeln dreht, ist fester und sicherer und widersteht dem Druck eines Pferdes besser. Geöffnete Schwenktüren müssen auch durchaus nicht in die Stallgasse drohen, da es ja Türbeschläge gibt, die sich ab einem bestimmten Öffnungswinkel selbständig vollständig öffnen bzw. schließen.
Ob wir uns für eine Schiebetür oder Schwenktür entscheiden, wichtig ist vor allem, daß wir nur gutes Material verwenden und die Tür breit genug ist. *Das lichte Maß der Boxentür sollte 1,20 m nicht unterschreiten,* besser ist eine Breite von 1,50 m. Schließlich sollten wir auch auf gut funktionierende und wenig hervorstehende Türverschlüsse achten; der Handel hält eine

große Auswahl bereit. Zwei kräftige, verzinkte Riegel sind für Schwenktüren noch immer der funktionstüchtigste und sicherste Türverschluß.

Stände

Die Aufstallung von Pferden in Ständen ist im Grunde genommen für unsere heutige Art der Pferdehaltung ein Übel und hatte in den Militär-, Landwirts- und Gewerbeställen der Vergangenheit nur dadurch ihre Berechtigung, daß auf gleichem Raum eine größere Anzahl Pferde untergebracht werden konnte. Auch bekamen die Pferde dieser Zeit genügend Bewegung im Reit- und Fahrdienst der Truppe oder durch die Arbeit in Landwirtschaft und Gewerbe. Nebenbei hatte die Aufstallung der Pferde in Ständen, die nur durch *Latier- und Flankierbäume* voneinander getrennt waren, den erzieherischen Zweck, Roß und Reiter an einfache, feldmäßige Stallverhältnisse zu gewöhnen. Begünstigt wurde diese Maßnahme dadurch, daß die Pferde über viele Jahre ihre gleichbleibenden Standnachbarn hatten und eine Stallwache Tag und Nacht für Ruhe und Ordnung sorgte.

Wenn auch in den landwirtschaftlichen und gewerblichen Ställen die ständige Stallwache fehlte, so gingen doch die Pferde meist viele Jahre miteinander im Gespann oder waren Standnachbarn im Stall. Zusätzlich sorgte noch ein strammer Arbeitstag dafür, daß die Pferde im Stall verträglich waren und Ruhe hielten. Der Arbeitstag der Pferde ist ja – ausgenommen die »Verleiher« – im Normalfall heute leichter und weniger ermüdend. Die Pferde haben allgemein zu wenig Bewegung. Wer nun aus Platz- oder anderen Gründen Pferde in Ständen aufstallen muß, sollte wenigstens auf Latier- oder Flankierbäume verzichten und sich für die *feste Trennwand entscheiden.*

Sind die Stände nur durch Latierbäume getrennt, ist nicht auszuschließen, daß die Pferde sich im Liegen gegenseitig durch ihre ausgestreckten Beine stören, unter den Latierbaum zu liegen kommen oder mit einem Bein darüber geraten. Auch die Verwendung von *Schlagschürzen* kann nicht verhindern, daß sich die Pferde gegenseitig verletzen. Sind sie im Stand auch noch zu lang angebunden – ein Fehler, der aus wohlmeinender Fürsorge für die Pferde häufig gemacht wird –, bekommen die »lieben Tierchen« aus Futterneid und anderen Gründen auch noch ausreichend Spielraum, um sich zu necken und zu beißen. Kurzum: Müde Pferde finden in einem nur durch Latierbäume abgetrennten Stand nicht die erwünschte Ruhe, wohl aber lebhafte Pferde jede Gelegenheit für allerlei Schabernack. Im Grunde genommen muß man noch dankbar dafür sein, daß die Pferde trotz der stumpfsinnig machenden Aufstallung (immer nur die kahle Wand vor sich) noch so lebhaft um Abwechslung bemüht sind.

Ein weiterer Nachteil des Standes ist, daß es nur einen Platz für den Futtertisch gibt: die Stirnseite. Hier liegen dann in einer Front Futterkrippe, Heuraufe und Selbsttränke nebeneinander. Diese Anordnung lädt die Tiere geradezu zum Planschen und Manschen und Spielen mit der Selbsttränke ein. Dabei werden nicht nur Selbsttränke und Futtertisch, sondern auch die Einstreu verschmutzt und durchnäßt. Den »schnellen Schluck« aus der Selbsttränke versucht man dadurch zu erschweren, daß man für jeweils zwei Stände eine Selbsttränke in der Mitte, in Höhe des Latierbaumes also, anbringt. Das führt aber wiederum leicht zu Streit und Beißereien unter den benachbarten Pferden. *Sehen wir jedoch keine andere Lösung, als die Stände mit Latierbaum zu trennen,* sollten die nachfolgenden Gesichtspunkte unbedingt beachtet werden:

1. Ein Stand sollte 3 bis 3,50 m lang und 1,60 bis 1,80 m breit sein.
2. Ein Stand sollte ein Gefälle von 1 bis 1½ cm pro Meter in Richtung zur Jaucherinne haben.
3. Der Latierbaum wird am Futtertisch und der Standsäule an der Stallgasse mittels sicherer, aber leicht zu lösender Latierbaumhalter kurz befestigt. Latierbäume dürfen weder mit Stricken oder Ketten an der Stalldecke befestigt werden, noch mit dem Ende auf dem Fußboden aufliegen.
4. Der Latierbaum wird am Futtertisch in ca. 1 m Höhe befestigt. Als Richtmaß gilt die Mitte des Oberarmbeins. Die Aufhängung an der Standsäule der Stallgasse darf niedriger sein, niemals aber niedriger als das Sprunggelenk. Richtzahl ist hier 10 bis 15 cm über dem Sprunggelenk.
5. Um Schlagverletzungen durch benachbarte Pferde zu vermeiden, wird empfohlen, zusätzlich noch einen Flankenschutz, die »Schlagschürze«, am Latierbaum anzubringen. *Auch das Umwickeln des Latierbaums und der Standsäule mit Strohseilen schützt vor Ver-* letzungen. Wo Langstroh fehlt oder die Kunst des Strohseileflechtens verlorengegangen ist, kann man sich auch mit Kokosläufern oder Teppichresten behelfen. Gesundheitsschädliche Kunst- und Schaumstoffe sind unbedingt zu vermeiden. Überdies wird von Latierbaum und Standsäule auch nur das hintere bzw. untere Drittel umwickelt.

Nachdrücklich sei darauf hingewiesen, daß *Kastenstände* mit geschlossenen Bohlenwänden *den Pferden mehr Ruhe und Sicherheit geben und deshalb den Vorzug verdienen.* Dabei müssen wir beachten, daß sich, zwar nicht in der Länge des Standes, wohl aber in der Breite, Veränderungen ergeben.

Ein Kastenstand sollte, um dem Pferd ein bequemes Liegen zu ermöglichen, die Mindestbreite von 1,80 bis 2,20 m haben. Die Trennwände der Kastenstände (feste Holzwände aus 4 bis 5 cm starken Bohlen) sollten 1,25 bis 1,50 m hoch sein und im vorderen Drittel einen zusätzlichen Gitteraufsatz aus Metall oder Holz bekommen, um Beißereien zwischen futterneidischen Pferden zu verhindern.

Bringen wir die Bohlen der Trennwand waagerecht an, können wir den bei senkrechter Anordnung erforderlichen Rahmen aus U-Eisen sparen. Es muß auch nicht unbedingt Eichenholz sein, allerdings sollten wir uns bei Verwendung von Fichtenbohlen für 5 cm starkes Holz entschließen. Auch geschälte Fichtenstangen in der Stärke von 10 bis 12 cm, in waldreichen Gegenden oft günstig zu bekommen, eignen sich gut, aber das ist nicht nur eine Frage des Geschmacks, sondern auch

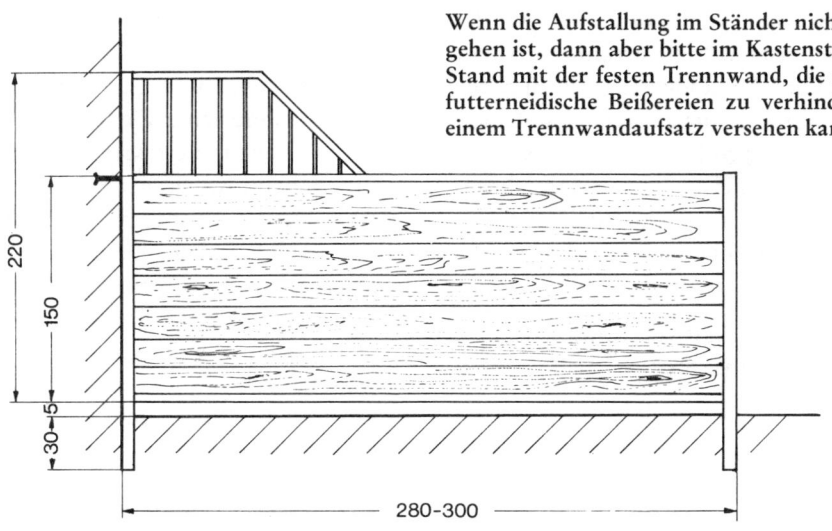

Wenn die Aufstallung im Ständer nicht zu umgehen ist, dann aber bitte im Kastenstand, dem Stand mit der festen Trennwand, die man, um futterneidische Beißereien zu verhindern, mit einem Trennwandaufsatz versehen kann.

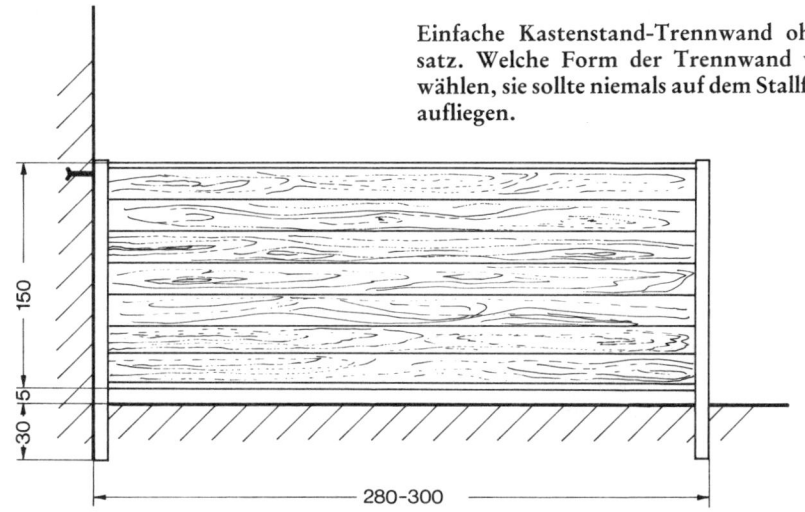

Einfache Kastenstand-Trennwand ohne Aufsatz. Welche Form der Trennwand wir auch wählen, sie sollte niemals auf dem Stallfußboden aufliegen.

der Kosten. Auf jeden Fall müssen wir das Holz, das wir zum Bau verwenden, zuvor mit Karbolineum oder einem anderen geeigneten Holzschutzmittel behandeln. Bleibt abschließend noch festzustellen, daß der beste Stand die Box ist und wir uns im Interesse der Gesundheit unserer Pferde dazu entscheiden sollten.

Krippe, Raufe, Selbsttränke und Anbindevorrichtung

Futterkrippen

Sie werden von Industrie und Handel in den verschiedensten Formen und aus den verschiedensten Materialien hergestellt und angeboten. Als Maßstab zur Beurteilung der geeigneten Krippe sollten wir folgende Gesichtspunkte anwenden:

1. Die Krippe muß aus einem *undurchlässigen, glatten Material hergestellt sein, damit keine Futterreste eindringen* oder sich in den Poren oder Zwischenräumen einer rauhen Oberfläche festsetzen können.
2. *Das Krippenmaterial darf nicht gesundheitsschädlich sein,* wie etwa bestimmte Kunststoffe oder bei Grundierung eiserner Krippen mit Mennige. Hier sei nachdrücklich empfohlen, seinen Bedarf nicht irgendwo, sondern bei bekannten Händlern für Stalleinrichtungen und Stallzubehör zu decken.
3. Die Krippe muß sich *leicht reinigen und auch desinfizieren* lassen, wenn wir einmal leicht säuernde Futtermittel wie z. B. Rüben, Mash oder Kleie gefüttert haben oder ein Pferd erkrankt war.

4. Um dem Pferd eine bequeme Futteraufnahme zu ermöglichen, sollte die Krippe ca. 70 cm lang und ca. 25 cm tief sein und eine lichte Weite von ca. 35 cm haben. In kleineren Krippen stoßen die Pferde beim Kauen leicht an. Sie kauen dann außerhalb der Krippe und verstreuen ihr Futter. Der so vergeudete Hafer pfundet mit der Zeit auch. Schlimmer aber ist, daß wir die Mäuseplage fördern, womöglich auch Ratten anlocken.
5. Die Krippe soll muldenförmig, mit nach innen überstehenden Rändern gearbeitet sein, damit das Futter von den Pferden nicht aus der Krippe geworfen werden kann.
6. Die Krippe darf, um Verletzungen zu vermeiden, keine scharfen Kanten haben. Alle Kanten müssen gebrochen, abgerundet sein.
7. Die Krippenhöhe wird von der Größe des Pferdes bestimmt. Die Krippenoberkante soll nach einem alten Richtmaß in Höhe des Buggelenkes, d.h. ca. 90 bis 100 cm hoch über dem Stallboden liegen.
8. Der Platz unter der Krippe darf kein Schlupfwinkel für Ungeziefer sein und nicht durch Holzverkleidung der Krippe einen Hohlraum bilden, in dessen Schutz Mäuse und Ratten nisten können.
9. Die benutzte »Wechselstreu« darf tagsüber nicht unter die Krippe geschoben werden, da die Pferde womöglich davon fressen.

Für die Futterkrippe aus Holz trifft alles vorstehend Geforderte also nicht zu. Eine Holzkrippe läßt sich einfach nicht in dem

Die platzsparende Eckfutterkrippe gibt es, wie alle anderen Formen auch, aus Kunststoff oder Metall.

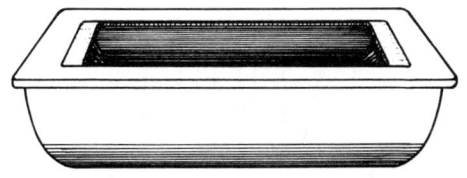

Die Futterkrippe aus glasiertem Steinzeug kommt in Form und Größe dem Verhalten des Pferdes bei der Futteraufnahme entgegen und entspricht auch allen Anforderungen der Hygiene.

Eisenbeton, Gußeisen, feuerverzinktem Stahlblech und bißfestem Kunststoff. Futterkrippen aus den genannten Materialien gibt es nicht nur in der üblichen rechteckigen Form und in allen Größen, sondern auch als platzsparenden Ecktrog. Rechteckige Krippen lassen sich auch gut in einen Futtertisch einbauen.

Die richtig plazierte Futterkrippe soll dem Pferd ein bequemes Fressen bei leicht gebeugtem Kopf ermöglichen. Eine Faustregel besagt:

Die Oberkante der Krippe sollte in Höhe des Buggelenkes liegen, d. h. in einer Höhe von etwa 1 m. Lieber etwas niedriger, als zu hoch.

Es bedarf wohl keiner Frage, daß dann für Ponys oder Fohlen die Maße erheblich unter 1 m liegen und das Maß der Krippe für Fohlen öfter einmal nach oben korrigiert werden muß.

Einen Tip noch: In manchen ehemaligen Pferdeställen, die inzwischen einer ande-

für die Stallhygiene erforderlichen Maß reinigen und sauberhalten. *Unsaubere Krippen aber sind oft Ursache für Koliken oder Infektionen,* auch für erneute Infektionen der Luftwege. Schließlich laden Holzkrippen die Pferde zum Knabbern und Benagen ein und fördern eine eventuell vorhandene Neigung zum Koppen.

Besonders geeignet sind Krippen aus glasiertem Ton (Steinzeug), geschliffenem

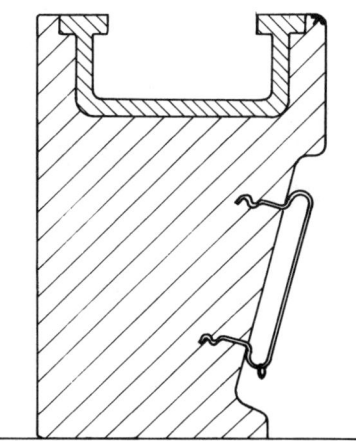

Futtertisch mit Futterkrippe und Anbindevorrichtung im Schnitt.

ren Verwendung zugeführt wurden, befinden sich noch die Krippen aus Steinzeug oder Eisen. Sie sind meist noch unbeschädigt, nur schmutzig. Wenn wir Zeit und Mühe nicht scheuen, diese Krippen vorsichtig ausbauen und anschließend gründlich säubern und desinfizieren, können wir sehr preiswert zu vollwertigen Futterkrippen gelangen.

Raufen

Sie dienen zur Aufnahme und sparsamen Zusammenhaltung von Rauh- oder Halmfutter. Die meisten Pferdehalter kommen in ihren Ställen heute allerdings ohne Heuraufe aus: Das Heu wird auf dem Boden vorgelegt. Dabei bleibt es natürlich nicht aus, daß Heu in die Einstreu getreten wird und bei der Aufnahme verschmutzter Halme gesundheitsschädliche Stoffe in den Pferdekörper gelangen. Mit Staub, Schmutz, Kot und anderen unerwünschten Stoffen behaftete Heuteile sind oft zusätzlich noch mit Wurmlarven und den verschiedensten Bakterien behaftet. *Die Bodenfütterung von Rauhfutter ist also immer mit einer Infektionsgefahr für die Pferde verbunden.*
Wenn man nicht zum *Heunetz* greifen will, dann bleibt nur die Heuraufe – aber

Beim Futtertisch sind Krippe und Bodenraufe in einer Front miteinander verbunden.

ganz gewiß nicht die über den Köpfen der Pferde angebrachte Raufe aus Urvätertagen! Aus diesen Raufen rieselte der Heustaub auf Kopf und Hals der Pferde, und mancherlei Entzündungen von Augen und Ohren waren die Folge. *Die zu hoch angebrachten »Heuleitern«* zwangen die Pferde zu einer unnatürlichen Stellung: Der Kopf mußte stark angehoben und der Rücken gesenkt werden, so konnten Staub- und Heuteile auf Kopf, Mähne und Hals, aber auch leicht in Augen und Ohren fallen. Das führte oft zu den erwähnten Entzündungen und förderte bei jungen Pferden eine etwa vorhandene Anlage zum Senkrücken. *Diese Art Heuraufe ist entschieden abzulehnen.* Trotzdem gibt es auch heute leider noch immer Pferdehalter, die diese nostalgischen Raufen verwenden. Auf die möglichen Folgen für die davon betroffenen Pferde hingewiesen, antwortete ein »Pferdefreund«: Gute Pferde müssen das aushalten. Da fragt man sich doch, warum solche Leute nie vom Pferd getreten werden.

Befindet sich im Stall ein Futtertisch oder ist der Einbau vorgesehen, so empfiehlt sich die *Kombination von Krippe und Raufe im Futtertisch.*

Die »Bodenraufe« wird in den Futtertisch mit eingebaut. Sie ist oben offen und endet in Höhe der Oberkante Futtertisch/ Krippe, nach unten verjüngt sie sich, wird also schmaler, wie der Futtertisch auch.

Die Bodenraufe sollte unten nicht unbedingt mit dem Stallboden abschließen, sondern ca. 10 cm Bodenfreiheit haben, damit Staub, Heusamen usw. nach unten durchfallen können und auch ein leichteres Reinigen möglich ist. Dies gilt jedenfalls für eine Bodenraufe in Form einer Korbraufe. Besteht die Bodenraufe nur aus dem »Frontgitter«, dann muß der untere Abschluß als Teil des Futtertisches aus glattem Zementputz hergestellt und nach innen abgeschrägt werden, damit auch hier alle vom Pferd nicht angenommenen Stoffe in die Streu fallen, bzw. nach vorn herausgekehrt werden können.

Schließlich besteht noch die Möglichkeit, die Heuraufe direkt auf dem Futtertisch oder nur wenig höher (höchstens 30 cm über dem Futtertisch) anzubringen.

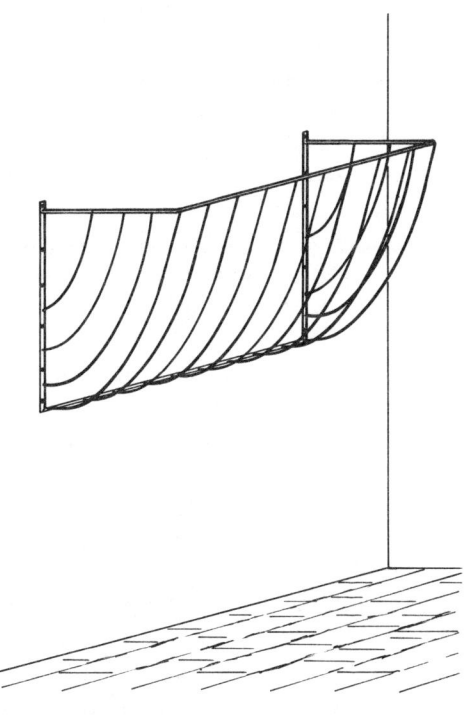

Die Heuraufe, ob als Bodenraufe Teil des Futtertisches oder als Korb-, Reform- oder Eckraufe an einer Trennwand oder in einer Ecke angebracht, hat auch in der Box ihre Berechtigung, da kein Rauhfutter zertreten oder durch Urin oder Kot verunreinigt werden kann.

Für die Verwendung der Heuraufe, unabhängig vom Futtertisch an jeder beliebigen Stelle der Box sind schließlich *die Korbraufe und die Reformraufe* gedacht. Mittels Dübeln, Schrauben und Schellen können diese Raufen an Holz, Mauerwerk und Trenngittern in jeder erforderlichen Höhe befestigt werden. Allein an uns liegt es dann, die Raufen nicht zu hoch, sondern pferdegemäß anzubringen, also so, daß die Tiere, ohne Hals und Rücken verrenken zu müssen, bequem fressen können. Eine alte Faustregel sagt hier, daß die Unterkante der Heuraufe niemals über der Widerristhöhe des Pferdes liegen soll. In manchen Ställen hat die Heuraufe ihren Platz unmittelbar über der Krippe, die Unterkante der Raufe etwa 40 cm über der Krippe. Durch diese Anordnung will man verhindern, daß Rauhfutter verstreut wird. Alles, was aus der Raufe fällt, gelangt ja in die Krippe. Nur kann man, begünstigt durch diese Anordnung von Raufe und Krippe, nicht vermeiden, daß das alte Übel der »Leiterraufen« auftritt: Staub und Heuteile fallen wieder auf die Pferde. Außerdem ist nicht auszuschließen, daß die Tiere sich auch an der unmittelbar über ihren Köpfen angebrachten Raufe stoßen und verletzen. Es kann davon nur abgeraten werden.

Wichtig ist noch, daß jedes Pferd zur besseren Kontrolle der Futteraufnahme eine eigene Raufe hat. Und angemerkt sei auch noch, daß die Stäbe oder Drallen der Bodenraufe ausreichend Abstand voneinander haben müssen, damit die Pferde das Heu bequem herauszupfen und fressen können; sie müssen aber wiederum auch eng genug beieinander liegen, um ein Hängenbleiben oder Verhaken mit den Hufen auszuschließen.

Selbsttränken

Sie sind aus unseren Ställen nicht mehr wegzudenken. Sie dienen der Arbeitserleichterung und helfen uns Zeit sparen. Die Pferde können sich immer, wenn ihnen danach ist, selbst bedienen. Voraussetzung ist freilich, daß die Selbsttränke immer einwandfrei funktioniert und sauber gehalten wird.

Selbsttränken haben natürlich den Nachteil, daß sie den doch so notwendigen Kontakt mit unseren Pferden noch mehr einschränken und wir keine zuverlässige Kontrolle über den Wasserverbrauch des einzelnen Pferdes, weder in gesunden noch in kranken Tagen, haben. Die fehlende Kontrollmöglichkeit kann sich bei erkrankten Pferden nachteilig auswirken. Das soll nun keine Philippika gegen die Selbsttränke sein; ich möchte nur zu bedenken geben, daß wir in so vielen Lebensbereichen zeit- und kraftsparende Techniken einsetzen, aber ständig über Zeitmangel klagen. Was man durch die Selbsttränke an Zeit für das Wassertragen und Tränken einspart, täglich doch bis zu einer Stunde, sollte man nun auch gemeinsam mit dem Pferd nutzen. Vielleicht steckt sie hier, die tägliche Stunde mehr Zeit zum Reiten?

Wichtig ist noch, daß sich die Selbsttränke leicht sauber halten und erforderlichenfalls auch desinfizieren läßt.

Als Material kommen nur rostgeschützte bzw. rostfreie Metalle in Frage.

Ein Abstellventil für den gesamten Stall genügt nicht, jede einzelne Selbsttränke muß mit einer Abstellvorrichtung versehen sein, die bei Boxenanlagen nach Möglichkeit von der Stallgasse aus zu bedienen sein sollte. Auch muß eine Selbsttränke mit einem Rücklaufventil ausgerüstet sein, d. h. einem Ventil, das den Rücklauf des etwa im Tränkebecken noch befindlichen Wassers in die Zuleitung verhindert.

Wenn dann noch raumsparende Form, geräuscharmer und spritzfreier Wasserzulauf, hochwertiges Material und leichte Montage dazu kommen, bleibt nur noch festzustellen, ob die Selbsttränke zum Anschluß an unsere Wasserleitung mit einem Hochdruck- oder Niederdruckventil ausgerüstet sein muß.

Die Normalausführung der im Handel angebotenen Selbsttränken ist zum Wasseranschluß von oben oder unten ausgerüstet, doch gibt es auch Selbsttränken bzw. Zusatzstücke, die einen horizontalen Wasseranschluß ermöglichen. Die Zuleitungen zur Selbsttränke, darauf bitte bei der Planung Rücksicht nehmen, sollten wir nach Möglichkeit nicht auf den Stallaußenwänden verlegen, um mögliche Frostschäden von vornherein auszuschließen.

Das Tränkebecken selbst legen wir auch nicht unmittelbar neben die Futterkrippe. Das würde nur die »Mancherei« begünstigen und die Tränke unnötig verschmutzen, denn wie unter Menschen, ist auch unter den Pferden jene »Species« zu finden, die jeden Happen mit einem Schluck mengt. Dies sollte jedoch vermieden werden, da das Kauen und Einspeicheln des Futters für die Gesundheit der Pferde ungeheuer wichtig ist. *Darum ist der beste Platz für die Selbsttränke* immer der Winkel zwischen Boxenfrontwand und seitlicher Trennwand, also links oder rechts neben der Tür. Dieser Platz erleichtert das Kontrollieren der Selbsttränke auf Sauberkeit und das von Zeit zu Zeit erforderliche Reinigen. Um den Pferden das Saufen während des Fressens zu erschweren, wird mancherorts empfohlen, die Tränke diagonal gegenüber der Krippe anzubringen. Bei Boxen kommt dann ja nur die Rückseite in Frage, ein für das Kontrollieren der Tränke nicht besonders geeigneter Ort.

Ist die Tränke neben der Tür angebracht, dann genügt schon ein Blick durch das Türgitter, um zu sehen, ob sie sauber ist oder nicht. Eine erforderliche Reinigung läßt sich dann auch sofort und mit wenigen Handgriffen erledigen. Manchmal kann in einem verschmutzten Tränkebecken auch das Zulaufventil klemmen und das Wasser läuft über. Kein Vergnügen, wenn der Mist schwimmt. Vielleicht ist auch nur ein einzelner »Apfel« in das Tränkebecken gefallen und hat dem Tier den Appetit auf Wasser gründlich verdorben. Wird es nicht bemerkt, dann bleibt das Pferd u. U. von Futterzeit zu Futterzeit ohne Wasser. Ein nachlässiger Pfleger – einer von der Sorte, die den Hafer ohne Blick in die Krippe durch die Futterluke schütten – wundert sich dann wohl auch noch, warum das Pferd nicht ausgefressen hat. Alles schon dagewesen. Darum empfehle ich als Platz für das Tränkebecken den Winkel zwischen Tür und seitlicher Trennwand. Bei der Planung läßt sich ja alles schon berücksichtigen.

Wo wir das Tränkebecken aber auch anbringen, es soll nicht Anlaß zum »Anstoß« werden, nicht vorstehen und keine Ecken und Kanten haben. Um Beschädigungen durch Schlag oder Stoß zu vermeiden, kann man die Selbsttränke ja auch noch untermauern und einputzen.

Für die richtige Höhe der Selbsttränke gilt als Richtmaß das Buggelenk des Pferdes, also 90 bis 100 cm über dem Stallfußboden, höher sollten wir sie jedoch auch bei sehr großen Pferden nicht hängen.

Bei Stallanlagen ohne Wasseranschluß, also ohne die Möglichkeit, eine Selbsttränkeanlage einzurichten, müssen wir auf den guten alten Wassereimer zurückgreifen. Es gibt im Handel Eimerhalter, mit denen man einen vollen Wassereimer an eine Wand der Box oder des Standes hängen kann. Diese Methode ermöglicht ebenfalls ein kontrolliertes Tränken.

Anbindevorrichtungen

Man kann sie in der Pferdehaltung nicht entbehren. Auch in der Box nicht. Denn ein Pferd muß manchmal, um pflegerische Maßnahmen durchführen zu können, angebunden oder auch hochgebunden werden. Man sollte also für die Boxe am besten zwei Anbindevorrichtungen vorsehen.

Der Handel bietet sie zum Einschrauben in Holz oder auch zum Einzementieren in Mauerwerk an. Auch beim Schmied oder Schlosser können wir unseren Bedarf oft sehr preiswert decken. Ein Eisenring von 5 cm Durchmesser und für das Befestigen am Holz oder im Mauerwerk eine entsprechend große Schelle oder Krampe erfüllen ihren Zweck auch.

Für das Anbinden am Futtertisch des Standes genügt diese einfache Form freilich nicht. Der Anbindering sollte hier auf einer

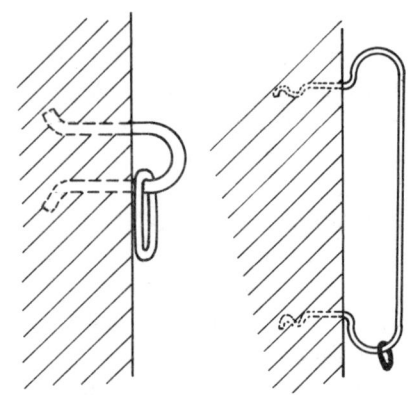

Links: Einfachste Vorrichtung zur festen Anbindung mit dem Halfterstrick, aber auch zum Anbinden mit Anbindestrick und Halfterkugel geeignet.
Rechts: Anbindevorrichtung mit Gleitstange und Anbindering.

Gleitstange laufen, die am Futtertisch senkrecht einzementiert ist. Diese Art des Anbindens gibt dem Pferd bei kurzem Anbindestrick die wünschenswerte Bewegungsfreiheit, und es besteht keine Gefahr – wie bei einem zu langen Anbindestrick oder -riemen –, daß es mit den Vorderbeinen darübertritt. Verletzungen im Bereich der Vorderbeine, insbesondere im Fesselbereich, sind dann oft die Folge; ja selbst Halswirbelverletzungen sind schon vorgekommen.

Riemen oder Strick werden am Stallhalfter mit dem »Panikhaken« befestigt. Im Gegensatz zu den üblichen, seitlich zu öffnenden Haken, läßt sich der Panikhaken in Gefahrensituationen, in denen Pferde in panischer Angst am Strick zerren, mit einer Hand blitzschnell vom Halfter lösen. Das andere Ende des Stricks ziehen wir durch den Anbindering der Gleitschiene und las-

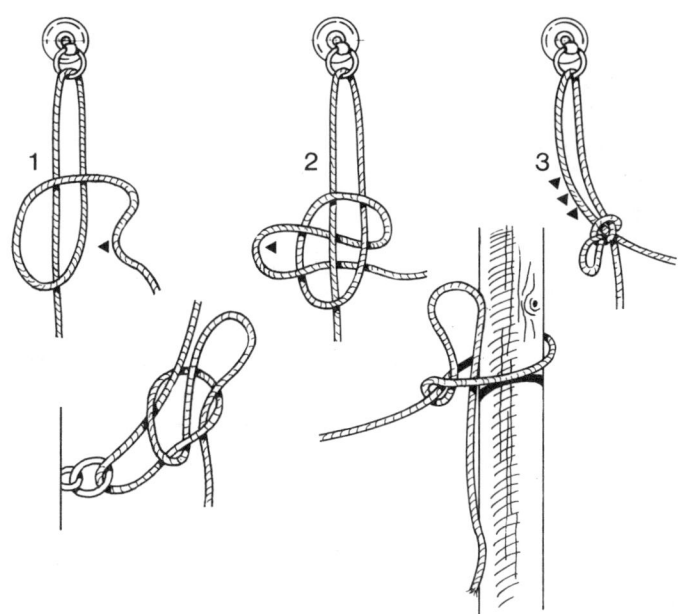

Das Anbinden oder das Knotenlegen ist keine Geheimwissenschaft. Wir sollten es beherrschen, da bei Ausritten und in anderen Ställen uns nicht immer die vertraute Anbindevorrichtung mit dem »Panikhaken« zur Verfügung steht. Binden wir unser Pferd wie hier dargestellt an, dann müssen wir die Anbindung nicht mühsam durch Öffnen von festen Knoten lösen, sondern ein Zug am freien Ende des Anbindestrickes genügt.

sen ihn in einer »Halfterkugel« enden. Diese hält den Strick durch ihr Gewicht immer gespannt, so daß das Pferd, auch wenn es direkt an der Krippe steht, nicht darüber treten kann. Vielfach wird dann auch empfohlen, die Gleitschiene waagerecht unter dem Krippentisch anzubringen oder sie senkrecht in eine Vertiefung des Mauerwerkes zu legen.
Der Handel bietet die verschiedensten Anbindevorrichtungen an, *wir sollten jedoch*

der Anbindevorrichtung mit Gleitstange, Gewichtsring und Anbindeführung den Vorzug geben. Ketten sollten wir zum Anbinden nicht verwenden. Einmal ist das Rasseln wohl auch für die Pferde störend, zum anderen ist die Verletzungsgefahr durch eine Kette bedeutend größer als durch einen Strick oder einen gut gefetteten Anbinderiemen. Auch für den Stand sollten wir zusätzlich einen Anbindering zum Hochbinden vorsehen. Die hierfür empfohlenen Maße schwanken zwischen 1,20 m und 1,50 m Höhe.
Wichtig ist neben der richtigen Länge des Anbinderiemens – er muß so weit nach links oder rechts reichen, daß das Pferd Krippe, Raufe und Selbsttränke gut erreichen kann –, daß sich die Anbindung notfalls schnell lösen läßt. Darum sind Riemen oder Strick, die man ja mit jedem scharfen Taschenmesser durchschneiden kann,

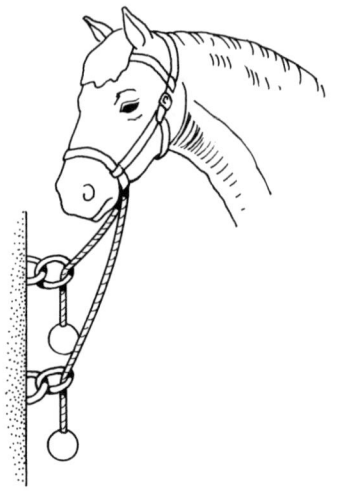

Das Anbinden mit zwei Anbindestricken oder Lederriemen und Halfterkugeln ermöglicht durch die seitliche Führung ein kurzes Anbinden. Die Anbindung läuft durch bewegliche Eisenringe, die durch große Eisenkrampen mit dem Krippentisch verbunden sind.

praktischer als Ketten. Wer sein Pferd schon anbinden muß, sollte an einer sachgemäßen Anbindevorrichtung mit allem, was dazugehört, nicht sparen. Nicht zuletzt auch im eigenen Interesse.

Einstreu und Streumaterial

Was für den Menschen das Bett ist, ist für das Pferd die Einstreu. Wenn man bedenkt, daß Pferde wesentlich mehr Zeit in ihren Boxen oder Ständen verbringen als wir Menschen in unseren Betten, ist eine reichliche und reinliche Einstreu für das Wohlbefinden, d. h. für Gesundheit und Leistungsbereitschaft, ungeheuer wichtig. So versteht es sich von selbst, daß die Einstreu

auch trocken, weich und – das gilt vor allem für die kalte Jahreszeit – auch warm zu sein hat.

Stroh

Bevorzugtes Einstreumaterial ist vor allem Stroh. Wir können aber auch Torfmull, Sägespäne oder Stallmatten aus Gummi oder Kunststoff, die seit kurzem auf dem Markt sind, verwenden. Stroh ist bis heute das bekannteste und bewährteste Einstreumaterial geblieben. Es erfüllt alle Anforderungen, die an eine gute Einstreu gestellt werden müssen.

Stroh sorgt als ein schlechter Wärmeleiter für ein behagliches, trockenes und warmes Lager und bildet eine vorzügliche Isolier- und Dämmschicht zwischen dem möglicherweise kalten und feuchten Stallfußboden und dem Pferd. Da es in hohem Maße Feuchtigkeit aufsaugt, wirkt es geruchsbindend, luftverbessernd und schonend für Hufe und Beine des Pferdes. *Eine ordentliche, gepflegte Einstreu kann wesentlich zur Verbesserung des Stallklimas beitragen.*

Schließlich gibt Stroh als Einstreu den Pferden auch ausreichend Beschäftigung: Die Möglichkeit, Stroh aufzunehmen, hilft Langeweile und daraus entstehende Untugenden (Koppen, Weben usw.) zu verhindern. Zu guter Letzt ergänzt einwandfreies Stroh den Rauhfutterbedarf der Pferde, bei Fütterung mit jungem Gras trägt es zur Aufrechterhaltung der Bakterienflora im Darm bei und verhindert Weidedurchfälle. Dies alles trifft natürlich nur zu, wenn es sich um einwandfreies, unverdorbenes Stroh handelt.

Gutes Stroh ist geruchlos und zeichnet sich

durch eine gelb- bis goldglänzende Farbe aus. Es darf nicht im Regen gelitten haben und auch nicht mit Rost (das ist eine Pilzkrankheit, die rostähnliche Flecken am Stroh erzeugt) behaftet sein. Schließlich sollte es stets trocken eingefahren und gelagert worden sein. *Schlechtes Stroh* fällt uns zunächst durch seine graue Farbe und dann auch noch durch seinen schlechten, modrigen Geruch auf. Im Inneren feucht eingebrachter und gelagerter Strohballen finden sich graubraune oder schwärzliche, schimmlige und dumpfige Platten, die häufig schon in Fäulnis übergegangen sind. Sie dürfen auf keinen Fall in die Einstreu gelangen, da nicht verhindert werden kann, daß die Pferde davon fressen.

Da Pferde überwiegend in Boxen gehalten werden, ist es nicht möglich, zwischen Futterstroh und Einstreustroh zu unterscheiden. Aber auch bei der Standhaltung läßt es sich nicht verhindern, daß verschmutztes oder verdorbenes Stroh vom Standende nach vorn zur Krippe gelangt, gefressen wird und Kolik verursacht. Darum darf um keinen Preis verdorbenes Stroh eingestreut werden. Schlechte Stellen innerhalb der Strohballen müssen unbedingt ausgeschieden werden.

Sollten wir um Stroh sehr verlegen und sollte anderes Einstreumaterial nicht zu bekommen sein, so kann schlechtes Stroh nur verwendet werden, wenn wir es im Freien gründlich ausschütteln, ausbreiten und in der Sonne lüften. Je nach dem Grad der Verschmutzung und Verschimmelung kann man es auch ein- oder zweimal gründlich durchregnen und wieder trocknen lassen. Solches durch Regen und Sonne gereinigte Stroh ist dann freilich ganz von allen Nährstoffen ausgelaugt und hat keinerlei Futterwert mehr, als Einstreu ist es aber noch gut zu gebrauchen.

Das Wintergetreide, besonders der Roggen, liefert uns das beste Stroh für die Einstreu. Roggenstroh kann das zweieinhalbfache seines Gewichtes an Flüssigkeit aufnehmen; es ist arm an Nährstoffen und schlägt daher bei Streufressern nicht so zu Buche.

Weizenstroh steht dem Roggenstroh nur wenig nach.

Gerstenstroh ist wegen seiner Grannen, die sich leicht in Mähne und Schweif verhaken, als Einstreu nicht so beliebt, obwohl Sommergerstenstroh von den Pferden gerne gefressen wird.

Beliebt ist auch das *Haferstroh,* doch gleich dem Gerstenstroh neigt es dazu, sich in feuchtem Zustand zu Haufen zusammenzuschieben.

Torfmull

In stroharmen Jahren, bei Streufressern und bei dämpfigen oder hufkranken Pferden streuen wir am besten Torfmull ein. Torf ist zwar wesentlich teurer als Stroh, aber seine enorme Quellfähigkeit – er kann das sechs- bis zwölffache des eigenen Gewichtes an Flüssigkeit aufnehmen – ermöglicht, daß neben den Ausscheidungen der Pferde, einschließlich der entstehenden Gase und Gerüche, auch die Feuchtigkeit der Stalluft bestens aufgesaugt bzw. gebunden werden. Aber *Torfmull muß trocken* – also unter Dach – gelagert und eingestreut werden, wenn wir seine hervorragenden Eigenschaften zur Geltung kommen lassen wollen. Ein nachteiliges zu starkes Austrocknen des Hufes ist bei der Verwendung von Torf nicht zu befürchten, wohl aber könnte bei den Pferden Langeweile aufkommen, was bald zu Untugenden führt. Deshalb ist die Verwendung von Torf – außer bei den unmäßigen Strohfressern – nur anzuraten, wenn zusätzlich Futterstroh vorgelegt wird.

Sägespäne

Sie sind gleich dem Torfmull weich und besitzen eine hohe Saugfähigkeit. Doch da den Sägespänen immer eine gewisse Feuchtigkeit eignet, wärmen sie im Winter nicht so gut wie Stroh oder Torfmull. Als unangenehm wird auch oft empfunden, daß Sägespäne sich im Kurz- und Langhaar des Pferdes verkrümeln, in den Hufen ballen und vor jedem Gebrauch des Pferdes erst immer wieder herausgeräumt werden müssen. Darum rate ich, Sägespäne nur in Verbindung mit Stroh zu verwenden – ausgenommen jene Fälle, da das Pferd aus veterinärmedizinischen Gründen auf eine reine Sägespäne- oder Torfmullstreu gestellt werden soll.

Stallmatten

Stallmatten aus *Gummi* oder *Kunststoff* sind seit einiger Zeit im Gespräch. Nicht nur für die Stallgasse, sondern auch für Stand und Box. Die verschiedenen Firmen empfehlen die Verwendung dieser Stallmatten mit oder auch ohne Stroh als zusätzliche Einstreu. Versuche über die Verwendung der Stallmatte in der Pferdehaltung haben – in Verbindung mit einer Wechselstreu aus Stroh – zu positiven Ergebnissen

geführt. Die Oberfläche der Stallmatte ist warm, trittsicher und rutschfest, sie läßt sich problemlos entmisten und reinigen. Da man diese Stallmatten direkt auf dem Unterboden befestigen kann und damit auf eine Betonierung oder andere Befestigung des Stallfußbodens verzichten kann, bringt die Anschaffung solcher Matten auch eine Kostenersparnis beim Stallbau. Der Hersteller empfiehlt in diesem Fall, den Mutterboden abzutragen und Kies und Sand aufzuschütten; die Matten können dann auf den planierten Boden aufgelegt und befestigt werden. Manche Hersteller werben mit dem Argument, daß bei Verwendung ihrer Stallmatte kein Pferd mehr auf »miefender Matratze« stehen müsse. Das stimmt so natürlich nicht, denn die nun einmal »miefenden Exkremente« des Pferdes verwandeln sich auch auf einer Stallmatte nicht in Wohlgerüche Arabiens.

Ganz ohne Zweifel wird die Stallmatte ihren unaufhaltsamen Einzug in unsere Pferdeställe halten, allerdings wohl kaum ohne zusätzliche Strohstreu, da sonst der Langeweile und ihren üblen Folgen Vorschub geleistet würde.

Wenn wir uns für Stroh als Streumaterial entschieden haben, müssen wir noch die Entscheidung zwischen Wechselstreu und Dauerstreu treffen.

Wechselstreu

Man sagt treffender auch Tagesstreu, sie wird täglich gewechselt und erneuert, indem man den Kot sowie alle nassen Strohteile entfernt.

Als das Pferd und pferdebespannte Fahrzeug noch das Straßenbild bestimmten, wurde in den Ställen meist die Wechselstreu benutzt, d. h. verschmutzte und nasse Stellen wurden ausgedungt und die übrige trockene Einstreu schob man nach vorne unter die Krippe. Schließlich war es in gut geführten Ställen noch üblich, die hintere Standfläche freizukehren und alle Türen und Fenster zu öffnen. Es wurde also nicht nur für ausreichende Lüftung gesorgt, sondern die streufreien Standflächen konnten auch gut trocknen. Abends richtete der Pfleger das Lager her, indem er die benutzte Streu, die tagsüber vor der Krippe zusammengeschoben lag, wieder auf die hintere Standhälfte verteilte und, falls erforderlich, durch frisches Stroh ergänzte. Die vordere Standhälfte streute man völlig neu ein, so war den Pferden jede Gelegenheit genommen, aus Langeweile oder Mangel an Rauhfutter von der beschmutzten Einstreu zu fressen.

Das ging natürlich nur in den gewerblichen Ställen, wo die Pferde den ganzen Tag über nicht in den Stall zurückkamen. Wohl die meisten Fuhrleute jener Tage hielten ihre Mittagspause dort, wo sie sich gerade mit ihrer Fuhre befanden. Den Pferden wurde die gefüllte Krippe oder auch der Futterbeutel (Freßbeutel) vorgehängt. Krippe oder auch Futterbeutel, Tränkeimer und Futter führten die Fuhrleute immer am Wagen mit, es gehörte zur Ausrüstung.

Wechselstreu läßt sich also nur dort durchführen, wo Pferde im Stand untergebracht sind, nach dem Morgenfutter auf die Weide gehen und erst abends wieder in den Stall zurückkommen. Treffen diese Voraussetzungen zu, dann wird durch Wechselstreu nicht nur Stroh gespart, sondern auch das Stallklima deutlich verbessert.

Natürlich nur, wenn wirklich sorgfältig ausgedüngt und gelüftet wird.

Wechselstreu wird aber nicht nur als Tagesstreu, sondern auch als »Wochenstreu« praktiziert, d. h. die Einstreu bleibt eine Woche liegen.

Diese Methode läßt sich auch bei Boxenhaltung durchführen. Natürlich muß trotzdem jeden Morgen gründlich ausgedüngt, die Einstreu geglättet und durch frisches Stroh ergänzt werden. Der Strohverbrauch steigt dadurch natürlich an. Deshalb läßt sich diese Form des Einstreuens nur da praktizieren, wo das erforderliche Stroh in der benötigten Menge und preiswert zur Verfügung steht. Auch sollten wir uns darüber im klaren sein, daß bei Wechselstreu, ob wir sie nun als Tagesstreu oder als Wochenstreu durchführen, reichlich Mist anfällt und wir dafür einen ausreichenden Lagerplatz, d. h. eine Mistlege (Düngerplatte, Misthaufen) zur Verfügung haben müssen. Und ein zu stark wachsender »Misthaufen« kann selbst auf dem Lande, wo viele Landwirte ja schon ohne Vieh wirtschaften, zu einem Problem werden.

Matratzenstreu

Matratzenstreu heißt deshalb die Devise. Ob im Stand oder in der Box, die Matratzenstreu gibt unseren Pferden bei niedrigen Kosten, geringem Strohverbrauch und wenig Arbeitsaufwand ein weiches, trockenes, warmes, Hufe und Beine schonendes Lager. Eine richtig angelegte und gepflegte Matratze trägt auch mit dazu bei, die Luft im Stall sauber zu halten und verhindert, daß Urin in den Stalluntergrund versickert und diesen mit der Zeit verseucht. Vor allem geht es aber dort nicht ohne Matratzenstreu, wo ein holpriger, rauher Steinfußboden, der noch nicht ausgebessert oder ersetzt werden konnte, zu einem pferdetauglichen Lager hergerichtet werden soll, denn nur die Matratzenstreu gleicht alle Unebenheiten des Stallfußbodens aus und macht ein beschwerdefreies Ruhen überhaupt erst möglich.

Damit ist schon angedeutet, daß sich die Stärke der anzulegenden Matratze nach dem Untergrund der Einstellfläche zu richten hat. Muß man also, aus welchen Gründen auch immer, mit einem Kopfsteinpflaster oder einem schadhaften Holzpflaster, wie es in alten Pferdeställen noch zu finden ist, vorlieb nehmen, wird man die untere Schicht der Matratze entsprechend dicker anlegen. Fünfzehn Zentimeter stark sollte die Unterlage dann schon sein, in extremen Fällen vielleicht auch noch dikker, um wirklich alle Unebenheiten auszugleichen.

Die Matratze ist immer nur so gut wie ihre Unterlage, denn sie soll nicht nur die Unebenheiten des Stallfußbodens ausgleichen, sondern – wichtiger noch – den Urin des Pferdes aufsaugen und samt den Geruchsstoffen binden.

Dazu ist eine gut angelegte Matratze durchaus in der Lage. Sie wirkt wie ein Schwamm. Das darf natürlich nicht in der Weise mißverstanden werden, etwa das Waschen der Hufe und Pferdebeine auf der Matratze vorzunehmen. Das hält auch die beste Matratze nicht aus. Doch eine gut gepflegte Matratze kann immerhin bis zu 6 Monaten liegen. Natürlich darf man sie auch in kürzeren Zeitabschnitten wechseln, das bleibt der Entscheidung des Einzelnen überlassen, nur sollte man eine Matratze nicht gerade im kalten Winter aus dem Stall werfen, da sie ja in dieser Jahreszeit auch die Funktion einer Fußbodenheizung zu übernehmen hat. Eine Matratze wächst ja mit der Zeit entsprechend der Strohmenge, die man täglich neu einstreut, und so sollte sie im Winter dick genug sein, um als »Fußbodenheizung« ein warmes Lager zu geben. Aber noch sind wir nicht so weit, sondern erst bei der Unterlage der Matratze, die ca. 10 bis 15 cm dick sein soll. Falls wir die Unterlage aus Stroh herrichten, müssen schon einige Bunde eingestreut werden. Es darf nicht so sein, wie in einigen Ställen zu beobachten ist, daß durch die frisch angelegte Matratze der Betonfußboden sein kaltes Gesicht sehen läßt, weil man nur wenig mehr als die tägliche Menge eingestreut hat. Was in den Boxen solcher Ställe entsteht – oft entfällt ja auch das tägliche Ausdüngen – sind keine Matratzen, sondern ungepflegte, nasse Misthaufen.

Oben links: Dieser Pferdestall ist durch Umbau eines Kuhstalles entstanden.
Oben rechts: Außenboxen in einer Scheune.
Unten: Sattelkammer. Hier ist alles an seinem Platz.

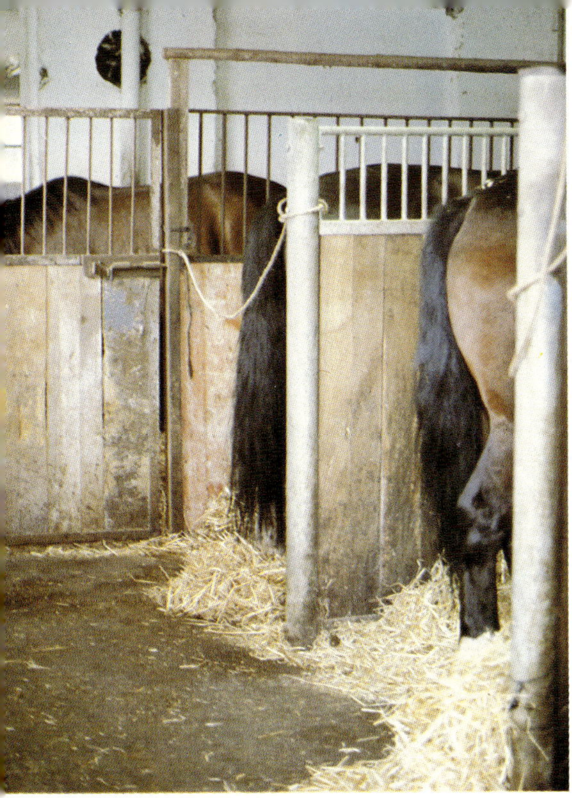
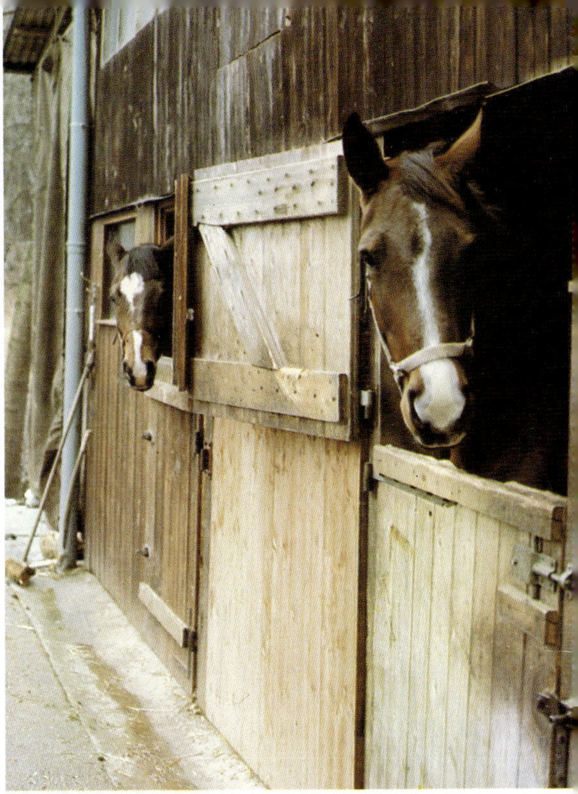
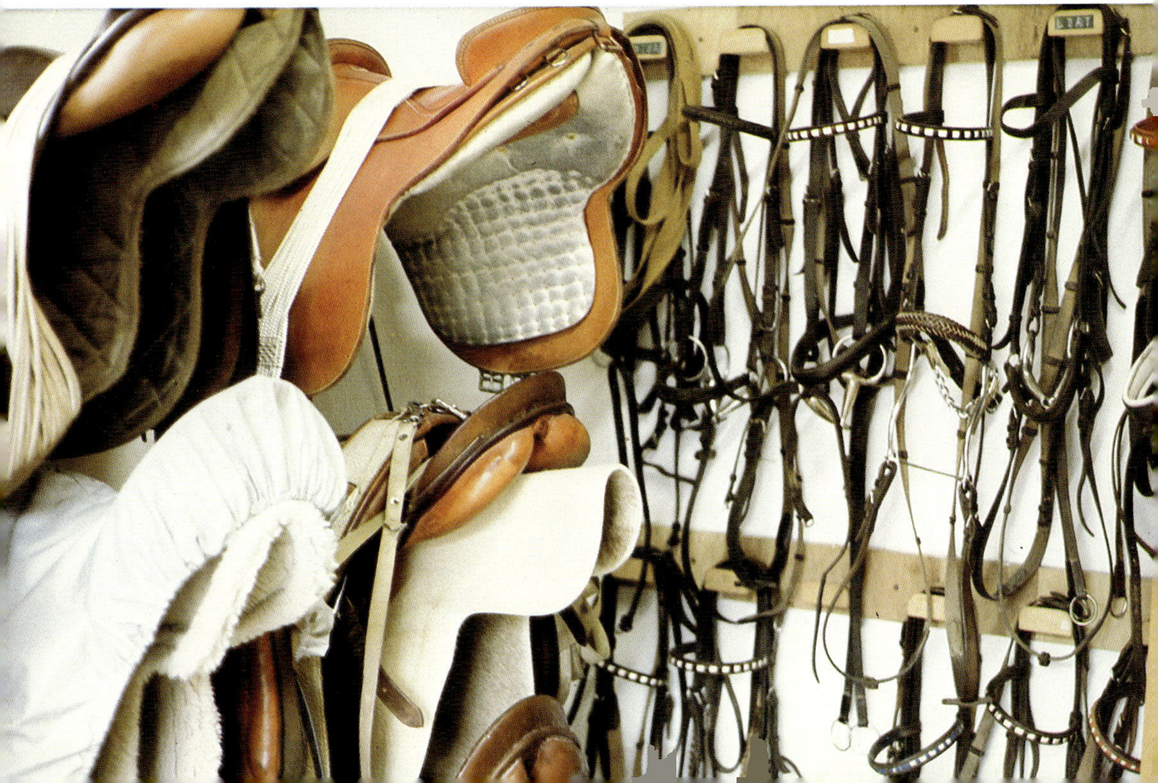

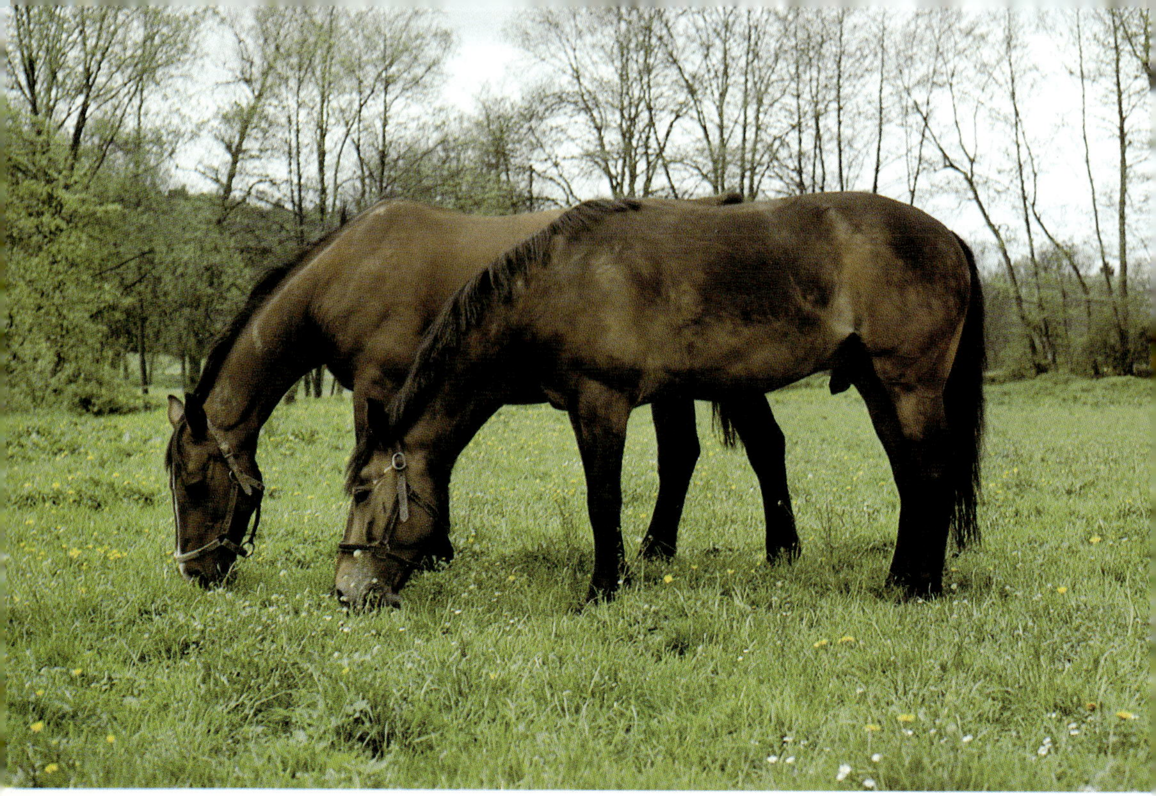

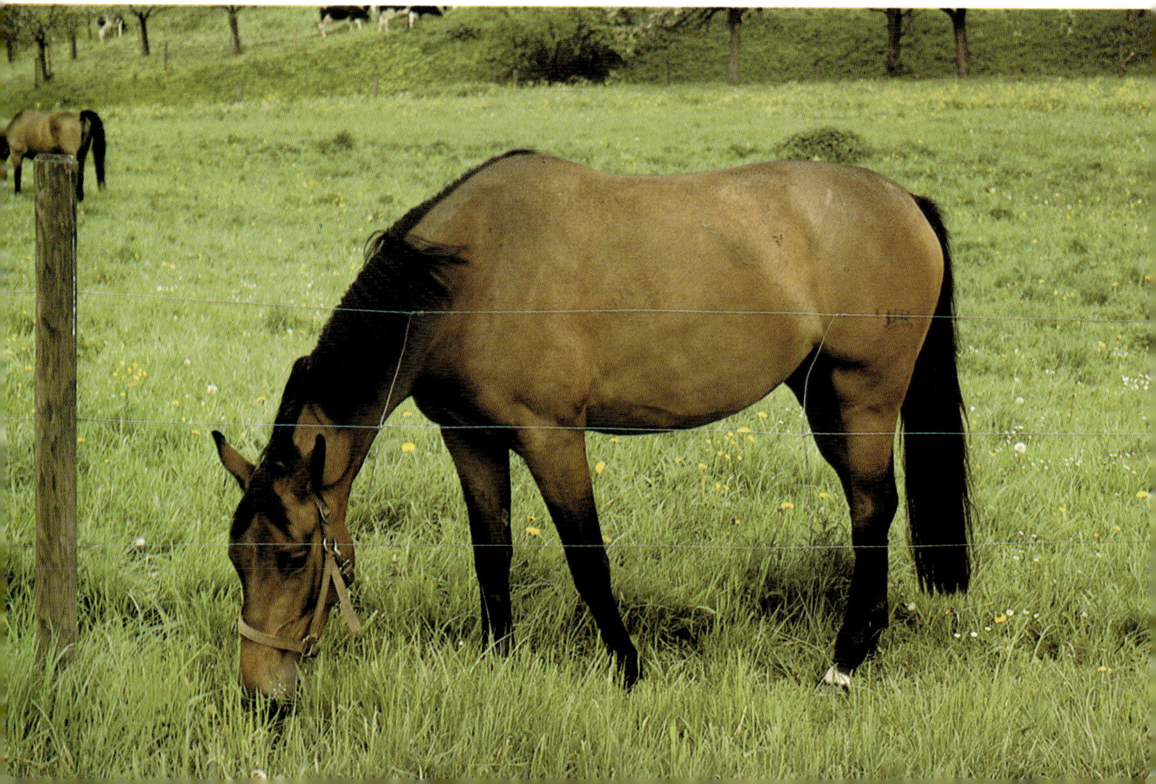

Man muß also für die Erstausstattung einer Matratze, bei der sowohl die Unterlage als auch die obere Streuschicht aus Stroh besteht, schon einige Bunde drangeben. Sie werden kräftig aufgeschüttelt und gleichmäßig, Bund für Bund, in der Box verteilt, anschließend mit der Mistgabel festgeklopft und gleichzeitig dabei noch festgetreten. Schicht für Schicht. Das ist ein erwünschter Vorgang, da die Unterlage ja dicht und fest werden soll, um alle Feuchtigkeit aufnehmen zu können.

Eine weitere Möglichkeit ist, daß wir die einzelnen Preßschichten der Strohballen wie Fliesen auf dem Stallboden auslegen. Wir müssen nur darauf achten, daß wir die einzelnen Schichten wie einen Mauerverband anlegen, also nicht Fliese auf Fliese, sondern die zweite Schicht muß die Stoßfugen der unteren Schicht überdecken.

Auf diese, so oder so hergerichtete Unterlage kommt dann als eigentliche Einstreu die *Streuschicht.* Auch hierzu wird das Stroh gut aufgeschüttelt und mit der Mistgabel gut angeklopft, bis eine einigermaßen gleichmäßig glatte Fläche entstanden ist.

Nun ist Stroh an manchen Orten nicht nur teuer, sondern oft auch schwer zu bekommen. Deshalb müssen andere Materialien für die Unterlage der Matratze genommen werden.

Oben: **Eine große Weide mit zwei Bachläufen als natürliche Begrenzung.**
Unten: **Solche einfachen Weidezäune sind im Grunde nur mit Elektrodraht sicher genug.**

Zum Beispiel Torfmull. Durchaus nicht nur Ersatz, sondern als Unterlage für eine Matratze bestens geeignet. Durch seine außerordentlich große Saugkraft ist der Torfmull in der Lage, eine große Menge Feuchtigkeit aufzunehmen und auch die durch die Ausscheidungen der Pferde entstehenden Gase (Ammoniakgase, Fäulnisgase) zu binden.

Je nach Größe der Box benötigt man zwei oder auch drei Ballen Torfmull für die Unterlage der Matratze. Man sollte hier wirklich nicht knausern, da eine zu dünne Unterlage den gewünschten Zweck, alle Feuchtigkeit aufzusaugen, nicht erfüllen kann. Der Torfmull wird mit einer Schaufel gründlich zerkleinert und gleichmäßig in etwa 10 cm Stärke über die ganze Fläche der Box verteilt. Auch eine Harke (Rechen) kann uns dabei gute Dienste tun. Nachdem wir die Oberfläche leicht mit einer Gießkanne voll Wasser überbraust haben, wird das Ganze mit der Schaufel festgeklopft und festgetreten. Das Wasser bindet den Staub und die Torfunterlage bekommt eine gewisse Festigkeit, die ein Verschieben und Auseinandertreten der Unterlage erschwert.

Auf diese Unterlage bringen wir ebenfalls Stroh als eigentliche Streuschicht auf. Wieviel Stroh wir dazu verwenden, das liegt an uns, an der Größe der Strohbunde und natürlich an der Größe der Box. Zwei Bunde sind für das erste Einstreuen in jedem Fall besser als eins, auch aus optischen Gründen. Es versteht sich von selbst, daß auch dieses Stroh gründlich aufgeschüttelt und gleichmäßig auf der Unterlage verteilt wird. Die Oberfläche der Matratze braucht dann nur noch sauber und glatt gehalten zu werden. Wann immer wir also den Stall betreten, entfernen wir die Kotballen, klopfen wohl auch eine lockere Stelle fest und glätten wo erforderlich.

Morgens und abends wird die Box gründlich ausgedüngt. Dabei werden nicht nur die Kotballen, sondern auch verschmutzte und durchnäßte Streuteile entfernt und durch frisches Stroh ergänzt. Damit Pferd und Reiter bei dieser Arbeit einander nicht stören, stellt man die Pferde aus der Box, bei schönem Wetter vor den Stall, bei schlechtem Wetter auf die Stallgasse. Unterlassen wir das, kann es passieren, daß man sich gegenseitig verletzt oder auch ängstigt.

Bei unserer »Matratzenpflege« werden wir bald feststellen, daß man von lästigen Gerüchen nichts riecht, wenn wir die Unterlage nicht verletzen oder gar darin herumrühren und dabei gleichzeitig die Oberfläche der Matratze sauber, glatt, trocken und geschlossen halten.

Sollte die Matratze einmal sehr durcheinander geraten sein, tragen wir die obere Streuschicht ganz ab, bringen sie auf die Stallgasse und stampfen die Unterlage wieder fest. Stark durchfeuchtete Teile der Unterlage entfernen wir bei dieser Gelegenheit; wir stechen sie heraus und ergänzen die fehlende Menge durch frischen, trockenen Torfmull. Schließlich bringen wir die Streuschicht wieder gleichmäßig auf, nachdem wir auch hier schmutzige Streuteile entfernt und durch frisches Stroh ersetzt haben, und klopfen sie fest. Wer ein übriges tun will, kann als Krönung des Ganzen noch ein wenig mehr Stroh einstreuen, zum Sauberhalten und zum Knabbern. Wenn wir reichlich Stroh zur Verfügung haben, dann sollten wir auch reichlich Stroh einstreuen. Das Wort vom »Selbstputzer« hat schon etwas für sich. Denn wo man reichlich einstreut, verschmutzt ein Pferd natürlich nicht so stark durch Mistflecke wie bei sehr knapp bemessener Einstreu.

Es ist eine bewährte Regel, *die Matratze jährlich nur zweimal, im Frühjahr und im Herbst, zu erneuern.* Das ist eine schweißtreibende Arbeit, die noch dazu in einer »Duftwolke« getan werden muß. Jetzt sehen wir einmal, was eine gepflegte Matratze alles an Feuchtigkeit und Gerüchen aufnimmt und bindet. Man ist gut beraten, mit einem Landwirt oder Gärtner die Vereinbarung zu treffen, daß wir für den Matratzenwechsel einen Wagen (Anhänger) zur Verfügung gestellt bekommen. Wir laden den ganzen Mist dann gleich auf den Wagen, der unmittelbar nach Beendigung der Arbeit abgefahren werden kann. Unsere Mistlege bleibt dann frei für den täglichen »Kleinkram«.

Mitunter hört man auch von Vereinbarungen der Art, daß Landwirte oder Gärtner dem Pferdehalter das benötigte Stroh oder auch Torfmull kostenlos liefern und dafür den guten Pferdedung zurückbekommen. Beiden ist dadurch geholfen, und die Termine zum »Matratzenwechsel« kann man ja auch so vereinbaren, daß der Dung gleich auf das Feld oder in das Mistbeet gebracht werden kann.

Stehen uns Torfmull und Stroh als Unterlage für die Matratze nicht zur Verfügung, dann können wir statt dessen auch *Sägespäne* verwenden. Die Unterlage aus Sägespäne bringen wir in Art und Stärke wie Torfmull auf. Nur das Überbrausen mit

Wasser unterlassen wir, da Sägespäne meist feucht genug sind. Darauf wird dann – genau wie bei der Torfmullunterlage – die Strohschicht ausgebreitet.

Wenn wir ausschließlich Sägespäne verwenden, weil wir weder über Torfmull noch über Stroh verfügen, müssen wir natürlich gleich eine dickere Schicht auftragen, so daß die Matratze wenigstens 15 bis 20 cm stark wird. Das tägliche Ausdüngen dürfen wir auch bei der Sägespänematratze nicht unterlassen, ebenso das Richten und Glätten. Die »Falläpfel« beseitigen wir bei jedem Stallgang mit einer Schaufel, besser noch mit einer Kartoffelgabel. Eine kleinere Größe genügt für unsere Zwecke. Die Verwendung der Kartoffelgabel verhindert, daß wir unnötig viel Sägespäne mit den festen Exkrementen aus der Matratze nehmen, denn die Sägespäne fallen zwischen den Gabelzinken zurück auf die Matratze. Beim täglichen gründlichen Glätten der Sägespänematratze überstreuen wir angenäßte Stellen mit frischen, trockenen Spänen. Ist eine Stelle – auch in Boxen haben Pferde ja ihre bestimmten Plätze für das Stallen und Misten – zu stark durchnäßt, dann stechen wir diese ganz heraus und füllen die entsprechende Menge trockener Sägespäne nach. Zum Glätten eignet sich übrigens bestens ein eiserner Gartenrechen.

Torfmull und Sägespäne müssen trocken sein, wenn sie ihre Aufgabe, Feuchtigkeit aufzusaugen, erfüllen sollen. Da für unsere Zwecke natürlich der unverpackte Torfmull, der in Preßballen (durch Draht und Latten zusammengehalten) geliefert wird, genügt, müssen wir ihn, ebenso wie der Vorrat an Sägespänen, unter Dach lagern.

Langstroh

Stroh, das mit dem Bindermäher geerntet und in der Breitdreschmaschine ausgedroschen wird, gibt es heute nur noch ganz selten. Wird uns aber Langstroh angeboten, dann läßt es sich auch sehr gut als Unterlage für eine Matratze verwenden. Die Bunde werden vor ihrer Verwendung geöffnet und in der gewünschten Stärke von ca. 10 bis 15 cm gleichmäßig fest in der Box verteilt. Zwei oder drei solcher Schichten genügen. Wechselweise legen wir die einzelnen Strohschichten einmal längs, einmal quer, bis wir die gewünschte Stärke erreicht haben und treten sie fest. Auf diese feste Unterlage bringen wir dann die eigentliche Deckschicht auf. Dazu müssen wir die Langstrohbunde gründlich aufschütteln und die einzelnen Halme mit der Mistgabel oder durch Treten und wiederholtes Aufschütteln brechen. Wir erreichen dadurch, daß die Deckschicht sich nicht so leicht verschiebt und sich besser mit der Unterlage zu einem geschlossenen Ganzen verbindet. Wenn uns ein Strohschneider zur Verfügung steht, dann schneiden wir die Bunde vor dem Aufschütteln – je nach ihrer Länge – zwei- oder dreimal.

Gehäckseltes Stroh

Es läßt sich ebenfalls gut verwenden, als Unterlage oder auch für die ganze Matratze. Natürlich müssen wir eine recht dicke Schicht einstreuen, die auch besonders gut festgeklopft werden und wohl auch einmal mehr gerichtet und geglättet werden muß als eine Matratze aus herkömmlichem Maschinendreschstroh.

Folgende Punkte verdienen beim Einstreuen unsere besondere Beachtung:

1. Nur trockenes, einwandfreies Stroh ohne Faul- und Schimmelstellen einstreuen.

2. Roggenstroh ist besser als Weizen-, Hafer- und Gerstenstroh; Torfmull ist Sägespänen vorzuziehen.

3. Stroh muß vor dem Einstreuen gründlich aufgeschüttelt werden.

4. Vor dem Anlegen einer Matratze ist der Stallfußboden gründlich zu reinigen, d. h. zu säubern, zu lüften und zu desinfizieren.

5. Die Unterlage der Matratze muß wenigstens 10 bis 15 cm dick sein.

6. Die Matratze muß täglich gerichtet werden, d. h. alle Kotballen und alle feuchte Streu entfernen, lockere Stellen festklopfen, Unebenheiten ausgleichen und glätten, die Deckschicht durch frisches Stroh ergänzen.

7. Die Deckschicht der Matratze soll immer gleichmäßig fest, glatt, sauber und trocken sein.

8. Die untere Schicht der Matratze (die Unterlage) soll möglichst nicht verletzt werden. Ihre Saugfähigkeit und Bindekraft für Feuchtigkeit und Gerüche beruht in ihrer Geschlossenheit, die, falls zerstört, schnellstens wieder hergestellt werden muß.

9. Beim Fehlen von Stroh, Torfmull und Sägespäne lassen sich Hobelspäne und Holzwolle, wenn auch nur als Notbehelf, zum Einstreuen verwenden.

10. Zum täglichen gründlichen Ordnen der Matratze werden die Pferde aus der Box oder dem Stand herausgenommen.

11. Mindestens zweimal im Jahr, im Frühjahr und im Herbst, muß die Matratze erneuert werden.

Nebenräume und Mistlege

Brauche ich denn überhaupt zum Stall noch ein »Nebengelaß«, so wird sich mancher Pferdebesitzer fragen, wenn er sich mit dem Bau, der Anmietung und Einrichtung seines Pferdestalles befaßt. Er denkt dabei sicher auch an alte Bilder, auf denen traulich vereint im Stall nicht nur das Pferd, sondern neben Sattel- und Zaumzeug auch Haferkiste, Mistgabel, Besen und Eimer zu sehen sind, Striegel und Kardätsche liegen auf einer Fensterbank und in einer Ecke der Stallgasse lagern Heu und Stroh. Nichts von dem, was zur Pferdehaltung gehört, fehlt in solchem Stilleben. Eben nur, daß die Maler solcher Bilder von der künstlerischen Freiheit einen sehr starken Gebrauch gemacht haben.

Unsere Vorväter wußten um die Wohltat der Ordnung. Und dort, wo in dieser Zeit Sattelzeug und Geschirrteile ihren Platz im Stall hatten, waren die Pferde nicht 20 Stunden am Tage sich selbst und ihren Einfällen überlassen. Sie hatten in der Regel einen strammen Arbeitstag und abends sorgte ein Kutscher, Pferdeknecht oder Nachtwächter als Stallwache für Ruhe und Ordnung. Machte sich also wirklich einmal ein Pferd los, dann hatte es nicht lange Gelegenheit, am Lederzeug Schaden anzurichten oder gar die Haferkiste zu leeren.

Wir privaten Pferdehalter müssen unsere Pferde dagegen über viele Stunden am Tage unbeaufsichtigt lassen. Deshalb sollten wir durch ausreichendes Nebengelaß dafür sorgen, daß die Pferde nicht Dinge tun können, die ihnen selbst und uns zum Schaden gereichen könnten. Auch läßt es sich ohne Frage mit einer ausreichenden Zahl von Nebenräumen zum Aufbewahren, Abstellen und zur Vorratshaltung viel leichter für Ordnung und Sauberkeit sorgen.

Die Sattelkammer

Als Sattelkammer wählen wir einen Raum, in dem wir das Sattelzeug samt Zubehör, d. h.

- einen oder mehrere Sättel,
- Trensenzäume und Kandaren,
- Kappzaun, Longe, Ausbinder und Peitsche,
- Decken, Deckengurte, Bandagen,
- Putzzeug samt Putzbock,
- Stallapotheke und anderes mehr,

übersichtlich geordnet und sachgerecht aufbewahrt, d. h. gegen Staub, Schmutz, Feuchtigkeit und Ungeziefer geschützt, unterbringen können. Schließlich sollte die Sattelkammer geräumig genug sein, um in ihr alle erforderlichen Pflegearbeiten an der Ausrüstung durchführen zu können.

Es ist deshalb von Vorteil, wenn sie nicht nur dem Putzbock, sondern auch noch einem Tisch oder einer Werkbank Platz bietet.

Die Sattelkammer muß unbedingt trocken sein, denn Feuchtigkeit und vor allem Schimmelbildung schaden dem Lederzeug. Der Heizungskeller eignet sich nicht, er ist zu warm und würde das Lederzeug knochentrocken und brüchig machen.

Elektrisches Licht als alleinige Lichtquelle genügt nicht. Ein Fenster, um neben Tageslicht auch frische Luft hereinzulassen, darf keinesfalls fehlen, ebensowenig eine abschließbare und dicht schließende Tür

Wie auch immer wir unsere Sattelkammer einrichten, eine goldene Regel sollten wir beachten: alles an seinen bestimmten Platz und einen bestimmten Platz für alles.

gegen ungebetene Gäste aller Art. Steckdosen kann man eigentlich nie zu viele haben, auch in einer Sattelkammer nicht. Ich erinnere nur an elektrische Lüfter, Heizöfen, Tauchsieder und Kochplatten, die man irgendwann einmal braucht. Auch Wasseranschluß und Ausgußbecken erleichtern uns die Pflegearbeiten sehr. Wenn irgend möglich, sollten wir sie bei der Einrichtung der Sattelkammer nicht vergessen.

Die Sattelkammer, das sollten wir bedenken, muß vor allem Sattelkammer sein, damit wir unsere Pflegearbeiten – ganz ohne Haarelassen geht es ja nie ab – nicht in der Küche der Hausfrau oder einem anderen

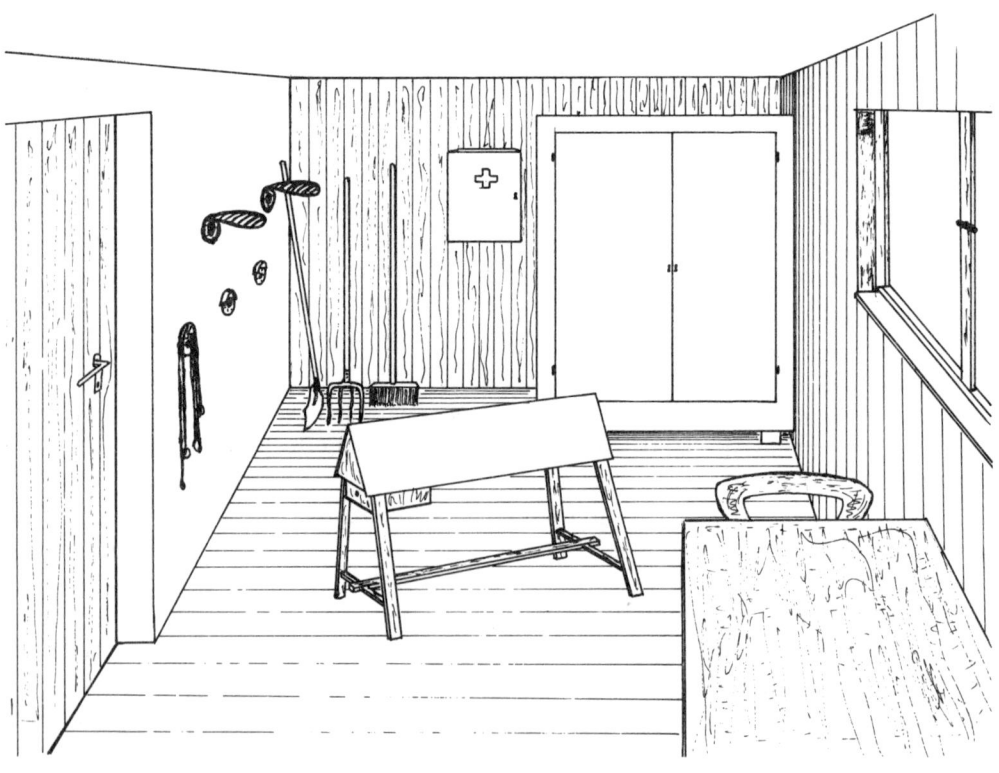

ungeeigneten Raum vornehmen müssen. Ist die Sattelkammer groß genug, ist natürlich nichts dagegen einzuwenden, wenn wir mittels Tisch und Bank eine freie Ecke als »Reiterstübchen« herrichten.

Alles an seinen Platz

Alles was wir an Zubehör für die geordnete Aufbewahrung des Lederzeuges benötigen (Sattelträger und Zaumzeughalter zum Beispiel), wird vom Fachhandel in den verschiedensten Ausführungen und Preislagen angeboten. Schaufel, Besen und Mistgabel sollten gleichfalls nicht irgendwo in den Ecken herumstehen, sondern ihren bestimmten Platz in der Sattelkammer haben. Auch für diesen Zweck gibt es im Handel entsprechende Halterungen. Es ist eine Wohltat, wenn jeder Gegenstand seinen bestimmten Platz hat und an diesem auch zu finden ist.

In kleineren Ställen werden wir ferner die Haferkiste in der Sattelkammer unterbringen. Sie eignet sich besser als die Stallgasse – jedenfalls, wenn sie unmittelbar an den Stall anschließt. Doch sollten wir beim Umgang mit Futtermitteln in der Sattelkammer auf peinlichste Sauberkeit bedacht sein, damit die kleinen grauen Nager nicht auch noch Geschmack an unseren Ausrüstungsstücken finden. Ein Betonfußboden gegen Feinde von unten, gut schließende Türen gegen Feinde von außen, Sauberkeit und gegebenenfalls Fallen oder Giftweizen gegen eingedrungene Mäuse sind allemal die wirksamsten Abwehrmaßnahmen.

Die Futterkammer

Die Größe der Futterkammer wird sich nach der Zahl der Pferde und nach der Art und Menge der Futtermittel, die man darin unterbringen will, richten müssen. Handelt es sich um einen Neubau, so muß man schon bei der Planung entscheiden, welche Einrichtungen (Futterkiste oder Futtersilo, Abwurfschacht für Heu und Stroh, evtl. Haferquetsche) in der Futterkammer Platz finden müssen. Auch Art und Menge der unterzubringenden Futtermittel wollen bereits zum Zeitpunkt der Planung bedacht sein. Wer zusätzlich zum Hafer eine der vielen guten Fertigfuttermischungen verwendet, braucht eine größere Futterkiste. *Das Füttern aus Säcken sollte man erst gar nicht anfangen,* denn es ist eine Quelle ständiger Unordnung und lockt Mäuse an.

Möchte man auch noch die Tagesration Rauhfutter in der Futterkammer unterbringen, und dafür spricht vieles, wird der Platzbedarf noch größer. Das zum täglichen Verbrauch bestimmte Rauhfutter sollte vor dem Verfüttern stets gänzlich aufgeschüttet werden, das füttert besser und erlaubt die Kontrolle auf schlechte, futteruntaugliche Stellen. Teilt man dann noch die einzelnen Rauhfutterrationen in kleine Haufen auf, hat man eine bessere Übersicht über die tatsächlich zur Verfütterung gelangende Rauhfuttermenge und erleichtert gelegentlichen Helfern das Füttern.

Eine große Arbeitserleichterung ist es auch, wenn über einen Abwurfschacht eine direkte Verbindung zwischen Futterkammer und Heuboden besteht. So wird weder beim Abwerfen noch beim Aufschütteln von Heu und Stroh die Stalluft verunreinigt.

Doch zurück zum Hartfutter, dem Hafer und den Futtermischungen. Welche Mengen will und muß ich in der Futterkammer unterbringen? Wie lange sollen und müssen die Mengen reichen? »Da fahre ich jede Woche einmal mit dem Wagen vorbei und lasse mir einen Sack Hafer in den Kofferraum packen. Damit hat sich das Problem für mich erledigt«, höre ich schon sagen. Nur wird der Hafer meist in 75-kg-Säcken gehandelt. Eineinhalb Zentner! Die gehen leichter in den Kofferraum eines PKW als wieder heraus. Dann wieder ist man verhindert, den Hafer zu besorgen. Es gab Wichtigeres. Schließlich verdient man mit seinem Beruf auch die »Brötchen« für die Pferde. Wer immer so »vom Futterhandel in die Krippe« lebt, der wird bald merken, daß das nicht die beste Lösung ist. Außerdem ist sie auch teuer. Noch teurer wird es meist, wenn man sich das Futter etwa alle 10 bis 14 Tage frei Haus anliefern läßt, denn »frei Haus« und kleine Menge, das verteuert. Kauft man jedoch seinen Jahresvorrat an Hart- oder Kraftfutter zur Lieferung frei Haus auf Abruf ein, kann man einen günstigeren Preis erzielen. Auch Selbstabholen größerer Mengen verbilligt.

Neben einer ausreichend großen Futterkiste sollte in der Kammer auch noch Platz für einige Säcke Hafer und Mischfutter sein, doch das Aufbewahren in Säcken kann immer nur eine Notlösung sein. Wir sollten uns überlegen, ob wir uns nicht gleich für einen *Hafersilo* entscheiden. Diese Silos, sie lassen sich natürlich auch für Mischfutter verwenden, werden in verschiedenen Größen und Ausführungen angeboten. Sie erleichtern die Vorratshaltung sehr. Es gibt keinen Ärger mehr mit aufgeplatzten oder angefressenen Futtermittelsäcken. Ration für Ration wird dem Silo entnommen.

Die Futterkiste hat deshalb noch nicht ausgedient, wir bringen darin andere Futtermittel oder Futterzusätze unter wie Weizenkleie, Zuckerrübenschnitzel und anderes mehr. Eine Futterkiste läßt sich leicht noch mit zusätzlichen Trennwänden versehen, denn zwei Fächer sollte sie immer haben, ein großes und ein kleines Fach. Das große Fach für das Hauptfutter (Hafer), das kleine Fach für Zusatz- oder Mischfutter. Natürlich muß es nicht immer die typische Futterkiste aus Holz sein. Wer hat, der kann auch saubere Metall- oder Kunststofffässer mit Sprengringverschluß verwenden. Nur muß man diese vorher wirklich gründlich reinigen, damit nicht etwa giftige Reststoffe (Vorsicht bei Farbfässern!) zurückgeblieben sind. Dann sollten sie nicht zu hoch sein, damit man auch wirklich immer bis zum Grund kommt. Fässer sollten immer völlig leer gefüttert werden, damit der Bodenrest – die natürliche Ventilation des Holzes fehlt ja bei Metall und Kunststoff – nicht stockig wird und verdirbt.

Es versteht sich wohl von selbst, daß die Futterkammer durch eine verschließbare Tür vom Stall getrennt sein muß, vom unumgänglichen Fenster gar nicht zu reden. Einmal wollen wir das Eindringen von Stalluft, aber auch von Pferden in die Futterkammer verhindern, und schließlich muß das Fenster Tageslicht und frische Luft hereinlassen.

Der Heu- und Strohboden

Trotz aller modernen Futtermittel und Stallausrüstungen sind und bleiben wir in der Pferdehaltung auf Heu und Stroh angewiesen. *Und am günstigsten beziehen wir unseren Jahresvorrat an Heu und Stroh unmittelbar zur Erntezeit,* am besten gleich ab Wiese und Feld. »Das alles weiß ich«, höre ich sagen, »aber wohin damit? Ich habe keinen Platz, um einen ganzen Jahresvorrat unterzubringen.« Heustöcke und Strohdiemen, die eine ganzjährige Lagerung im Freien ermöglichten, sieht man heute kaum noch. Es fehlen auch weithin schon die Kenntnisse, solche Heustöcke und Strohdiemen fachgerecht zu setzen, daß das Rauhfutter nicht verdirbt. Wir können es auch nicht, also müssen Heu und Stroh unter Dach. Im wahrsten Sinn des Wortes ist die Lagerung unter Dach, d. h. auf dem Heu- und Strohboden die einfachste Lösung, vor allem, wenn sich dieser über dem Stall befindet. Solche Ställe haben dadurch auch noch den Vorzug, im Sommer immer kühl und im Winter warm zu sein.

Über alten Ställen gelegene Heuböden haben im allgemeinen eine genügende Größe, um eine ausreichende Vorratshaltung zu ermöglichen. Bei neueren Bauten ist das nicht immer der Fall. Und sollten wir einen Stallneubau planen, dürfen wir einen Bergeraum für das Rauhfutter in ausreichender Größe nicht vergessen. Da wir im Durchschnitt pro Pferd und Tag mit 10 Pfund Heu und ca. 20 Pfund Futterstroh – der Anteil Stroh zum Einstreuen ist darin enthalten – rechnen müssen und unseren Heu- und Strohbedarf am besten nur einmal im Jahr zur Erntezeit ergänzen, sollten wir den Raum nicht zu knapp bemessen. Nun gibt es freilich noch kein DIN-Format für hochdruckgepreßte Ballen. Man kann aber bei einem Durchschnittsgewicht von ca. 25 Pfund je Bund Heu mit einem Maß von 25×40×50 cm rechnen, d. h. pro 1 m³ Lagerraum bringt man etwa 20 Bund Heu unter. Bei Stroh reicht das Gewicht der Ballen bis zu 50 Pfund, das durchschnittliche Gewicht allerdings liegt bei 20 bis 30 Pfund je Ballen, so daß auch die Maße sehr verschieden ausfallen.

Beim Heu wie beim Stroh hängen Größe und Gewicht der Ballen von dem die Maschine bedienenden Landwirt ab. Wir können bei Kauf vom Erzeuger schon vor der Ernte eine Vereinbarung treffen, daß die Bunde nicht zu groß werden und das Gewicht haben, das uns die Einteilung in die täglichen Rationen erleichtert.

Aber wir waren beim Bodenraum über dem Stall. *Außer über eine Ladeluke mit ausreichender Zufahrtsmöglichkeit muß der Heuboden auch über einen sicheren Zugang für Personen verfügen.* Am besten ist natürlich eine Treppe, über die auch ältere Personen hinaufgelangen können. Leitern – manchmal sogar senkrecht stehend – sind nicht jedermanns Sache. Wo aber vorhanden, sollten sie nach den Vorschriften der Unfallverhütung gesichert sein. Zur Sicherheit trägt auch ausreichende Beleuchtung bei, darum kein Heu- und Strohboden ohne elektrisches Licht. Herbst und Winter haben bekanntlich kurze Tage.

Ein besonderes Kapitel bilden die *Bodenluken.* Meist sind es zwei oder auch mehr: Durch die Ladeluke wird der Boden be-

Alle Luken sollten wir, wenn schon nicht aus guter Einsicht, so doch aus Vorsicht gemäß den Vorschriften der Unfallverhütung sichern: keine Luke ohne Lukentisch und Schutzgeländer.

schickt, durch die Futterluke werden Heu und Stroh in den Stall, die Tenne oder Futterkammer abgeworfen. Die geltenden Unfallverhütungsvorschriften sollten wir im Interesse der Sicherheit genauestens befolgen. Dazu gehört, daß die Luken, außer beim Abladen oder Abwerfen, geschlossen gehalten werden. Außerdem müssen sie durch ein stabiles Geländer absturzsicher umbaut oder durch einen Lukentisch überbaut werden. Als Faustmaß gilt, daß das Geländer des Lukenschutzes einen Meter höher sein soll, als die im Lukenbereich lagernden Heu- und Strohvorräte. Kindern sollten wir das Betreten des Heubodens

ohne Aufsicht am besten gar nicht gestatten.

Fehlt uns aber Bodenraum in ausreichender Größe oder – auch das gibt es ja, und nicht nur bei Fertigställen – hat unser Stall überhaupt keinen Heuboden, dann müssen wir andere Lösungen suchen. Keinesfalls sollten wir Heu und Stroh in einer leeren Box aufbewahren. Das geht einmal für ein paar Tage, mindert aber über längere Zeit die Qualität des Rauhfutters, da sich Feuchtigkeit und Geruchsstoffe der Stallluft im Heu und Stroh niederschlagen. Solches Rauhfutter kann auf die Dauer den Pferden nicht bekommen und muß zu Erkrankungen führen. *Heu und Stroh müssen vom Stall getrennt aufbewahrt werden.*

Können wir uns zum Bau eines einfachen Schuppens (wichtig sind vor allem ein Dach und eine Wand an der Wetterseite)

76

nicht entschließen, bleibt uns nur die Anmietung einer geeigneten Räumlichkeit. Es muß ja nicht gleich eine ganze Scheune sein. In einen Scheunenbansen oder auch ein Scheunenfach gehen etliche Fuder, und wenn man es bis unter den »Hahnebalken« packt, dann haben wir je nach Pferdebestand einen Vorrat für Jahre. Wir sollten den Raumbedarf aber auch nicht zu eng bemessen. Es gibt ja immer wieder einmal verregnete Heu- und Getreideernten, dann ist es vorteilhaft, wenn die eigenen Rauhfuttervorräte weiter reichen als von Ernte zu Ernte. Vor allem mit Stroh sollten wir uns in guten Jahren reichlich eindecken. Wenn solches Stroh dann nach Jahren zwar auch den Futterwert verloren hat, so ist es doch zum Einstreuen bestens geeignet.

Liegt also unser Rauhfutterlager nicht beim Stall, so müssen wir allwöchentlich unseren Vorrat im Hänger zum Stall holen und in der Futterkammer lagern – eine Lösung, die von vielen praktiziert wird, und manchmal auch billiger ist, als der Bau eines eigenen kleinen Lagerschuppens.

Die Mistlege

Wie wir ihn auch immer nennen, ob Dung, Dünger, Dreck, Abfall, Exkremente, Ausscheidungen oder Kot, er fällt an, der Mist, und er muß beseitigt werden. Dabei geht es gar nicht so sehr um das große Ausmisten, den halbjährlichen Matratzenwechsel, sondern um den täglich anfallenden Mist: Kotballen und verschmutztes feuchtes Stroh. Wir müssen, wenn wir auf gesunde Pferde in einem gesunden Stall Wert legen, ganz gleich ob die Pferde in einer Box oder in einem Stand untergebracht sind, *täglich ausdüngen*. Alle mit der Pflege der Pferde betrauten Personen sollten es sich zur guten Angewohnheit werden lassen, bei jedem Gang in den Stall den anfallenden Kot zu entfernen. Nur so hält man Streu und Pferde sauber und die Stalluft rein. Üblicherweise sammeln wir das Ergebnis dieser Arbeiten zunächst in der Schubkarre. Aber da kann es ja nicht bleiben. Man sollte die Mistkarre, egal wie voll oder leer sie ist, auch nicht in der Stallgasse stehen lassen, bis sie ganz voll ist, um sie dann erst abzufahren. Das verbessert die Stalluft ja nicht. Draußen vor der Tür steht sie nicht im Wege und ist auch gleich zur Hand.

Aber wohin mit dem Inhalt, wenn die Karre voll ist? Wer auf dem Lande wohnt und einen Landwirt in der Nähe hat, wird von diesem sicher die Erlaubnis erhalten, seinen täglich anfallenden Mist auf dem Misthaufen eben dieses Hofes zu deponieren. Aber nicht jeder Pferdebesitzer hat einen bäuerlichen Misthaufen in seiner unmittelbaren Nähe. Was dann, wenn das eigene Grundstück die Anlage einer Düngerstätte nicht gerade begünstigt? Vielleicht bietet sich die Möglichkeit, mit einem Landwirt eine Vereinbarung dergestalt zu treffen, daß er uns einen nicht mehr benötigten Ackerwagen oder ein sonstiges Fahrzeug zur Verfügung stellt und wir diesen Wagen, der in unmittelbarer Nähe unseres Stalles abgestellt wird, mit dem täglich anfallenden Mist beladen. Ist der Wagen voll, wird er abgefahren und an einem Ackerrand oder am bäuerlichen Miststapel bis zur Verwendung im Herbst abgeladen. Wenn wir bei dieser Arbeit behilflich sind, werden wir sicher auch einen Partner zu dieser Vereinbarung finden. Sicher, es kommt einige Arbeit mehr auf uns zu, aber wir haben den Mist nicht so lange Zeit auf unserem Grundstück und vor der Nase.

Da nun einmal mit dem Misthaufen gewisse Belästigungen verbunden sind, sollten wir versuchen, diese möglichst gering zu halten. Deshalb plaziert man ihn, wenn seine Anlage auf dem eigenen Grundstück nicht zu umgehen ist, nicht in die Nähe des Wohnhauses, vor das Panoramafenster oder vor die Terrasse des Nachbarn. Das versteht sich wohl von selbst. Aber auch in unmittelbarer Nähe des Pferdestalles – womöglich unter der Fensterfront oder gleich bei der Tür – sollte ein Misthaufen nicht liegen, so bequem das auch manchmal ist.

Aber darf man denn überhaupt so einfach einen Misthaufen anlegen? Wenn wir von unserer zuständigen Bauaufsichtsbehörde die Genehmigung zur Pferdehaltung bekommen haben, schließt das die Lagerung tierischer Exkremente mit ein. Meist sind die entsprechenden Genehmigungen, ob Stallneubau, Umbau oder Wiederbenutzung eines alten Stalles, mit den entsprechenden baulichen Auflagen für den Bau einer Mistlege verbunden. In eigenem Interesse sind wir gut beraten, wenn wir uns danach richten.

Überhaupt kann man den Mist auch so unter Dach und Fach bringen, daß nun wirklich kein Nachbar mehr von seinem Anblick oder Geruch belästigt wird, zumal der durch das tägliche Ausdüngen anfallende Mist sehr trocken ist. Ein nach einer Seite offener alter Schuppen ist ein idealer Sammelplatz für Mist. Natürlich gehört der Mist auch ordentlich gestapelt und festgetreten. Wie bei der Matratze, verhindert auch beim Miststapel die feste geschlossene Oberfläche das Freiwerden der unseren Nasen unangenehmen Geruchsstoffe. Auch die Fliegenplage wird auf diese Weise gering gehalten. Leben wir aber auf dem Lande und ist der eigene Misthaufen nicht zu umgehen und nicht umstritten, dann wählen wir nach Möglichkeit einen schattigen Platz in einiger Entfernung vom Stall. Je weiter weg, desto besser. Doch auch so gelegen, daß dieser Platz zum Abfahren des Mistes durch einen Schlepper mit Anhänger auch erreicht werden kann. Ein Miststapel sollte nicht nur gegen starke Sonnenstrahlen geschützt liegen, sondern auch gegen Wasser, insbesondere gegen den Zufluß oberirdischen Wassers, sei es Regenwasser oder etwa das beim Abspritzen der Pferdebeine oder des Wagens anfallende Wasser. Die so entstehende Jauche dient weder dem Mist, noch der Sauberkeit. Mit der Zeit würde das unter und um den Miststapel liegende Erdreich nicht nur unpassierbar, sondern auch ein möglicher Krankheitsherd für Mensch und Tier. *Darum gehört unter den Mistplatz eine Betonplatte.* Diese Betonplatte sollte an den Rändern mit abgerundeten überfahrbaren ca. 10 bis 15 cm hohen Kanten gegen das Eindringen von Oberflächenwasser und das mögliche Austreten von Jauche aus dem Stapel umgeben sein. Auf dieser Platte wird dann der täglich anfallende Mist auch täglich ordentlich gestapelt und festgetreten, Schicht für Schicht und Streifen für Streifen. Nicht nur blanke Pferde und sauberes Lederzeug sind des Reiters

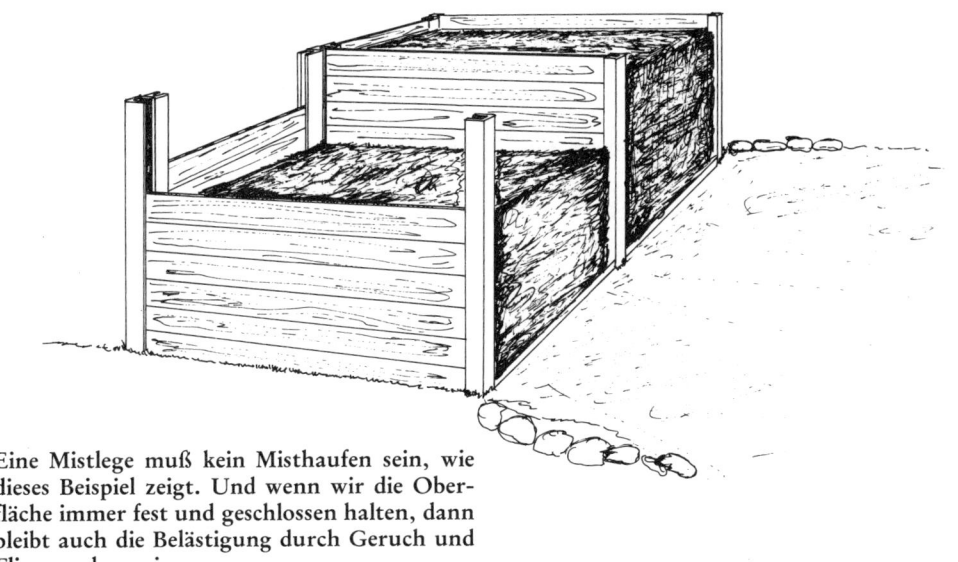

Eine Mistlege muß kein Misthaufen sein, wie dieses Beispiel zeigt. Und wenn wir die Oberfläche immer fest und geschlossen halten, dann bleibt auch die Belästigung durch Geruch und Fliegen sehr gering.

Visitenkarte, sondern auch der Misthaufen. Ein Misthaufen soll akurat, Streifen für Streifen und Schicht für Schicht angelegt und gestapelt werden. Mit sauberen, glatten Rändern und Wänden, die wie glattes, goldgelbes Mauerwerk aufsteigen. In sich fest, mit glatter Oberfläche, so soll ein ordentlich angelegter Miststapel aussehen, nicht wie ein wüster Haufen. Das verbessert nicht nur die Qualität des Dungs – er verrottet gleichmäßiger –, sondern spart auch Platz und sieht auch bedeutend besser aus. Die vorbeigehenden Leute müssen gar nicht merken, daß da Pferdemist lagert, so appetitlich muß unser Misthaufen aussehen.

Natürlich sind wir nicht nur auf die Betonplatte angewiesen. Es gibt für die bauliche Gestaltung des Mistplatzes auch noch andere Möglichkeiten. So kann man zum Beispiel den Mistplatz an zwei oder drei Seiten durch eine Mauer begrenzen. Auch Bohlen und Rundhölzer lassen sich dazu verwenden. Am einfachsten ist es, wenn man die Seitenwände und zusätzliche Trennwände unter Verwendung von U-Eisen und Bohlen oder Rundhölzern herstellt. Wenn man die U-Eisen lang genug gewählt hat, bietet sich hier auch gleich die Möglichkeit, die Wände durch Einschieben weiterer Holzteile in die Höhe wachsen zu lassen.

Wem das alles nicht behagt, der muß zu *großen Kunststoffkübeln mit Deckel* greifen und diese zur Aufbewahrung des täglich anfallenden Mistes verwenden. Sind die Kübel voll, wird ein Landwirt oder Gärtner sicher dankbarer Abnehmer sein. Oder aber, daß wir einen alten Pkw-Anhänger gleichzeitig zur Aufbewahrung und zum Transport des Mistes benutzen. Wir merken, daß der Mist sich nicht zu einem Problem auswachsen muß, wenn wir keines daraus machen. Wer das Pferd will und mag, dem ist das sowieso keine Frage. Den anderen aber müssen wir es durch sorgfältige Aufbewahrung unseres Pferdemistes leicht machen, diese Seite der Pferdehaltung zu übersehen.

Heute sind ja schon viele Landwirte zur viehlosen Wirtschaft übergegangen. Natürlicher Dünger ist rar und begehrt, weshalb wir uns bemühen sollten, mit einem Landwirt eine entsprechende Vereinbarung zu treffen: Der Landwirt liefert uns das benötigte Stroh und erhält dafür den Mist unserer Pferde. Wenn wir bei allen in diesem Zusammenhang anfallenden Arbeiten mithelfen, werden beide Partner zufrieden sein.

Füttern und Tränken

Grundsätzliches

Eine wichtige Voraussetzung, um Gesundheit, Leistungsbereitschaft und Leistungsfähigkeit der Pferde zu erhalten und zu fördern, ist die sachgerechte Fütterung. Doch genügt es nicht allein, Trog und Raufe zu füllen und satt zu tränken. *Futter und gewünschte Leistung müssen einander ergänzen, aufeinander abgestimmt sein.*

Ponys brauchen nach Art und Menge ein anderes Futter als Reitpferde, und ein Pferd, das nur am Wochenende bewegt wird, muß anders ernährt werden, als ein Pferd gleicher Größe, das täglich unter dem Reiter geht. Darüber hinaus müssen wir, vor allem bei der zunehmenden Stallhaltung, dafür sorgen, daß unsere Pferde auch alle die Nährstoffe, Wirkstoffe und Vitamine bekommen, die sie früher gleichsam nebenbei als Selbstversorger erhielten.

Natürlich wurden auch in früheren Zeiten hauptsächlich Hafer und Heu verfüttert. Doch fielen z. B. in den bäuerlichen Betrieben für die Pferde immer ein paar Gabeln Grünfutter, ein paar Futterrüben oder gedämpfte Kartoffeln ab. Und so ganz nebenbei sorgte wohl auch der Knecht einmal mit einer Portion Schrot oder Kleie – die er vom Schweinefutter abzweigte – für seine Pferde. Auch fanden die Pferde während der Feldarbeit immer wieder Gelegenheit, sich an Gras, Klee oder Kräutern gütlich zu tun und nach getaner Tagesarbeit erhielten sie meist noch ein paar Stunden Weidegang. Daher war die scheinbar so einseitige Hafer- und Heufütterung eben doch nicht so einseitig, sondern in höchstem Maße vielseitig und abwechslungreich, wie eine gute Ernährung sein soll.

Nun haben sich in den vergangenen Jahrzehnten die Lebens- und Arbeitsgewohnheiten von Mensch und Tier entscheidend verändert. Nur noch in wenigen Berufen wird tägliche körperliche Schwerarbeit verlangt, und Pferde in Arbeitsgeschirr und schwerem Zug sind auch zur Seltenheit geworden. Das alles erfordert eine andere, kalorienärmere Ernährung, sonst haben wir bald ein übergewichtiges Pferd im Stall. Von vielen Reitpferden, Freizeitpferden und Ponys wird oft nicht einmal beim täglichen Ausritt eine hohe Leistung gefordert. Mancher bummelt nur durch das Gelände. Warum auch nicht. Nur muß sich dann die Ernährung des Pferdes danach richten.

Grünfutter ist wichtig

Und wo früher der Weidegang selbstverständlicher Teil des Pferdelebens war oder die tägliche Schubkarre voll Grünfutter, die man sich leicht als Ergänzung zur täglichen Hafer-Heu-Ration mähen konnte, so fehlt heute meist beides – was wir bedauern und die Pferde vermissen. Die Reiter erleben es ja, wie gierig die Pferde nach einem grünen Zweig schnappen oder mit dem Kopf nach unten stoßen, wenn sie Gelegenheit zum Grasen erhalten. Ihr Instinkt sagt ihnen, was auch die Wissenschaft bestätigt, daß *Grünfutter, d. h. Gras und Kräuter, das für die Pferde naturgemäße Futter ist.* Pferde sind Pflanzenfresser und können sich von Gras und Heu allein ernähren. Allerdings genügen diese beiden Futtermittel nicht, um größere Leistungen zu vollbringen. Wer nun keine Weidemöglichkeit für sein Pferd hat, vielleicht nicht einmal einen kleinen Auslauf, muß deshalb die Pferdehaltung nicht aufgeben. Aber er muß sich verstärkt bemühen, die tägliche Futterration auf den Bedarf des Pferdes an Nährstoffen, Vitaminen und Mineralstoffen abzustellen.

Wie die menschliche Ernährung auch, darf die Ernährung des Pferdes nicht einseitig werden. Die Hauptfuttermittel Hafer, Heu und Futterstroh müssen durch entsprechende Zusätze ergänzt werden. *Außerdem muß sich die Gesamtfuttermenge sowie der jeweilige Anteil der einzelnen Futterarten am Gesamtfutter nach Art und Größe des Pferdes und der von ihm geforderten Leistung richten.* Manches zur Futterergänzung kann der Reiter selbst tun. Er braucht nur ein wenig Liebe zu seinem Pferd und ein wenig Zeit. Dabei denke ich z. B. an einen Reiter, der seinem Pferd nach jedem Ausritt eine Schüssel voll Gras rupfte und verfütterte. Unverständige – deren waren nicht wenige – witzelten über ihn. Oder ich denke an die gute Gewohnheit eines anderen Reiters, der sein Pferd bei den meisten seiner Ausritte auch einmal 10 bis 15 Minuten grasen ließ.

Natürlich kann man nicht überall Gras rupfen oder sein Pferd grasen lassen. Man muß sich vorher vergewissern, daß die Stelle frei ist von gesundheitsschädlichen Stoffen wie gebeiztem Getreide, schädlichen Spritzmittelresten und was dergleichen Giftstoffe mehr heute verwendet werden. Aber eine Möglichkeit zum Grasen findet sich allerorten. Nur Gedankenlosigkeit ist es, zu meinen, bei der heutigen, »modernen« Pferdehaltung müsse alles Futter durch Krippe und Raufe gehen.

Natürlich lassen sich Krippe und Raufe nicht entbehren. Wohin auch mit Hafer und Ergänzungsfutter, wenn nicht in die Krippe. Oft lecken die Pferde die Krippe nach gehabter Mahlzeit noch genüßlich aus – auch nach der Hafermahlzeit, nicht nur nach Mash oder Zuckerrübenschnitzeln. Deshalb ist auf peinliche Sauberkeit zu achten. Am besten, man kontrolliert und säubert, sofern erforderlich, die Krippe vor und nach jeder Mahlzeit. Keinesfalls dürfen Futterreste in der Krippe bleiben, da sie meist vom Speichel feucht sind und daher bald sauern. Kolikgefahr!

Oben: Zum Putzen des Kopfes wird das Stallhalfter, so wie auf dem Bild zu sehen, nur um den Hals geschnallt.
Unten: Auch auf der Weide sollte unser Pferd nie ohne Stallhalfter sein.

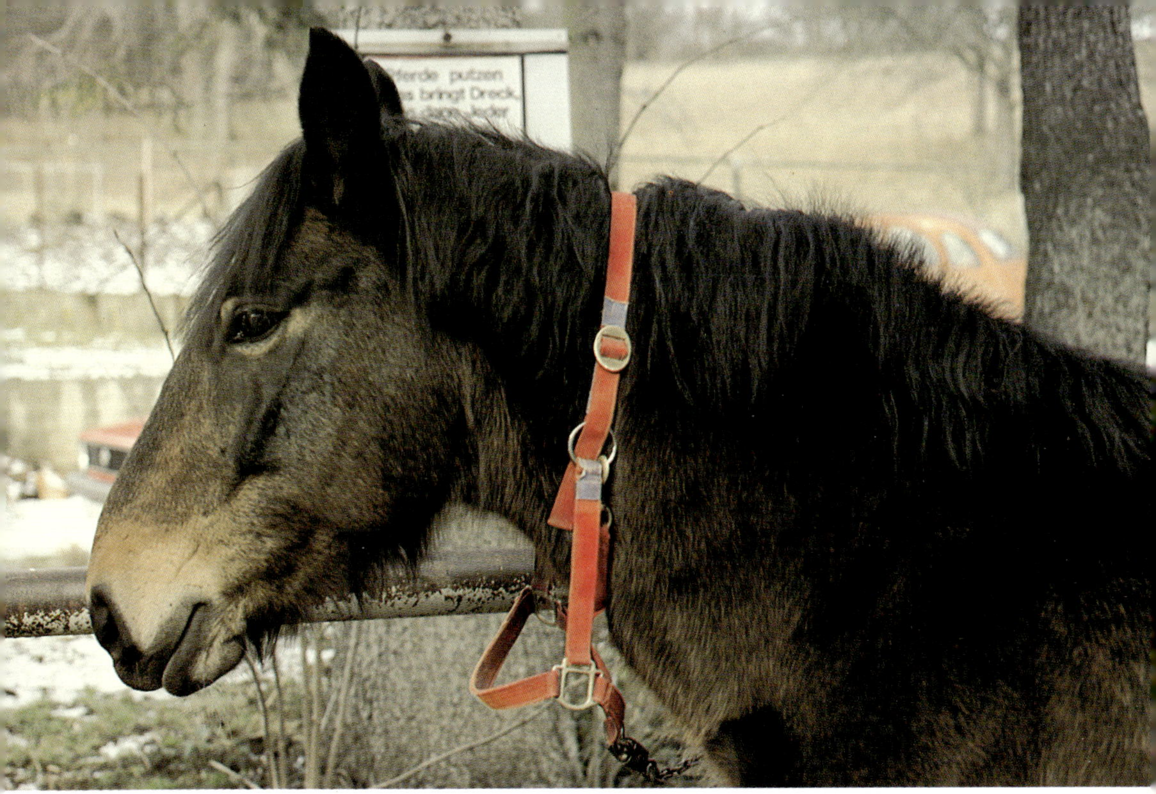
putzen
bringt Dreck,

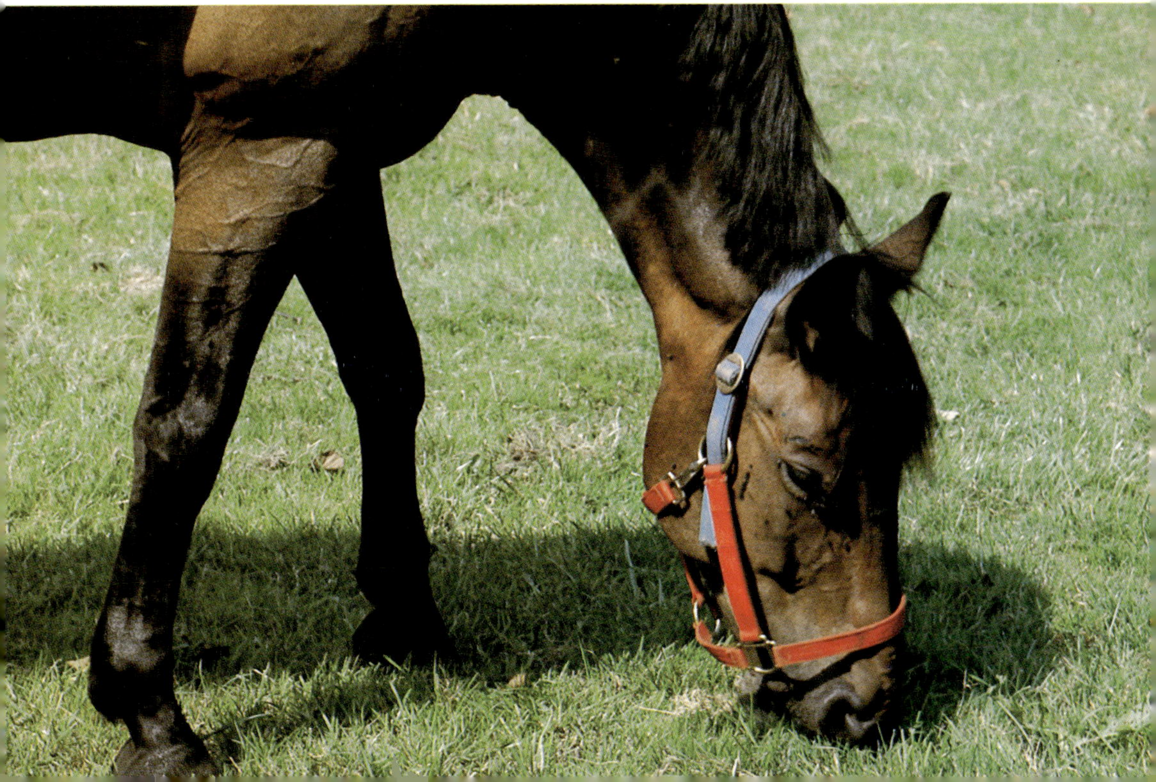

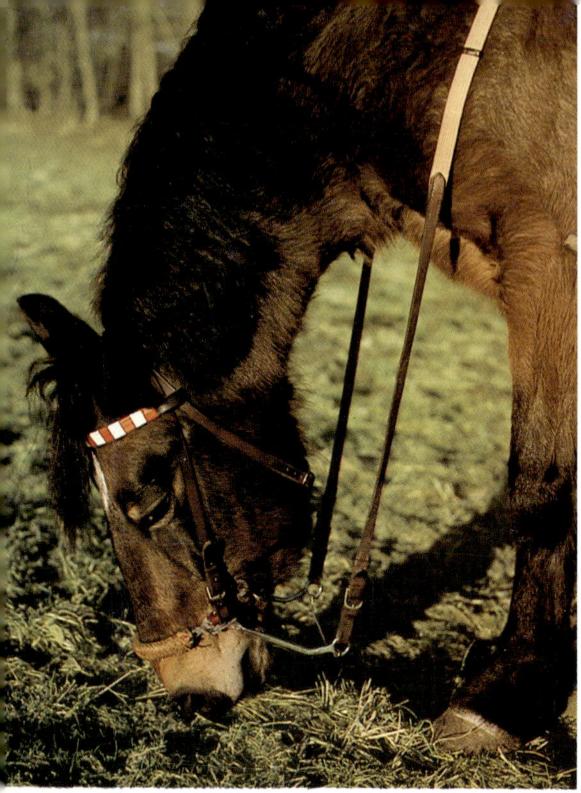
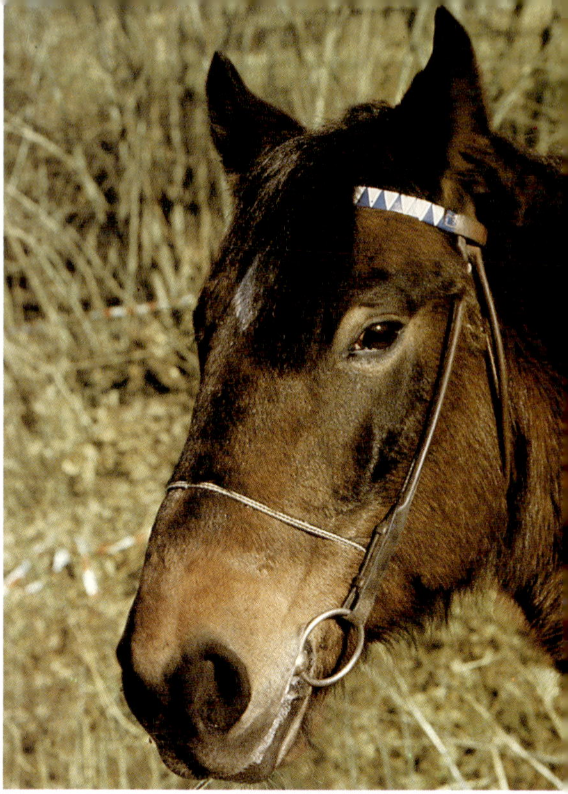
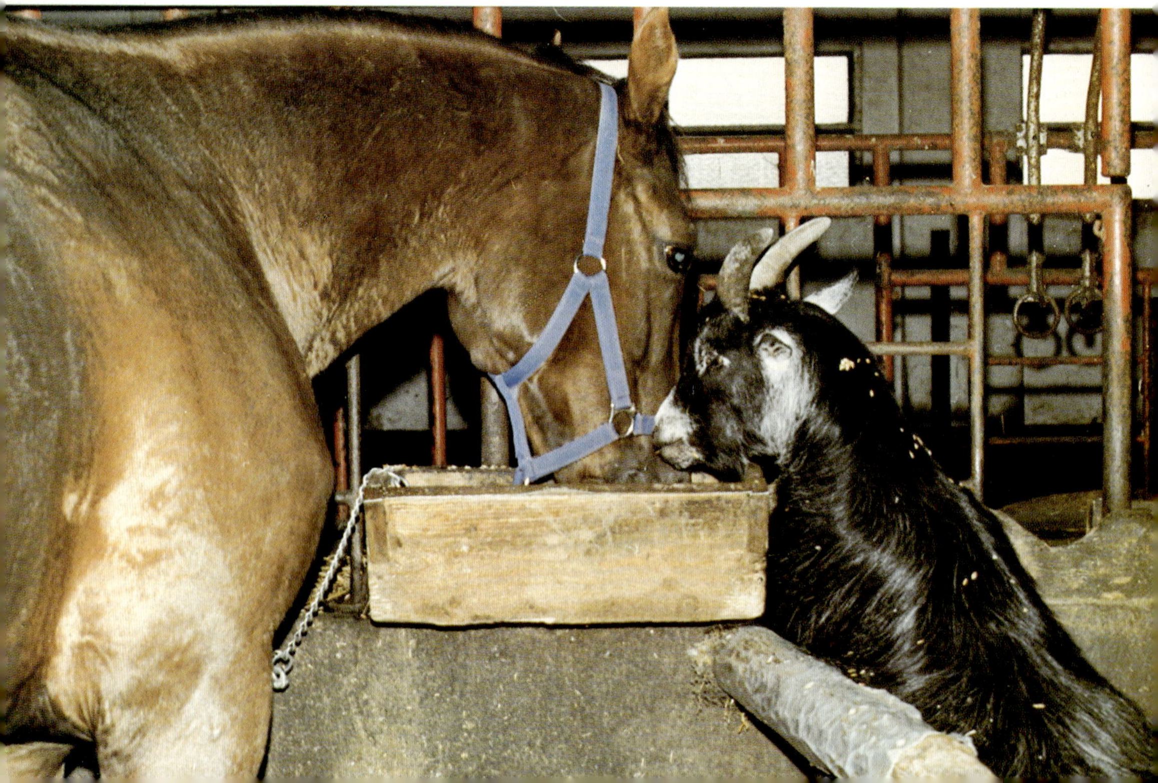

Gefahren drohen den Pferden auch, wenn ihre Besitzer oder Pfleger auch in bewegungsarmen Zeiten (wir haben keine Zeit, auch keine Koppel) die Haferration ungekürzt lassen. An »Stehtagen«, d. h. wann immer nicht geritten wird, sind die Kraftfuttergaben zu kürzen und statt dessen ein wenig mehr Rauhfutter (Heu, Futterstroh) und etwas Grünfutter anzubieten. »*Wie die Bewegung, so die Verpflegung*«, muß hier unsere Maxime sein. Erwarten wir aber größere Leistungen als üblich, muß die Ration bereits vorher und nicht erst am Tage der gewünschten Leistung erhöht werden. Immerhin dauert es 24 Stunden, bis vom Pferde aufgenommene Futtermittel die Verdauungsorgane durchlaufen und als Kot wieder ausgeschieden werden. Daran sollten wir denken.

Kein Futter ohne Wasser

Nun sind es ja überwiegend trockene Futtermittel, die wir an die Pferde verfüttern, und da sich diese nur dann gut verwerten lassen, wenn sie ausgiebig gekaut und eingespeichelt werden, kommt dem Tränken der Pferde eine ganz erhebliche Bedeutung zu.

Kauen wir doch einmal ein Stück trockenes Brot. Es fällt uns schwer, so ein Stück ohne Flüssigkeit herunterzuschlucken. Das Pferd vor der gefüllten Krippe hatte ich ja schon erwähnt. Wir erinnern uns, daß es nur deshalb nicht seinen Hafer anrührte, weil es durstig war. Die Selbsttränke war durch einige Kotballen verunreinigt, und der nachlässige Pfleger hatte es auch beim zweiten Füttern nicht bemerkt. Nachdem die Panne beseitigt und der Durst gestillt worden war, schmeckte auch der Hafer wieder.

Ein Pferd braucht im Durchschnitt 30 bis 45 Liter Wasser täglich, an heißen Sommertagen auch mehr. Wir sollten einmal – nur um einen Eindruck von der täglich erforderlichen Menge Wasser zu erhalten – ein paar Tage unsere Pferde aus Eimern tränken, dann wird uns die Bedeutung des Wassers für die gesunde Ernährung des Pferdes bewußter. Es genügt oft schon, wenn wir nur an den Durst so manchen Reiters nach dem Reiten denken: »Mensch, habe ich einen Durst.« Nun erledigt sich zwar das Problem in den meisten Ställen durch das Vorhandensein von Selbsttränken, sofern sie auf ihre Funktionstüchtigkeit und Sauberkeit kontrolliert werden. Fehlt uns aber eine solche Anlage, dann sollten wir *die Pferde immer vor dem Füttern tränken*. Etwa eine halbe Stunde vorher sollten wir ihnen einen vollen Eimer Leitungs- oder brunnenfrisches Wasser anbieten. Wenn gewünscht, auch noch einen zweiten. Danach, um die Pause zur Hartfutter-Ration zu überbrücken und ein zu gieriges Schlingen des Hafers zu verhindern – der dann unverdaut zur Freude der Spatzen und anderer Vögel wieder aus-

Oben links: Hackamore, eine Zäumung ohne Gebiß, vom erfahrenen Geländereiter gerne verwendet.
Oben rechts: Das sogenannte Minihalfter ist zusammen mit der Trense vorzüglich für Wanderritte geeignet.
Unten: Pferde in Einzelhaltung sind für Gesellschaft immer dankbar.

geschieden wird – geben wir erst eine Gabel voll Heu.

Inzwischen bleibt uns Gelegenheit, mancherlei Dinge im Stall zu erledigen: Heu und Stroh aufzuschütteln, Stallgasse fegen und andere Dinge mehr. Aber das nur nebenbei gesagt, zurück zum Wasser und zum Tränken.

Wenn wir ohne Selbsttränke auskommen müssen, dann bitte nicht nur zu den Futterzeiten, sondern auch dann, wenn wir zwischendurch einmal in den Stall kommen, Wasser anbieten. Auf Grund ihrer besonderen Verdauungsorgane (kleiner Magen, kurzer Verdauungskanal) müssen Pferde zur guten Verwertung des Futters besonders ausgiebig kauen und einspeicheln. Das geht nun einmal nicht ohne gut gestillten Durst. *Sauberkeit des Wassers und der Tränkevorrichtungen (Selbsttränke oder Eimer) sind oberstes Gebot.* Beim Wasser selbst, seinem Geschmack, sind die Pferde nicht so heikel, obwohl sie geruchfreies, geschmackloses Wasser vorzuziehen scheinen. Schließlich soll es nicht unbedingt eiskalt sein, eher 9 bis 12°C. Das schließt aber nicht aus, daß man ihnen auf einem Ausritt nicht auch kaltes Wasser aus einem Brunnen anbieten kann. Wenn der Durst gestillt ist, planschen sie darin mit großem Vergnügen. Geht der Ritt gleich weiter, kann ihnen daraus kein gesundheitlicher Schaden entstehen.

Ganz anders verhält es sich, wenn wir mit erhitztem, verschwitztem Pferd in den Stall zurückkommen, was im Grunde genommen unreiterlich ist. Die letzten 2 km zum Stall zurück soll man ja im Schritt reiten. Nun, es gibt immer gute Gründe, es anders zu halten. Kommt man jedenfalls so mit dem Pferd zurück in den Stall, wie man es eigentlich nicht dürfte, dann stellt man am besten die Selbsttränke ab, bietet dafür aber einige Schlucke Wasser aus dem Eimer an. Auch in einem Stall mit Selbsttränke sollte also ein Tränkeimer vorhanden sein. Hastiges Saufen des Pferdes verhindert man durch Auflegen einer Handvoll Heu auf das Wasser oder dadurch, daß man das Trensengebiß im Pferdemaul beläßt. *Zehn bis zwölf Schlucke genügen für den ersten Durst.* Man kann die Schluckgeräusche, die gut hörbar sind, zählen, außerdem zählen die Pferde mit, und zwar mit den Ohren. Achten Sie einmal darauf. Wer nicht zählen will, reicht nur einen Viertel Eimer Wasser. Das geht natürlich auch.

Normal getränkt werden kann wieder, wenn sich Puls und Atmung des Pferdes normalisiert haben und das Fell wieder trocken ist. Haben wir keine Selbsttränke, ist es selbstverständlich, daß an solchen Tagen das Nachtränken, das etwa 2 Stunden später erfolgen soll, insbesondere nach dem Abendfutter, nicht vergessen werden darf. Ist eine Selbsttränke vorhanden, dann sollte man sich an einem solchen Tag lieber einmal mehr davon überzeugen, daß sie sauber ist und funktioniert bzw. das Wiederanstellen nicht etwa vergessen wurde.

Alarmsignale

Sollte ein Pferd Wasser und Futter verweigern, ohne daß wir einen besonderen Anlaß dazu erkennen können, ist das ein alarmierendes Zeichen. Dann wird die Temperatur gemessen, die bei gesunden Pferden bei 37,5 bis 38,5°C liegt. Ist die Temperatur höher, müssen wir unseren Tierarzt um seinen Besuch bitten.

Manchmal sind die Anlässe zur Futter- oder Wasserverweigerung harmloser Natur. Anläßlich eines längeren sommerlichen Rittes wollte mein Pferd während der Mittagsrast bei einem Landwirt kein Wasser annehmen. Durst mußte es haben, wir waren gut vier Stunden unterwegs gewesen. Kein Anzeichen einer Erkrankung. Vielleicht lag es am Eimer. Hatte man ihn zum Schweinefüttern benutzt? Ich hatte ausdrücklich gebeten, mir keinen Schweineeimer zu geben. Pferde mögen den Geruch gar nicht. Nein, es war kein Schweineeimer. Wir haben alle Stalleimer bis zu den Eimern der Hausfrau ausprobiert. Das Pferd nahm kein Wasser. Das gab's doch nicht. Schließlich sagte der Bauer so nebenbei: »Wissen Sie, wir haben hier das weichste Wasser im ganzen Landkreis.« Das war des Rätsels Lösung.

Verweigert ein Pferd Hart- oder Rauhfutter, ohne daß sich eine Erkrankung oder erhöhte Temperatur feststellen läßt, kann das ein Zeichen von Durst sein, aber auch, daß ihm das Futter nicht behagt. Ist das Pferd neu in unseren Stall gekommen – Pferde sind ja auch »Gewohnheitstiere« –, fragen wir am besten den Vorbesitzer, was er denn gefüttert hat und stellen dann ganz allmählich um. Oder wir bieten unser vorhandenes Futter in kleinen Rationen an, die wir zudem noch besonders schmackhaft machen: Möhren- oder Apfelstückchen, Zucker darüber streuen, einige handvoll Grünfutter und andere Reizmittel mehr. Manchmal genügt auch eine Prise Salz, die man darüber streut. Dabei sei daran erinnert, daß in keinem Stand und in

keiner Box, ob Pony oder Großpferd, der *Salzleckstein*, der ja auch wichtige Mineralstoffe enthält, fehlen sollte.

Ungenügende Fütterung ist für ein Pferd natürlich genau so schädlich wie Überfütterung. Besonders eindringlich sei auch davor gewarnt, blähende Futtermittel wie junges Gras, Kohlgewächse, Klee und zu große Mengen überreifer Äpfel oder frisches Brot zu verfüttern. Das kann zu Koliken führen, ebenso wie verschimmelte Futtermittel aller Art (einschließlich Stroh), oder das Tränken unmittelbar nach der Aufnahme von frischem Gras oder Klee. Der Gesundheit des Pferdes abträglich sind auch ungenügend abgelagertes Heu, frischer Hafer und Futtermittel im gefrorenen Zustand.

Aber trotzdem keine unnötige Sorge, es gibt in Deutschlands Pferdeställen trotz aller möglichen Gefahrenquellen durch unsachgemäße Haltung und Fütterung dennoch überwiegend gesunde Pferde. Das liegt nicht zuletzt wohl daran, daß auch weniger erfahrene Pferdehalter sich in Zweifelsfällen verhalten wie erfahrene Pferdeleute: sie suchen Gespräch und Rat des Fachmannes.

Futterzeiten

Pferde sollen mindestens dreimal täglich gefüttert werden. Haben wir aber die nötige Zeit und Gelegenheit, dann spricht alles dafür, daß wir die tägliche Futtermenge statt dessen auf vier oder sogar fünf Futterzeiten verteilen.

»Mehrere kleine Futter füttern besser als ein großes«, ist eine sehr alte Regel. Pferde be-

nötigen nun einmal zur Futteraufnahme und Futterverwertung viel Zeit und Ruhe, dem kleinen Volumen der Verdauungsorgane sind kleinere Rationen angemessen. Dieser Erkenntnis kommt in der Pferdehaltung unserer Tage besondere Bedeutung zu, da ja die Pferde von den 24 Stunden des Tages höchstens zwei Stunden unter dem Reiter gehen. In den übrigen 22 Stunden wollen und sollen sie auch beschäftigt sein, schon damit sie nicht auf Untugenden verfallen. Was liegt näher, als ihnen die Tagesfuttermenge statt auf drei Futterzeiten auf vier oder fünf Futterzeiten verteilt anzubieten.

Natürlich bin ich mir dessen wohl bewußt, daß sich das in den meisten Pferdeställen nicht durchführen läßt. Man geht ja in gewerblichen Ställen hier und da schon zum zweimaligen Füttern über, um Kosten einzusparen. Bei den privaten Pferdehaltern liegt es nicht an den Kosten, denn wenn diese ihre Kosten auf die Stunden umlegen, die sie pro Monat wirklich reiten, wären sie mit einem Abonnement oder einer Zehnerkarte in einem Reitstall besser bedient. Sie haben einfach nicht die erforderliche Zeit, Beruf und Schule erlauben es nicht. Es sei denn, daß sich auch in der Privatpferdehaltung der Futterautomat durchsetzt, der zur bestimmten Zeit die Krippe mit der bestimmten Menge Hartfutter (Hafer oder pelletiertes Mischfutter) beschickt. Noch aber müssen die meisten Pferdehalter ihr Futter von Hand schütten und vorlegen.

Da die Nacht die längste Futterpause mit sich bringt, ist es wichtig, daß das Hauptfutter abends gegeben wird. Die Pferde können es in der langen nächtlichen Ruhe-

pause auch am besten ausnützen, man gibt deshalb als Abendration in der Regel ³/₅ oder auch ²/₃ der Tagesfuttermenge. »Tagesfutter gehen in den Mist, Abendfutter in die Leistung«, darin liegt schon viel Wahres. Darum geht es auch bei der Haltung nur eines Pferdes nicht ohne die Aufstellung und das Einhalten eines Zeitplanes.

– Wann muß ich früh an meinem Arbeitsplatz sein, wann also muß ich früh füttern?
– Wer füttert, wenn ich verhindert bin, mittags?
– Wann komme ich abends nach Hause, und wann kann ich im Stall sein?
– Wann kann und möchte ich abends reiten?

Dies sind Überlegungen, die wir schon vor dem Kauf eines Pferdes anstellen müssen. Dabei vergessen wir nicht, daß für jede Futterzeit zwei Stunden anzusetzen sind, denn ein Pferd benötigt für die Aufnahme von 1 kg Heu ca. 40 Minuten und für 1 kg Hafer ca. 10 Minuten. Vor allem gilt es, diese Futteraufnahmezeit plus Zeit für Ruhe und Verdauung bei unseren feierabendlichen Reitaktivitäten zu berücksichtigen. *Die Unsitte, ein Pferd von voller Krippe und Raufe wegzuziehen, wollen wir uns erst gar nicht angewöhnen.* So erzieht man sich nur unruhige Pferde, gierige Fresser.

Dagegen ist nichts einzuwenden, wenn wir mit dem zunehmenden und abnehmenden Tageslicht zu einer gleitenden Abendfutterzeit übergehen. Auch in der Landwirtschaft wurde und wird das so gehalten. Natürlich läßt sich leicht ein exakter Zeitplan schreiben. Aber was nützt der, wenn ihn niemand einhalten kann. Einen Rahmenzeitplan freilich gibt es im Grunde seit vielen Generationen. Danach liegen zwischen dem Morgen-, dem Mittags- und dem Abendfutter jeweils 6 bis 7 Stunden Pause, zwischen dem abendlichen Hauptfutter und dem Morgenfutter jedoch 10 bis 14 Stunden Pause.

In der Praxis sieht das freilich meist so aus, daß die »Feierabendreiter« nach Rückkehr vom Arbeitsplatz – wenn es nicht schon die Frau oder die Kinder getan haben – ihrem Pferd eine Portion Hafer geben und sich dann zum Reiten vorbereiten. Das Pferd hat inzwischen den Hafer ausgefressen und kann geputzt werden, denn solange es noch frißt, dürfen wir es nicht stören. Dann wird ausgeritten. Erst nach der Heimkehr bekommt das Pferd sein restliches Hafer- und und Heufutter und Ruhe für die Nacht.

Glücklich der, der sein Pferd morgens mit einem freundlichen Klaps auf die Weide schicken kann, und es dann abends zum Reiten wieder in den Stall holt. In solchen Fällen entfällt das Mittagsfutter ganz. Nur morgens noch eine Gabel Heu verfüttert – grundsätzlich, nicht nur während des Überganges zur Weidezeit – und abends dann das Hauptfutter aus Hafer und Heu. Aber immer muß sich die jeweilige Futtermenge nach der Größe und dem Typ des Pferdes sowie nach der geforderten Leistung richten.

Die Frage nach Menge und Art der Futtermittel, die ein Pferd täglich benötigt, läßt sich verbindlich nicht beantworten, da sich die Pferde nicht nur nach Rasse und Größe unterscheiden, sondern sich auch in der Verwertung der Futtermittel, dem Temperament und der täglichen Inanspruchnahme zu sehr voneinander unterscheiden. Es gibt schlechte Futterverwerter (sie sind meist auch temperamentvoll, nervös), die bei bestem Futter immer einen etwas abgetriebenen, mageren Eindruck machen, während andere wieder trotz geringen Futters (meist sehr ruhig, temperamentlos) dick und rund werden, also ausgesprochen gute Futterverwerter sind.

Als allgemeine Faustregel läßt sich sagen, daß die tägliche Futtermenge von 5 kg Hafer und 5 kg Heu, zuzüglich Futterstroh in der Einstreu und Leckstein, zur gesunden Ernährung eines mittelschweren Pferdes bei normaler Arbeit ausreichen. Ob mehr oder weniger zu füttern ist, muß der »Futtermeister« von Pferd zu Pferd durch seine Beobachtung entscheiden. Für Ponys sind die Sätze natürlich niedriger. Vor allem kann verbindlich erklärt werden, daß man Ponys keinen Hafer füttern soll. Er wirkt auf sie wie Alkohol und verleitet sie zu Heftigkeit und anderen Temperamentsfehlern. Nur bei wirklich starker Beanspruchung wird man zu einer genau dosierten und kontrollierten Haferfütterung übergehen.

Futtermittel

Trotz aller auf den Markt drängenden Spezial-Pferdefuttermischungen und Futterkonzentrate sind Hafer, Heu und Futterstroh noch immer die bewährtesten und besten Futtermittel zur gesunden Ernährung leistungskräftiger Pferde. Obwohl auch in den Futtermischungen Hafer, Heu, Rübenschnitzel, Kleie usw. enthalten sind, kann auf Rauhfutter – wenn auch in Form von Futterstroh – doch nicht verzichtet werden. Freilich, sie sind bequem, diese Futtermischungen, und verhüten, daß Unkenntnis der Pferdebesitzer zu Fütterungsfehlern und damit zu möglichen Gesundheitsschäden bei Pferden führt. Darum muß man im Grunde genommen begrüßen, daß es diese Futtermischungen für jeden Zweck und jeden Pferdegeschmack gibt, und die Pferde fressen es gern. Doch nun zurück zu den herkömmlichen Futtermitteln für Pferde.

Hafer

Hafer gehört zu den Körner- oder auch Hartfuttermitteln und ist ein unentbehrliches Kraftfutter.
Guter Hafer soll möglichst großkörnig, dünnschalig, hart, trocken und geruchlos sein; frei von Staub, Unkrautsamen und anderen Unreinheiten. Er zeichnet sich durch eine glänzende helle bis goldgelbe Farbe aus.
Da die Blüten des Hafers zu einer Rispe vereinigt sind, spricht man vom Rispenhafer. Man unterscheidet zwei Arten: Rispenhafer und Fahnenhafer. Die Ernte des Hafers erfolgt bei Gelbreife im August. Pferdefreunde sollten wenigstens den Hafer auch auf dem Halm erkennen, wenn ihnen die Beurteilung der Qualität vielleicht auch anfänglich Schwierigkeiten bereitet. Doch kann man sich ja hier leicht von Landwirten belehren lassen.
Zur Beurteilung der Haferqualität kann man übrigens auch die Gewichtsprobe anwenden. Ein Liter guter Hafer soll mindestens 550 Gramm wiegen.
Auf keinen Fall sollte schimmliger, modri-

ger, sauer oder bitter schmeckender Hafer verfüttert werden.
Neuer Hafer muß vor dem Verfüttern erst einen Schwitzprozeß von 6 bis 8 Wochen durchgemacht haben. Er ist schwerer verdaulich als alter Hafer und enthält noch zu viele Reizstoffe, wodurch Kolik entstehen kann. Man sollte, wenn man neuen Hafer füttern muß, ihn entweder mit altem mischen oder nur in kleinen Portionen geben.
Grünhafer, das ist Hafer vom Halm, kann verfüttert werden, doch sollte man für eine möglichst gleichmäßige Mischung von Halmen und Ähren sorgen.
Hafer füttert man besser ganz, das heißt ohne besondere Zubereitung, doch ist er als Alleinfutter ungeeignet und benötigt, da Häcksel nicht mehr zu bekommen ist, als Beifutter unbedingt Rauhfutter, also Heu und gutes Futterstroh.
Zu Quetschhafer gehen wir erst über, wenn der tägliche Blick auf die Kotballen uns zeigt, daß darin zu viele unverdaute Körner enthalten sind. Wir sollten unseren Pferden dann einmal ins Maul sehen bzw. durch den Tierarzt sehen lassen, denn es könnte eine Kaustörung wegen einer Zahnerkrankung vorliegen. Hafer verlangt vom Pferd eine erhöhte Kautätigkeit, da die Körner zur vollständigen Verwertung und Verdauung von den Backenzähnen zerquetscht und zerrieben werden müssen, wobei der Hafer zusätzlich noch eingespeichelt wird. Je gründlicher nun das Pferd kaut, desto besser wirkt der Speichel ein, desto besser wird verdaut.
Wo der Hafer von gesunden Pferden zu gierig und hastig verschlungen wird, muß man durch geeignete Maßnahmen ent-

gegenwirken: Vorher Heu füttern, kleine Portionen oder auch kleine saubere Steine, die in die Krippe gelegt werden, führen zu einer verlangsamten Futteraufnahme. Wir können aber auch kurzes Stroh – es fällt beim Aufschütteln aus jedem Preßballen – als Häckselersatz zum Hafer geben oder futterneidische Pferde gesondert füttern. Quetschhafer sollte man jedenfalls nur alten Pferden mit mangelhaftem Gebiß geben, die nicht mehr ordentlich kauen können. Auch bei erschöpften, kranken, heruntergekommenen Pferden hat sich Quetschhafer ausgezeichnet bewährt.

Während man Hafer und Heu oder Futterstroh gleichzeitig geben kann, denn manche Pferde nehmen zwischendurch, sozusagen als Häckselersatz, gerne ein Maul voll Heu oder Stroh, verbietet sich das gleichzeitige Füttern von Hafer und Grünfutter. Das feuchte Grünfutter erfordert kaum ein Einspeicheln, weshalb die Haferkörner unzermahlen verschluckt und ebenso heil zur Freude der Vogelwelt wieder ausgeschieden werden.

Häcksel

Zur Anregung der Kautätigkeit und besseren Futterverwertung wurde Hafer früher nur zusammen mit Häcksel verfüttert. Da heute kaum noch Langstroh zu bekommen ist, ist dieses Futtermittel völlig in den Hintergrund getreten. Gehäckselt wurde vorzugsweise das Winterhalmstroh von Roggen und Weizen. Die früher übliche Norm für die Länge des Häcksels war 2 bis 3 cm, er sollte jedoch mindestens die Länge eines Haferkorns haben. Neben Stroh wurde auch Heu zur Herstellung von Häcksel verwendet. Hafer und Häcksel werden zu gleichen Teilen gemischt.

Heu

Heu ist als Rauhfutter das wichtigste Beifutter für Pferde. Man kann mit Heu allein als »Erhaltungsfutter« ein Pferd ernähren. Heu füllt als »Ballastfutter« den Magen aus und trägt durch Reizung und Belebung der Magenschleimhäute zur guten Verdauung aller aufgenommenen Futtermittel bei.

Gutes Heu soll trocken, wohlriechend und von frischer grüner bis blaßgrüner Farbe sein. Es darf keine Beimischung von Erde, Staub, Giftpflanzen oder gar Schimmel enthalten.

Man unterscheidet süßes, saures und grobes Wiesenheu und die Kleeheuarten von Rotklee, Esparsette, Luzerne und Serradella.

Gutes Heu besteht aus Süßgräsern von nährstoffreichen Wiesen, die vor der Blüte geschnitten worden sind. Es besteht in der Masse aus »Knotengräsern«, das sind Gräser mit hohem Stengel und Stengelknoten. Die Ernte des ersten Schnittes fällt allgemein in den Monat Juni und ist für den Landwirt immer ein Wettrennen mit der Zeit. Der richtige Zeitpunkt (vor der Blüte) ist nicht nur wegen der Qualität des Heues wichtig, sondern auch wegen der Sonnentage, die für die überwiegend noch durchgeführte Bodentrocknung dringend nötig sind. Regen wäscht aus und mindert die Qualität. Wichtig ist der Zeitpunkt der Heuernte aber auch wegen der zu erzielenden Ertragsmenge. Zu früher Schnitt bringt zwar gute Qualität, d. h. nährstoffreiches Heu, aber weniger Masse.

Nun ist die Heuernte zwar nicht mehr die Knochenarbeit vergangener Zeiten, aber trotz des aufwendigen Maschinenparks auch kein Vergnügen. Hier sollten wir Pferdehalter, um einen Eindruck von einer Heuernte zu erhalten, unseren Heulieferanten doch einmal an einigen Tagen in der Heuernte helfen. Wir werden zu einem neuen Verständnis der von ihm zu leistenden Arbeit und auch des geforderten Preises gelangen. Neben diesen Erkenntnissen und dem Verständnis füreinander ist ja durch den Einsatz der eigenen Arbeitskraft auch der Preisnachlaß eine angenehme Beigabe.

Frisches Heu sollte erst nach 8 bis 12 Wochen, nachdem es den »Schwitz«- oder »Gärprozeß« durchgemacht hat und auch dann zunächst nur in kleinen Gaben mit dem »Altheu« oder gutem Futterstroh vermischt verfüttert werden. *Saures Heu* von feuchten Wiesen oder Heu von überständigen Gräsern – Pferdehaltern oft als »gutes Pferdeheu« angeboten – ist keinesfalls von guter Qualität. Diese minderen Heuarten zeichnen sich bei der »Griffprobe« dadurch aus, daß sie entweder zu weich und zart oder zu sperrig sind. Ist man auf solche minderen Qualitäten angewiesen, sollte es nach Möglichkeit mit Heu guter Qualität gemischt weren. Auf keinen Fall entspricht solches Heu der Marktpreisnotierung: Wiesenheu, gepreßt, gut, gesund und trocken.

Ist die Qualität des angebotenen Heues gar zu schlecht oder ist kein Heu zu bekommen, sollte man in solchem Fall getrost auf die vom Handel angebotenen »Alleinfuttermittel« zurückgreifen, die bei völligem Verzicht auf Heu und Hafer nur noch die Fütterung von Futterstroh erforderlich machen.

Verschimmeltes, dumpfes, klammes oder mit Giftpflanzen durchsetztes Heu sollten wir keinesfalls verfüttern, darum sind bei Preßbunden oder -ballen schon Tage vor dem Füttern Bindfaden oder Draht zu öffnen und zu entfernen. Sodann sind die Ballen auf schlechte und dumpfe Stellen zu kontrollieren, die unbedingt verworfen werden müssen, d. h. auch nicht als Einstreu verwendet werden dürfen. Nun schütteln wir sie gut auf, damit Luft an das Heu gelangen kann, damit es atmen kann. Gut aufgeschütteltes Heu füttert besser. Es ist entweder Gedankenlosigkeit oder Faulheit, oder auch beides zusammen, wenn den Pferden vom Halter oder Pfleger unaufgeschüttelte Heubundteile vorgelegt werden.

Die Kleeheuarten, Heu von Rotklee, Luzerne, Esparsette und Seradella haben für die private Pferdehaltung keine große Bedeutung, da es kaum angeboten wird. *Kleeheu und Luzerneheu* sind zwar von hohem Nährwert, dürfen aber nur in kleinen Gaben gefüttert werden, da sie leicht zu Verdauungsstörungen wie Blähsucht und Kolik führen. Ein Mischen mit Wiesenheu oder gutem Futterstroh ist geboten. *Esparsetteheu* ist das Heu mit dem höchsten Nährwert, außerordentlich bekömmlich und findet vor allem in der Vollblutzucht und -haltung, aber auch bei der Zucht und Aufzucht edler Warmblüter Verwendung.

Wiesengräser, Klee, Esparsette, Luzerne und Seradella können natürlich auch grün verfüttert werden. Als Grünfutter wirken sie überaus günstig auf Appetit und Darmtätigkeit des Pferdes ein. Grünfuttermittel können in großen Mengen (6- bis 8fache Haferration) verfüttert werden, allerdings immer bei allmählicher Gewöhnung und Steigerung der Grünfuttergaben. Es empfiehlt sich freilich, zusätzlich zum Grünfutter noch Heu oder gutes Futterstroh vorzulegen, das vor allem bei Kleefütterung notwendig ist.

Keinesfalls sollte Grünfutter in großen Haufen oder an der Sonne gelagert werden. Flach, schattig und kühl kann es unbedenklich bis zu 12 Stunden aufbewahrt werden. Verwelktes oder erhitztes Grünfutter darf nicht mehr verfüttert werden. Vor allem auch dürfen die Pferde bei Grünfütterung nicht unmittelbar danach getränkt werden. Man sollte wenigstens eine Stunde warten. Gerade hier gilt: vorher Tränken! Bei Grünfutter jeder Art ist immer Vorsicht geboten. Allerdings sollte man sich darüber im klaren sein, daß auch gutes Grünfutter Kraftfutter (Hafer, Mischfutter etc.) nicht ersetzen kann.

Stroh

Stroh ist vor allem als Einstreu nach wie vor von großer Bedeutung.

Als Nahrungsmittel, als »Futterstroh« ist seine Bedeutung geringer, vor allem vielleicht auch nicht von allen erkannt. Ich denke hierbei an die vielerorts schlecht eingestreuten Boxen mit ihren gelangweilten, Boxenwände benagenden, koppenden und andere Unarten treibenden Pferden. Gewiß, der Nährwert auch des guten Futterstrohs ist gering, etwa $1/3$ des Heuwertes, aber als magenfüllendes, die Verdauung belebendes Beifutter ist es als Teil des Rauh-

futters nicht zu ersetzen. Während wir zur Einstreu vor allem Winterhalmstroh von Roggen und Weizen wegen seiner hohen Saugkraft bevorzugen, wird als Futterstroh von den Pferden das Sommerstroh von Hafer und Weizen bevorzugt. Allerdings ist bei Stroh als alleinigem Raufutter Vorsicht am Platze, da zu große Mengen leicht zu Verstopfungskoliken Veranlassung geben.

Kleestroh fällt an, wenn Klee zur Saatgutgewinnung ausgedroschen wird. Es ist sehr hart, und es fehlen ihm alle Blattanteile, aber die Pferde fressen es gerne, denn es ist süß. Ich habe diese Beobachtung immer wieder bei meinen eigenen Pferden machen können.

Beifutter

Nach dem Hartfutter, Rauh- und Grünfutter haben für die Pferdehaltung noch die Wurzel- und Knollenfuttermittel ihre Bedeutung. Sie finden jedoch nur als Ergänzungs- oder Beifutter Verwendung und sollen das Pferd mit zusätzlichen Vitaminen und Mineralstoffen versorgen.

Mohrrüben (Gelbe Rüben)

Die Mohrrübe ist mit Sicherheit das in unseren Pferdeställen verbreitetste Beifutter und Leckerli. Große Mengen davon werden täglich in Reithosentaschen oder Plastikbeuteln in die Ställe getragen, sei es um das Pferd für die gemeinsame Reitstunde gnädig zu stimmen, zur Belohnung oder auch nur, um dem Pferd eine Freude zu machen. Dabei ist die Möhre nicht nur ein Futtermittel, sondern auch ein Heilmittel. Möhren sind gleich dem Grünfutter leicht verdaulich, sie regen den Appetit und die Darmtätigkeit an. Zudem sind sie wegen ihres hohen Zuckergehaltes ein gutes Stärkungsmittel für erkrankte Pferde. Bis zu 6 kg Möhren können täglich zusätzlich zum Grundfutter (Hafer und Heu) gegeben werden. Die Möhren sollten vor dem Verfüttern gründlich gereinigt werden, klein zu schneiden braucht man sie jedoch nicht.

Rote Bete (Rote Rüben)

Die sauber geputzten Roten Bete gibt man am besten vor dem Abendfutter: Pro Kopf und Lebensjahr eine Rübe.
Der roten wie auch der gelben Rübe sagt man übrigens bei regelmäßiger Anwendung eine spulwurmabtreibende Wirkung nach.

Futterrüben, Runkeln

Futterrüben sind in der grünfutterarmen Jahreszeit ein von den Pferden gern angenommenes Beifutter; es ist schmackhaft und bekömmlich und bringt Abwechslung in den Futterplan.
Sie dürfen, wie alle Rüben, nur sorgfältig gereinigt verfüttert werden, schlechte und faule Stellen sind herauszuschneiden. Man kann sie in mehrere Stücke zerkleinern, allerdings ist das nicht unbedingt erforderlich. Ich habe es selbst lange Zeit so gehalten und die Rüben nicht nur gereinigt, sondern auch zerkleinert. Da ich diese Tätigkeit immer erst vor dem Füttern in unmittelbarer Nähe des Stalles ausgeübt habe, war sie stets vom freudigen Gewieher der

Pferde begleitet, was offensichtlich als Aufforderung zur Beeilung zu verstehen war – bis ich mir eines Tages sagte, daß die Pferde doch starke Zähne und viel Zeit haben. Seither lege ich ihnen die gereinigten Futterrüben unzerteilt in die Krippe und es ist mir ein großes Vergnügen, das Krachen und Mampfen beim Zerkleinern und Fressen der Rüben zu hören.
Man gibt pro Tag 1 bis 2 Rüben.

Kartoffeln

Die Kartoffel hat in der Pferdehaltung nicht die Bedeutung, die sie in weiten Teilen der Landwirtschaft einmal als ein greifbares, billiges und brauchbares Kraftfuttermittel hatte. Grundsätzlich können gesäuberte und entkeimte Kartoffeln mit Schale roh und gedämpft gefüttert werden. Allerdings nur als Beifutter, nie als Hauptfutter. Die Tagesmenge sollte 4 kg nicht übersteigen. Auch ist es angebracht, da die Erfahrungen und Meinungen sich hier teilen, die Kartoffel vorsorglich nur gedämpft zu verfüttern. Gedämpfte Kartoffeln können auch in größerer Menge, bis zu 10 kg pro Tag und Pferd, gegeben werden. Allerdings nicht über längere Zeit, da Kartoffelfütterung die Pferde leicht schlaff und müde macht, sie schwitzen dann leicht. Die Gefahr, daß es zu Durchfall und Kolik kommt, ist bei unsachgemäßer Fütterung groß.

Zuckerrüben

Zuckerrüben stehen mancherorts in großen Mengen zur Verfügung. Sie sind wegen ihres Zuckergehaltes ein von den Pferden gern angenommenes Beifutter. Allerdings ist die Zuckerrübe härter als die Futterrübe. Deshalb sollte sie nicht nur gut gereinigt, sondern auch zerkleinert, wenigstens geviertelt werden. Die Tagesmenge sollte über 2 kg nicht hinausgehen, da sonst die Pferde ebenfalls leicht schwitzen. Allmähliche Gewöhnung heißt auch hier die Devise. Sollte Durchfall auftreten, ist die Zuckerrübenfütterung sofort einzustellen. Allerdings ist das bei einem gesunden Pferd und allmählicher Gewöhnung nicht zu befürchten.

Zuckerrübenschnitzel (Trockenschnitzel)

Zuckerrübenschnitzel, bei Pferden ebenfalls sehr beliebt, können dem Hauptfutter nach allmählicher Gewöhnung durch Steigerung der täglichen Ration auch in größeren Mengen beigegeben werden, allerdings sollte die tägliche Menge über 2 kg nicht hinausgehen. Da Zuckerrübenschnitzel leicht verderben, ist jeweils nur die Tagesmenge durch Wasserzugabe im Verhältnis von etwa 1:4 aufzuquellen. Die Quellung muß vor dem Verfüttern vollständig abgeschlossen sein, da die Schnitzel sonst im Maul noch weiter Speichel aufnehmen, beim Schlucken im Hals steckenbleiben können und das Pferd daran zu ersticken droht. Auch im Magen kann ein Weiterquellen zu schweren Koliken führen. Die Krippen sind nach jedem Füttern sorgfältig von allen Rückständen zu reinigen, um der Lecksucht der Pferde und den Fliegen zu wehren. Vor dem Füttern müssen die Pferde besonders gewissenhaft getränkt werden. Zuckerrübenschnitzel, die allerdings nicht mit Futterrübenschnitzeln verwechselt werden dürfen, sind von gutem Einfluß auf die Jacke (Haarkleid) des Pferdes.

Zuckerrübenpreßlinge

Sie können in geringen Mengen trocken gefüttert werden, größere Mengen müssen jedoch wie die Trockenschnitzel mit Wasser zum Quellen angesetzt werden. Es handelt sich dabei um gepreßte, zerkleinerte Zuckerrübenschnitzel mit geringen Zusätzen von Mineralstoffen. Hiervon sollen bis zu 3 kg gegeben werden können. Werden trockene Preßlinge gefüttert, muß für ausreichende Aufnahme von Wasser (Selbsttränke) gesorgt werden. Zu große Gaben führen durch das Aufquellen zu Schlundverstopfung oder zur Magenüberladung.

Kleie

In der Pferdefütterung ist vor allem die *Weizenkleie* von Bedeutung. Kleie soll frei von Beimengungen sein und darf auch nicht dumpf riechen. Man füttert Kleie entweder trocken oder auch angefeuchtet als Zusatz zum Hafer.

Bekannter ist die Verwendung der Kleie nach großen Anstrengungen, zur Pflege erschöpfter und kranker Pferde, bei Pferden mit Verdauungsstörungen oder schlechten Fressern. In solchen Fällen wird Kleie als »Kleienschlapp« (Kleie mit lauwarmem Wasser angerührt) oder als *Mash* (¼ kg Kleie mit 2 Liter kochendem Wasser anbrühen, 1 Prise Salz zugeben, durchrühren und 1 bis 2 Stunden zugedeckt ziehen lassen) gegeben. Das ist das Grundrezept, welches durch Hinzufügen von aufgekochtem Leinsamen, Quetschhafer oder Haferschrot erweitert werden kann.

Bei Kleiefütterung ist vor allem für große Sauberkeit der Gefäße und Krippen Sorge zu tragen. Alle etwaigen Rückstände sind sorgfältig zu beseitigen, da sie leicht säuern und dann Darmerkrankungen (Kolik) verursachen. Kleietränke sind stets frisch zuzubereiten und dann auch zu verbrauchen.

Diese Aufstellung erhebt keinen Anspruch auf Vollständigkeit. Ausgenommen die Vielzahl der Futtermischungen, Alleinfuttermittel, Futterzusätze, Ergänzungsfutter umfaßt sie jedoch alle die Futtermittel, mit denen wir am häufigsten in der Pferdehaltung zu tun haben. Wichtiger als dieses oder jenes Futtermittel ist das richtige Verhältnis von Art und Menge der Futtermittel, die Bereicherung durch Beifutter und das Verhältnis aller Futtermittel zur geforderten Leistung des Pferdes bei gleichbleibendem, gesundem Appetit. Denn das allein macht die Kunst des Fütterns aus, daß sie Größe, Eigenart und geforderte Leistung des Pferdes berücksichtigt.

Futter nach Leistung

Erhaltungsfutter

Streng genommen versteht man unter Erhaltungsfutter nur jene Futtermittel nach Art und Menge, die ein volljähriges Pferd täglich benötigt, um sich zu ernähren und gesund zu erhalten.

Allerdings ist beim Erhaltungsfutter sorgfältig darauf zu achten, was manche »Pfer-

dehalter« aus Unwissenheit übersehen, daß die Grenze zur Unterernährung dabei nicht überschritten wird. Das ist oft dann der Fall, wenn sich ein »Robustpferd« auf einer zu kleinen Weide auch im Herbst und Winter ohne jegliches Zufutter ernähren soll, obwohl natürlich Weidegang unter Zufütterung von Rauhfutter (Heu und Futterstroh) ganz vorzüglich für die ganzjährige Erhaltung eines Pferdes geeignet ist. Allerdings benötigt man, um ein Pferd von normaler Größe (Kaliber) während der Weideperiode ohne Zufütterung zu erhalten, eine Weide mittlerer Qualität in der Größe von 2 Morgen, besser größer. Eine ausreichende Tränkemöglichkeit gehört natürlich auch dazu, denn ganz ohne Wasser kommt ein Pferd auch bei saftiger Weide nicht aus.

Theoretisch wäre es auch möglich, ein Pferd bei Stallhaltung allein durch Grünfutter zu ernähren – was bei völligem Bewegungsmangel natürlich unsinnig wäre. Man würde dann Grünfutter in der 6- bis 8fachen Menge des täglich zu fütternden Rauhfutters benötigen, also 30 bis 50 kg. Diese Menge müßte auch noch täglich gemäht und zum Stall transportiert werden, wodurch dieses Verfahren sich im Grunde selbst erledigt. Dagegen ist Heu allein als Hauptfutter wesentlich besser geeignet, um ein Pferd zu erhalten. Denn Heu ist ein ausgesprochenes Erhaltungsfutter. Natürlich sollte die tägliche Heuration dann durch ein Beifutter in Form von Rüben, Rübenschnitzeln, Möhren und dergleichen ergänzt werden.

Wichtig über das Futter hinaus ist aber, daß ein auf Erhaltungsfutter gestelltes Pferd auch Bewegung außerhalb des Stalles bekommt: Auslauf, Führen, Schrittreiten. Mehr nicht, *denn von einem auf Erhaltungsfutter gestelltem Pferd kann man keine Leistung erwarten.*

Beharrungsfutter

Vor andere Probleme gestellt sehen sich jene Pferdebesitzer, die ihr Pferd im Stall beim Haus halten und im Spätherbst und Winter nicht mehr so viel wie sonst zum Reiten kommen. Meist ist ihnen das Wetter zu schlecht und der Weg zur Reithalle zu weit. Wer aus solchen und anderen Gründen eine Zeitlang nicht mehr so viel zum Reiten kommt, der wird für sein Pferd – für den Reiter auch empfehlenswert – zum Beharrungsfutter übergehen und vor allem die tägliche Haferration drastisch einschränken müssen, wenn er nicht Kolik, Verschlag oder Hufrehe provozieren will. Selbstverständlich darf eine solche Umstellung nicht abrupt vorgenommen werden, sondern nur durch allmähliche Kürzung der täglichen Haferration, wie auch der täglichen Inanspruchnahme des Pferdes durch den Reiter. Das Beharrungsfutter soll den Körper des Pferdes in einem gewissen Leistungszustand (wie er etwa im Herbst vorhanden war) erhalten, ohne daß eine besondere Leistung vom Pferd verlangt wird. Allerdings muß es dazu auch in der bewegungsarmen Zeit kontinuierlich zu leichter Arbeit, vor allem im Schritt, herangezogen werden. Und genauso allmählich, wie man im Spätherbst die tägliche Futterration reduziert, muß man sie im Frühjahr mit zunehmender Beanspruchung wieder steigern.
Während ein auf Erhaltungsfutter gestelltes Pferd gelegentlich geritten werden kann, muß ein auf Beharrungsfutter gestelltes Pferd geritten werden. Angemessene Bewegung durch Auslauf – auch im Winter und bei Schnee – und Spazierenreiten gehören auch in dieser Zeit zur Gesunderhaltung des Pferdes. Man darf jedoch keine größeren Anstrengungen wie Sprünge oder lange Galopps erwarten. Dazu reichen dann das Futter und die auf Sparflamme gestellte Kondition natürlich nicht. Auch beim Beharrungsfutter richtet sich die tägliche Rauhfuttermenge nach Rasse, Alter und Kaliber des Pferdes. Weder Erhaltungsfutter noch Beharrungsfutter dürfen im Interesse eines gesunden Pferdes eintönig sein. Wir bieten deshalb als Ergänzung Rüben, Möhren oder Zuckerrübenschnitzel an.

Leistungsfutter

Leistungsfutter dient nicht nur der Erhaltung des Pferdes, seiner Beharrung in einer ganz bestimmten Konstitution und Kondition, sondern zusätzlich auch noch der Erzeugung einer ganz bestimmten Leistung in den verschiedenen Bereichen des Pferdesports und der Zucht.
Bei Kraftfutter denken wir vor allem an Hafer, denn Hafer ist für Pferde, von denen eine bestimmte Leistung erwartet wird, das beste Futter. Hafer ist leicht verdaulich, wird vollständig ausgenützt und wirkt krafterzeugend. Im Grunde genommen ist Hafer nur ein anderes Wort für Kraftfutter. Kraftfutter allein kann natürlich keine Wunder schaffen. Ohne entsprechendes gleichzeitiges Training macht Kraftfutter nur dick, fett und krank. Es verschafft dem

Pferd weder gut entwickelte Muskeln, was sich besonders gut an der Muskulatur der Hinterhand, den »Hosen«, feststellen läßt, noch Kondition, denn auch Kondition läßt sich mit Kraftfutter allein nicht erreichen. *Kondition ist immer das Ergebnis aus konsequentem Training und der richtigen Menge Kraftfutter.*

Schon die tägliche Hafergabe von 1 kg für ein Pony, welches regelmäßig täglich geritten wird, ist eine Leistungszulage. Die tägliche Ration Hafer, Pferdemischfutter oder Pferde-Alleinfutter ist Kraftfutter. Es sind Futtermittel, die den Magen- und Darmhaushalt des Pferdes nicht übermäßig belasten. Sie sind wasserarm und nährstoffreich. Kraftfuttermittel sind immer Futtermittel, welche die Entwicklung, Widerstandsfähigkeit und Leistungsfähigkeit des Pferdes fördern, die aber für sich allein das Nahrungsaufnahmebedürfnis des Pferdes noch nicht decken, sondern der Ergänzung durch Rauhfutter bedürfen. Rauhfutter ist nicht nur als »Ballastfutter« zur besseren Ausfüllung des Magens nötig, es fördert auch die Speichelbildung und ermöglicht damit eine bessere Ausnützung der Kraftfuttermittel.

Leistungsfutter erhält unser Pferd, sobald wir vom täglichen Spazierritt zu leichter Arbeit übergehen, d. h. neben längeren Trabreprisen auch galoppieren und springen wollen. Ein Pferd, das beispielsweise täglich Weidegang bekommt, sich also in der Masse von Grünfutter ernährt, aber jeden Tag regelmäßig und an den Wochenenden verstärkt geritten wird, muß zur abendlichen Rauhfutterration auch eine Kraftfutterzulage in Form von Hafer oder eines Pferde-Mischfutters bekommen.

Jedes gewünschte Mehr an Leistung muß mit einem Mehr an Kraftfutter gekoppelt sein, wie dann auch umgekehrt in leistungsarmen Zeiten die tägliche Kraftfutterration entsprechend gekürzt werden muß. Der »Freizeitreiter«, der Reiter des »Zweiten Weges«, der hauptsächlich aus Spaß an der Freude reitet und wohl auch einmal an einer Prüfung teilnimmt, wird nicht umhinkommen, mit dem Wechsel der Jahreszeiten die Futterzusammensetzung entsprechend der drei Fütterungsarten zu ändern. Denn wer z. B. für sich und sein Pferd das Jahr über ohne Reithalle auskommen muß – und deren sind nicht wenige – wird selbstverständlich mit dem Ende der letzten schönen Herbsttage und dem Einsetzen des schlechten Wetters in seiner Reitbegeisterung gedämpft. Die Floskel: »Es gibt doch gute Regenmäntel« ändert daran auch nichts. Wir wären unaufrichtig, wollten wir es bestreiten.

So ist es eine ganz selbstverständliche Maßnahme, wenn wir mit dem Nachlassen unserer Reitaktivitäten auch die tägliche Kraftfutterration verringern, zwar nicht mit einem Schlag, aber doch allmählich. Pferde z. B., die in der Saison viel geritten wurden, Jagden ehrlich mitgegangen sind und in der Hochsaison eine tägliche Haferration von 10 Pfund und mehr erhielten, bekommen dann Mitte des Winters nur noch etwa zwei Pfund Hafer täglich bei gutem Rauhfutter und Beifutter. Mit Einsetzen der freundlicheren Jahreszeit und vermehrter Aktivität des Reiters wird die Haferration wieder angehoben, bis sie zur Saison die normale Höhe und in der Hochsaison auch die außerordentliche Höhe von 15 Pfund und mehr erreicht. Das ist dann, wenn man so will, *Leistungsfutter plus Hochleistungszulage.*

Natürlich, das muß gesagt werden, dürfen diese Pferde auch im Winter nicht zur untätigen Stallruhe verdammt werden. Sie müssen Auslauf erhalten, sich auch einmal in Regen und Schnee tummeln dürfen, und natürlich werden sie auch geritten oder vor den Wagen oder den Schlitten gespannt. Allerdings alles mehr als »Bewegungstherapie«, denn man darf Pferde auch nicht in der schlechten Jahreszeit, weil man keine Reithalle zur Verfügung hat, im Stall verkommen lassen. Wer rastet, der rostet. Die Pferde und wir brauchen Bewegung, müssen hinaus ins Freie.

Den Pferden in dem zitierten Beispiel ist das Anpassen des Kraftfutters an die Leistung immer tadellos bekommen, denn mit der Steigerung der Kraftfuttergabe ging auch eine Steigerung der gestellten Anforderungen Hand in Hand, die schließlich zu Beginn der Jagdsaison zu einer weiteren Zulage an Hafer – der Hochleistungszulage – führte. Damit noch nicht genug, wurde die tägliche Hafergabe noch durch eine weitere Leistungszulage in Form von Zucker ergänzt. Vor besonders großen Anforderungen an das Leistungsvermögen und die Leistungsbereitschaft der Pferde wurde am Vortage statt des einfachen »Kristallzuckers« Traubenzucker im Wasser aufgelöst und im Tränkewasser gegeben. *Zucker ist ein wichtiger Energiespender und wird vom Pferdekörper – vor allem wenn vorher in Wasser aufgelöst – sehr rasch aufgenommen und seiner Verwendung in Blut und Muskeln zugeführt.*

Bleibt abschließend noch einmal festzustellen, daß Futter und geforderte Leistung einander entsprechen müssen. Wer von seinem Pferd mehr Leistung wünscht, muß dieses Mehr sowohl durch entsprechendes Training als auch durch Kraftfutterzulagen vorbereiten, und da jede Leistung eine bestimmte Aufbauzeit benötigt, muß man schon sechs bis acht Wochen vorher damit beginnen. *Am Tage der Leistung erst gegeben, kämen Kraftfutter und Leistungszulage zu spät.* Und schließlich muß als Letztes auch noch jene eigentlich unnennbare und auch nicht greifbare Leistungszulage genannt werden, die ihren Grund im Vertrauen von Pferd und Reiter zueinander hat.

Die tägliche Kontrolle des Pferdes

Das Auge des Herrn macht das Vieh fett. Mit dem uns allen bekannten Sprichwort soll ausgedrückt werden, daß Gesundheit und Leistungsvermögen nicht allein durch starres, mechanisches Befolgen von Regeln und Vorschriften für Futter, Pflege und Training zu erzielen oder zu erhalten sind, sondern erst durch deren lebendige Anwendung und Beziehung zwischen Pferd und Reiter. Wie wir gesehen haben, genügt es nicht, daß man täglich die vorgeschriebenen Mengen Hafer, Heu, Futterstroh und Beifutter füttert, ohne dabei die vom Pferd geforderte Leistung und seinen Gesundheitszustand zu berücksichtigen.

Genauso wichtig ist auch, daß das Pferd »gut an der Krippe« ist, daß es mit gutem Appetit den Hafer frißt und nicht lustlos davor steht und in »warmbläst«. In solchen Fällen können dann schon mehrere kleine Rationen Wunder bewirken.

Grünfutter, Möhren oder andere »Appetitmacher« machen oft auch Pferden Hunger auf mehr. Manchmal muß ich auch mein Reiten verlegen oder die Futterzeit ändern, weil das Pferd unmittelbar nach anstrengendem Dienst unter dem Sattel erst einmal Ruhe braucht und kein Interesse am Futter zeigt.

Durch Beobachtung muß man nach einiger Zeit genau wissen, was seinem Pferd am besten bekommt und was es bei normalem und bei stärkerem Gebrauch benötigt. Aber vielleicht liegt die mangelnde Freßlust meines Pferdes gar nicht an Überanstrengung, sondern an kranken Zähnen. Kann man es nicht durch eigenen Augenschein feststellen, so hilft oft schon die Probe aufs Exempel, indem wir Quetschhafer und Weichfuttermittel verfüttern, die das Pferd nicht zermahlen und so stark einspeicheln muß wie den ganzen Hafer. Liegt die Ursache »nur« bei den Zähnen, wird das Pferd wieder lebhafter fressen, und wir können dem Tierarzt, den wir natürlich rufen müssen, schon einen wichtigen Hinweis geben.

Ein Pferd zeigt sein Wohlbefinden durch Aufmerksamkeit, glänzende Augen und glänzendes anliegendes Fell. Auch die Unruhe zur Futterzeit und das wiederholte Auslecken der Krippe signalisieren: Wir haben Hunger, sind also gesund. Zusammensetzung und Festigkeit der Kotballen geben uns klare Auskunft über Verdauung und Verwertung des Futters. Die einzelnen Kotballen sollen von nicht zu fester Beschaffenheit und mit einem feuchten Glanz überzogen sein, in der Farbe je nach Art der Futtermittel wechselnd von goldgelb bis dunkelgrün, und sie sollen möglichst wenige unverdaute Haferkörner enthalten. Sind die Kotballen zu fest oder zu breiig, ist die Zahl der ganzen Haferkörner in ihnen zu groß, müssen wir die Futtermittel nach Art und Menge und die Gesundheit des Pferdes nach den PAT-Werten (Puls, Atmung, Temperatur) überprüfen. Fester, trockener Kot und starker Durchfall sind Zeichen für eine mögliche Unstimmigkeit oder gar Erkrankung im Bereich der Verdauungsorgane.

Neben Fütterungsfragen spielt auch das richtige Verhältnis von Arbeit und Ruhe eine wesentliche Rolle für das Wohlbefinden des Pferdes. Man muß deshalb wissen, ob sein Pferd nicht nur nachts, sondern auch tagsüber ruht, d. h. liegt. Es ist immer auch ein Zeichen für Nervenstärke, wenn sich ein Pferd auch tagsüber lang ausgestreckt in der Streu räkelt. Sind es doch meist Pferde, die auch draußen im Gelände ihren Reiter mit einer Bombenruhe an und über alle bekannten und unbekannten Erscheinungen und Gegenstände sicher vorbei oder hinüber tragen. Auch wem es aus Gründen der Berufstätigkeit nicht möglich ist, das Ruhen des Pferdes tagsüber zu kontrollieren, kann sich an Hand von Mistflecken und gedrückten Haaren – insbesondere natürlich auf der Hinterhand – leicht Gewißheit darüber verschaffen, ob sein Pferd gelegen hat. Und anstatt dem Pferd gram zu sein, weil wir nun vor dem Ritt erst noch einmal putzen müssen, sollten wir froh darüber sein, daß unser Pferd durch richtiges Ruhen seinen Teil zur Arbeit und Leistung beiträgt. Dazu gehört dann auch die zweistündige Futterpause in der alle Störungen und Belästigungen durch irgendwelche

Arbeiten oder Besucher ferngehalten werden sollten.

Nach dem Futterschütten muß im Stall Ruhe sein. Man darf nur das Mahlen und Kauen der Pferde hören.

Auch die Zeit des »Haarens« im Frühjahr und im Herbst erfordert unsere besondere Aufmerksamkeit. Der eigentliche Haarwechsel findet im Frühjahr statt, wenn das Winterhaar abgestoßen wird und das neue Haarkleid wächst. Im Herbst dagegen wächst das Haar nicht neu, sondern nur länger und dichter. Da die Pferde in dieser Zeit besonders krankheitsanfällig sind, ist auf eine kräftige, vitamin- und mineralstoffreiche Fütterung zu achten. Durch gewissenhaften Putz – ohne den Vorgang jedoch durch Ausreißen ganzer Haarbüschel zu forcieren – können wir die Haarperiode verkürzen.

Auch bei bester Pflege kann unser Pferd erkranken, mit einem wachsamen Auge erkennen wir eine Verschlechterung im Futterzustand und einen Leistungsabfall früh genug, um rechtzeitig eine Behandlung einleiten zu können, die Schlimmeres verhütet.

Auslauf und Weidegang

Licht, Luft, Sonne und Bewegung braucht ein Pferd neben gesunder Ernährung zu seinem Wohlbefinden. Demnach vermag auch der schönste, zweckmäßigste und geräumigste Stall den Aufenthalt im Freien nicht zu ersetzen. Auch wenn wir unser Pferd täglich reiten, sollten wir ihm unbedingt zusätzlich die Möglichkeit zu freiem Auslauf, zu Bewegung nach eigener Lust und Laune, bieten. Das wird nicht immer leicht sein, doch sieht man manchmal aus einer gewissen »Betriebsblindheit« heraus die naheliegendsten Möglichkeiten nicht.

Auslauf und Paddock

Zweifellos ist es für den Pferdehalter vorteilhaft, wenn der Auslauf in unmittelbarer Nähe des Stalles liegt. Haben die Boxen vielleicht sogar einen direkten Zugang zum Auslauf, so daß die Pferde diesen nach Belieben aufsuchen können, spricht man von einem *Paddock*. Ein solcher Paddock muß nicht unbedingt die Ausmaße der Paddocks großer Gestüte haben, wer hat schon soviel Platz am Stall. Die doppelte Größe einer Box, etwa 7×7m, würde zur Not schon genügen – obwohl natürlich alles für einen größeren Paddock spricht!
Wichtiger für das Pferd ist zunächst nicht die Größe, sondern die Möglichkeit, sich nach Belieben im Freien aufhalten zu

können. Deshalb muß es nicht unbedingt Rasenboden sein. Die paar Grashalme wären sowieso bald abgezupft und am Ende bliebe doch nur die blanke Erde übrig, bei schlechtem Wetter ein einziger Morast. Dem beugt man am besten gleich von Anfang an vor und läßt im Paddock eine 5 bis 10 cm hohe Sandschicht (grober Sand) aufschütten. Ich persönlich hätte auch gar keine Bedenken, einen Paddock der unteren Größe mit Betonverbundsteinen zu pflastern.

In der Landwirtschaft – und nicht nur in kleinbäuerlichen Betrieben – hat man vielfach die Pferde an Sonn- und Feiertagen im Hof frei laufen lassen. Sollte sich also ein unmittelbar an die Box angrenzendes Stück Hofraum abtrennen und einzäunen lassen, dann ist der gepflasterte Auslauf immerhin doch besser als der ständige Aufenthalt in der Box. Es ist natürlich immer darauf zu achten, daß sich das Pferd im Paddock nicht an scharfen Ecken, Kanten oder abgestellten Gegenständen verletzen kann. Eine feste Einzäunung ist unerläßlich. Sie sollte nicht unter 1,40 m Höhe liegen, besser höher.

Damit das im Paddock untergebrachte Pferd nicht aus Langeweile Sand leckt, oder die Umzäunung benagt, sollte ihm ausreichend Rauhfutter zur freien Aufnahme zur Verfügung stehen.

Wenn sich eine direkte Verbindung von Box und Auslauf nicht herstellen läßt, das

Zur Außenbox mit anschließendem Paddock (besser noch mit einem größeren Auslauf) kann im Interesse von Pferd und Reiter nur geraten werden, weil anders als bei reiner Stallhaltung hier Aufmerksamkeit, Frische und Gesundheit des Pferdes besser und leichter erhalten werden können.

Pferd also jeden Morgen in den Auslauf gebracht wird und dann bis zum Abend draußen bleibt, sollte nach Möglichkeit ein Schutz vor Sonne, Regen und Wind vorhanden sein: Bäume, eine Hecke oder auch die schutzbietende Wand eines Gebäudes. Wenn alles fehlt, errichten wir eine einfache auf drei Seiten geschlossene Viehhütte. Ist der Auslauf nicht größer als 20 × 40 m, empfiehlt sich nach dem Verschwinden der Grasnarbe ebenfalls eine Aufschüttung von grobem Sand. Für

Rauhfutter und eine feste Einfriedung ist auch hier unbedingt zu sorgen.

Wir sollten bei der Einrichtung eines Auslaufes und allen damit verbundenen Mühen und Kosten bedenken, daß er sich ab einer Größe von 20 × 20 m auch als kleiner Reitplatz verwenden läßt. Natürlich sind solche kleinen Ausläufe mehr ein Notbehelf als eine wirkliche Lösung des Auslaufproblems, es sei denn, wir haben eine genügend große Weide – wenigstens einen Morgen – unmittelbar am Haus. Denn der Weidegang entspricht am besten den natürlichen Lebensansprüchen des Pferdes. »Robustpferde« können natürlich auch ganz auf der Weide in sogenannter Offenstallung unter Zufütterung von Rauhfutter und – bei stärkerer Inanspruchnahme der Pferde – auch Hafer gehalten werden. Nur ist diese Art der Haltung für Leistungspferde weniger geeignet, da die damit verbundene Art der Fütterung und der Pflege doch mit mancherlei Nachteilen für die Konstitution und Kondition des Pferdes verbunden sind. Denn Grünfutter und Rauhfutter sind ausgesprochene Massefuttermittel und einer schnellen und ausdauernden Arbeit nicht so förderlich wie eine kontrollierte Fütterung mit Hafer (oder einem anderen Kraftfuttermittel) und Heu. Will ein Pferd seinen gesamten Bedarf an Nährstoffen durch das auf einer guten Weide ausreichend vorhandene Grünfutter decken, muß es ja fast ständig grasen. Man beobachte einmal, wie Pferde auf einer guten Weide mit ausreichendem Graswuchs den Kopf ständig unten haben. Das müssen sie, um sich ausreichend zu versorgen. Dadurch werden die gesamten Verdauungsorgane stärker belastet als durch die Trockenfuttermittel Hafer und Heu.

Der bei dauerndem Weidegang erforderliche geringere Aufwand an Pflege verleitet dazu, auch die Putzpflege für den Gebrauch des Pferdes unter dem Sattel zu vernachlässigen. Oft fehlen Zeit und Lust, ein durch Weidegang stärker verschmutztes Pferd, insbesondere in der Sattel- und Gurtlage, so zu putzen, wie es erforderlich ist. Druck- und Scheuerstellen sind dann oft die Folge. Das sollte man bedenken, wenn man sich für die Offenstallhaltung seines Pferdes entscheidet.

Weide und Weidepflege

Bevor wir uns nach einer Pferdeweide umsehen, müssen wir darüber befinden, ob sie mehr ein Auslauf und ein Tummelplatz sein soll, um dem Pferd die Bewegung an der frischen Luft zu geben, die wir ihm nicht in wünschenswertem Umfang geben können, oder ob sich unser Pferd auch von der Weide ernähren soll.

Wenn man nicht gerade züchten möchte, also keine Zuchtstuten, Fohlen oder junge Pferde hält bzw. aufzieht, dann ist Weidegang mehr ein besserer Auslauf und braucht auch nicht mehr zu sein. Hält man Reitpferde, ist es in den meisten Fällen besser, auf eine eigene Weide und den damit verbundenen Aufwand an sachgemäßer Weidepflege zu verzichten. Ehe wir eine eigene Weide zu pachten versuchen, sollten wir uns doch erst einmal umsehen und umhören, ob wir unser Pferd nicht regelmäßig oder wenigstens ab und an zu Rindern auf die Weide geben können oder nach dem Umtrieb der Rinder zum Nachweiden.

Oft kommt es durch einseitige Nutzung der Weiden zu Horst- oder Geilstellen. Sie entstehen dadurch, daß jede Art von Weidevieh bestimmte Pflanzen aus Geschmacksgründen verschmäht oder manche Stellen wegen ihrer besonderen Beschaffenheit meidet. Auf zu großen Dauerweiden sind es immer die Stellen, an denen überständige Obergräser stehen oder der Kot nicht regelmäßig beseitigt oder verteilt worden ist.

Grundsätzlich ist dazu zu sagen, und die Landwirte wissen das ja auch, daß solche großen Dauerweiden in mehrere kleine »Portionsweiden« zu unterteilen sind, damit in einer längeren Ruhepause auch die wertvolleren Untergräser nachwachsen können und vom Weidevieh nicht immer das eben nachgewachsene Gras abgefressen wird, so daß Kahlfraß entsteht. Um

Horst- und Geilstellen zu beseitigen, müssen Weiden nachgemäht und der Kot daraus entfernt werden. Auch muß regelmäßig und rechtzeitig gedüngt werden. Weidepflege erfordert einen hohen Arbeitsaufwand, wenn man eine an Masse und guten Gräsern reiche Grünlandnarbe erhalten möchte.

Die Landwirte wissen aber auch, daß die einzelnen Nutztierarten unterschiedlich auf das Grünland einwirken, denn die unterschiedlichen Gebißformen lassen nicht dieselbe Technik der Futteraufnahme zu. So rupfen die Rinder mit Hilfe ihrer Zunge nur längeres Gras ab. Die Pferde mit ihrem Zangengebiß weiden dagegen kurz und scharf und schädigen so auf Dauer eine Weide mehr als Rinder. Auch haben Pferde einen anderen Geschmack als Rinder, und was Rinder an Gräsern verschmähen, wird von den Pferden gerne gefressen.

Die Gastweide

Aus den eben genannten Gründen werden sich Landwirte meist gerne dazu bereit finden, unser Pferd zusammen mit ihren Rindern weiden oder nach dem Umtrieb der Rinder für einige Zeit nachweiden zu lassen. Jedenfalls habe ich diese Erfahrung immer wieder machen können. Natürlich bedarf das gemeinsame Weiden von Rindern und Pferden erst der Vorbereitung, d. h. einer Gewöhnungsphase, denn oft erschrecken ja Rinder, seien es Milchkühe, Färsen oder Bullen, wenn man sich ihnen zu Pferde nähert. Manchmal kommen sie natürlich auch neugierig herbei und begleiten uns, soweit die Weide es zuläßt. Darum reitet man ja auch an Weidevieh immer im Schritt vorbei, damit das liebe Rindvieh nicht in wilder Begeisterung, den Stacheldraht nicht scheuend, folgt. Umgekehrt haben natürlich auch die Pferde Scheu vor Rindern und müssen sich erst an diese gewöhnen. Das gilt insbesondere für das gemeinsame Weiden. Am besten bereiten wir den gemeinsamen Weidegang so vor, daß wir das Pferd zunächst einige Tage lang auf die Koppel begleiten und es beim Grasen an der Longe halten. So hat man Gelegenheit, sich kennenzulernen. Am Wochenende folgt dann der erste freie gemeinsame Weidegang, den wir, möglichst zusammen mit einem Helfer, vom Zaun aus beobachten. Ein erster kleiner gemeinsamer Galopp sollte uns nicht so sehr beunruhigen. Nur sollten wir uns und die Hilfskraft so postieren, daß wir ein eventuelles Durchbrechen des Zaunes verhindern können. Nach so einem kleinen Galopp werden sich die Gemüter bald beruhigen und Pferd und Rinder werden, ohne einander groß zu beachten, friedlich miteinander weiden.

Sorge wird uns vielleicht der Stacheldraht machen, mit dem Rinderweiden häufig eingezäunt sind, weil das Pferd sich daran verletzen könnte. Nun, die Rinder haben den Stacheldraht respektieren gelernt und unser Pferd wird das auch tun. Das gilt auch für den Fall, daß unser Pferd allein auf einer Weide zum Nachweiden ist. Grundsätzlich bin ich auch gegen Stacheldraht zur Einzäunung für Pferdeweiden und ziehe Holz und Blankdraht vor, aber in einem solchen Fall muß man sich einfach nach den Gegebenheiten richten, und das Pferd muß es auch. Ist eine Weide nur groß genug und hat genügend Graswuchs, so ist die Gefahr sowieso gering, daß ein Pferd sich außerhalb des Stacheldrahtzaunes mit langem Hals sein Futter sucht oder gar gegen den Draht läuft. Ich persönlich würde für eigene Pferde immer der Gastweide den Vorzug geben. Die Vorteile gegenüber Unterhalt und Pflege einer eigenen Weide überwiegen. Denn zu einer geordneten Weidewirtschaft, d. h. stets ausreichender Bestand an guten Gräsern und Kleearten, gehören auch Kenntnisse.

Darum seien hier einmal die wichtigsten Gesichtspunkte über die Bedeutung der Weide für die private Pferdehaltung zusammengetragen. *Wir benötigen, um ein Pferd den Sommer über ausreichend zu ernähren, wenigstens zwei Morgen Weidefläche.* Dabei müssen wir vor allem auf die Qualität der Weide achten. Trockene Weiden sind in jedem Fall feuchten, sumpfigen Weiden vorzuziehen. Feuchte Weiden haben einen zu großen Bestand an sauren, wasserreichen, nährstoffarmen Gräsern, während trockenere und sonnigere Weiden überwiegend gehaltvollere Gräser, Kräuter und Kleearten bieten. Auch hier können wir durch eigene Beobachtung feststellen, daß Pferde am liebsten dort weiden, wo der Boden trocken ist. Darum gedeihen ja auch Pferde am besten auf durchlässigem Kalkboden, weil diese Böden die besten Futterpflanzen hervorbringen. Eine »magere Bergweide« in Mittelgebirgslage etwa, mit einem hohen Anteil an süßen, nährstoffreichen Gräsern und Kräutern ist einer satten Talweide immer vorzuziehen.

Zu den wertvollsten Gräsern auf der Weide gehören z. B. die Obergräser Wiesen-schwingel und Wiesenlischgras und die Untergräser das Deutsche Weidelgras und verschiedene Rispengräser. Von den Kleearten Weißklee und Steinklee. Bei der Pflege der Weide kommt es darauf an, den Bestand dieser Gräser und Kleearten in der dichten Rasendecke zu erhalten und zu mehren.

Da Pferdeweiden, wenn sie zu lange und mit zu vielen Pferden besetzt sind, stark unter Biß und Tritt der Pferde leiden, ist durch Umtriebe, Aufteilung in mehrere kleine Weiden und regelmäßige Weidepflege Abhilfe zu schaffen. Die festen Exkremente der Pferde müssen regelmäßig abgesammelt oder verteilt werden, Geilstellen und Horste sind zu mähen. Nach dem Abtrieb oder Umtrieb sollte die ganze Weide nachgemäht werden. Zu den Pflegemaßnahmen gehört außerdem die regelmäßige Versorgung der Weide mit Kunstdünger, Stallmist und Kompost.

Schattenspendende Bäume und Hecken sind für eine Weide eine höchst willkommene Zugabe, die man nicht leichtfertig abholzen, sondern lieber noch durch einige schnellwachsende Hölzer ergänzen sollte. Grenzt die Weide an einen Wald, kann man vielleicht mit Erlaubnis des Waldbesitzers ein kleines Stück mit in die Weide einbeziehen. Die Pferde werden sich bei großer Hitze oder schlechtem Wetter gerne dorthin zurückziehen.

Wo kein natürlicher Schutz vorhanden ist, kann man sich auch mit einem einfachen Unterstand behelfen, der leicht zu bauen ist: vier Pfosten und ein Dach. Diese *Schutzhütte* ist also nach allen Seiten offen, bietet aber gegen Sonne und Regen Schutz. Ein leichter Luftzug, bedingt durch die

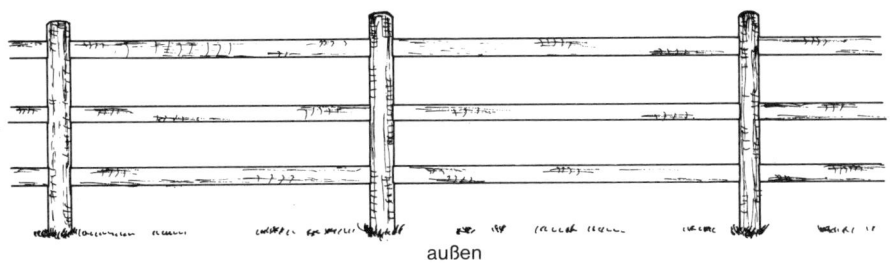

Der Weidezaun aus Holz ist ohne Frage die schönste, aber auch teuerste Form der Einfriedigung. Ob wir nun Rund-, Halbrundstangen oder Planken verwenden, immer müssen die Zaunstangen an der Innenseite der Pfosten angenagelt werden, damit sie durch weidende Pferde nicht nach außen (aus dem Pfosten heraus) gedrückt werden können.

Schaden leiden würde. Deshalb ist für solche Zeiten der Weidegang einzustellen und eine Besserung der Wetterverhältnisse abzuwarten.

Der Weidezaun

fehlenden Wände, ist erwünscht, da er die Insektenplage vermindert. Als Pfosten kann man Lichtmaste verwenden, eine Dacheindeckung aus Reet (Schilf) oder entsprechendem Material ist zur Wärmedämmung besser geeignet als Dachpappe.
Wichtig ist natürlich auch die Versorgung der Weide mit *Trinkwasser*. Am natürlichsten wäre eine Quelle oder ein sauberer Bach, aber ein großes, regelmäßig versorgtes Wasserfaß, möglichst geschlossen und mit Selbsttränke versehen, leistet ebenfalls gute Dienste. Nur dürfen wir bei Versorgung durch ein Wasserfaß nicht vergessen, daß auch auf der Weide der Wasserbedarf des Pferdes, vor allem im Sommer, sehr groß werden kann, und wir das Nachfüllen des Bottichs mit ausreichend Frischwasser keinen Tag aus Bequemlichkeit versäumen dürfen.
Bei länger anhaltenden Regenzeiten weicht der Boden der Weide meist so stark auf, daß er durch die Tritte der Pferde starken

Zur Einfriedigung von Weiden haben sich die Baustoffe *Holz und glatter Walzdraht* in einer Stärke von 4,5 bis 5 mm bewährt. Die am häufigsten verwendeten Holzarten sind *Fichte und Lärche*. In Norddeutschland findet man vielfach das teurere *Eichenholz*, das jedoch auch ohne Imprägnierung schon wesentlich haltbarer als die anderen Holzarten ist und damit im Endeffekt sogar billiger kommt. In Form von *Rundhölzern und Balken* finden die geschälten, d. h. von Rinde und Ästen befreiten Stämme als Zaunpfähle Verwendung. Als *Rundstange und Halbrundstange* – seltener als Planke und Bohle – dienen die genannten Holzarten als Verbindungselemente zwischen den Pfosten.
Wer die Stämme nicht direkt vom Waldbesitzer erwerben kann, bekommt Pfosten und Stangen zugerichtet, angespitzt und teerölgetränkt durch den Landhandel angeboten. Diese fertigen Pfähle haben meist einen Durchmesser von 20 bis 25 cm und

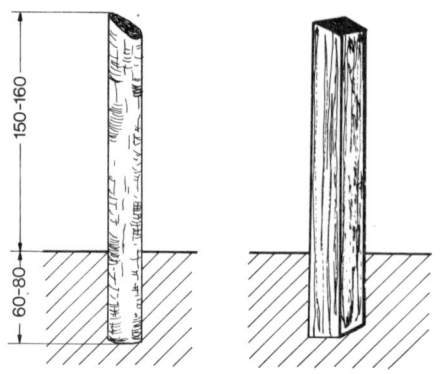

150-160

60-80

Zaunpfähle, ausgenommen die aus Eichenholz oder alte Eisenbahnschwellen, müssen vor ihrer Verwendung ausreichend gegen Fäulnis imprägniert werden. Die Imprägnierung muß aber wenigstens 20 bis 30 cm über den Boden reichen. Alte Eisenbahnschwellen sind zwar meist teuer, dafür aber fast unbegrenzt haltbar. Aber auch hier – wie bei allen Holzarten – sollte der Pfahlkopf schräg geschnitten werden, damit auftreffende Feuchtigkeit (Tau, Regen) besser abfließen kann.

sind in der Regel 1,80 bis 2,20 m lang, wovon 50 bis 80 cm in den Erdboden eingegraben werden müssen. Eckpfosten ausgenommen, genügt für Innenzäune oder bei geringem Abstand von Pfahl zu Pfahl oft schon ein Durchmesser von 15 cm. Der Durchmesser von Rund- und Halbrundstangen sollte 8 bis 12 cm betragen; die stärkeren Stangen bringen wir oben, die schwächeren möglichst weit unten im Zaun an. Planken sollten wenigstens eine Stärke von 3 cm und eine Breite von 15 cm aufweisen.

Von großer Haltbarkeit sind ferner Zaunpfähle aus *alten Eisenbahnschwellen* oder ausgedienten *Lichtmasten*.

Auch aus Hausabbrüchen sind oft günstig Balken zu bekommen, die sich als Zaun-

pfähle eignen. Nur müssen sie vorher sorgfältig von allen Nägeln, Eisenteilen oder abgesplitterten Holzteilen befreit werden.

Mit gutem Erfolg hat man auch schon *Betonpfosten* verwendet oder Weidezaunanlagen ganz aus *verzinkten Stahlrohren* hergestellt. Desweiteren befinden sich *breite Gummibänder* (im Recyclingverfahren aus alten Autoreifen hergestellt) als Zaunelement für Pferdeweiden in der Erprobung und sollen sich ob ihrer Wetterbeständigkeit und der geringen Verletzungsgefahr für die Pferde gut bewähren.

Für die *Zaunpfähle* werden wir in der Regel zum Material Holz greifen, da es fast überall preiswert zu haben ist.

Wer den großen Material- und Arbeitsaufwand für einen Holzzaun scheut, kann die Pfähle mit *Walzdraht* verbinden. Dem verzinkten Draht ist vor dem einfachen Eisendraht in jedem Fall der Vorzug zu geben, denn er hält wesentlich länger und kommt daher am Ende auch preiswerter.

Stacheldraht ist wegen der großen Verletzungsgefahr zur Einfriedigung einer Pferdeweide ungeeignet.

Der *Knotengitterzaun* hat sich, mancherlei Unkenrufen zum Trotz, auch in der Pferdehaltung gut bewährt. Für Pferdeweiden ist ein weitmaschiges Geflecht aus 4 bis 5 übereinanderliegenden Drahtmaschen ausreichend. Allerdings ist ein Knotengitterzaun nur gut und zuverlässig, wenn er sorgfältig und sachkundig errichtet und gespannt wird. Das Knotengitter ist durch kräftige Drahtspanner so anzuspannen, daß die Drähte schwingen und klingen.

Mit großer Sorgfalt sind auch die Eckpfähle zu verankern. Hier genügt es nicht, die Eckpfähle durch seitliche Streben aus Holz abzustützen, da nicht ausgeschlossen werden kann, daß sich durch die unvermeidbare Belastung des Knotengitterzauns durch weidende Tiere Pfähle lockern. Die Verankerung soll vielmehr, unabhängig von den Verstrebungen, genau am äußersten Schnittpunkt der Zaunfluchten durch Spanndrähte erfolgen.

Nach dem Abtrieb der Weidetiere im Herbst empfiehlt es sich, die Spannung des Knotengitters zu lockern.

Um ein Hängenbleiben in den Maschen oder das Niederdrücken des Zaunes durch die Pferde auszuschließen, kann *zusätzlich ein Elektrozaun* angebracht werden.

Der Abstand von Pfahl zu Pfahl sollte 3 bis 4 m betragen. Er kann aber gut auf 6 bis höchstens 10 m erweitert werden, sofern nicht starke Bodenunebenheiten einen geringeren Abstand erfordern.

Weidezäune müssen mindestens 1,30 m, für Großpferde besser 1,50 bis 1,60 m hoch sein, um ein Überspringen zu verhindern. Dies gilt insbesondere für den Außenzaun, der an öffentliche Straßen und Wege grenzt. Innenzäune zwischen aneinandergrenzenden Weiden können ruhig etwas niedriger sein.

Nicht nur die Größe der Pferde oder Ponys, auch die Größe der Weide und das Futterangebot haben Einfluß auf die Höhe des Weidezauns, da die Tiere bei ausreichender Weidefläche nicht so leicht versucht sind, ihr Glück anderswo zu suchen.

Sind in einer vorhandenen Weidezaunanlage einzelne Zaunpfähle morsch oder umgebrochen, dann prüfe man auch alle übrigen Pfähle und Stangen sorgfältig auf ihre Haltbarkeit. *Sämtliche Schwachstellen sollten in einem Arbeitsgang behoben werden.* Dieser Aufwand wird uns Ärger und Aufregung wegen ausgebrochener Pferde ersparen, die zwischen zerbrochenen Pfählen und Stangen einen bequemen Weg ins Freie fanden, denn halbmorsche Zäune brechen für gewöhnlich immer dann, wenn es einem gar nicht in den Kram paßt.

Werden Zaunpfähle aus *Fichtenholz oder einem anderen Weichholz* verwendet, müssen diese zumindest am unteren Ende, das mit dem Erdboden in Berührung kommt, *gegen Fäulnis imprägniert* werden.

Wenn das Holz gut trocken ist, genügt es, die Pfähle für einige Tage in ein großes Blechfaß mit einer Mischung aus *Karbolineum, Altöl und flüssigem Teer* zu stellen. Altöl bekommt man übrigens an der Tankstelle kostenlos, jedenfalls wenn man dort Kunde ist.

Die Imprägnierung sollte nicht mit der Erdoberfläche abschließen, sondern 20 bis 30 cm darüber reichen. Wir lassen die Pfähle nun einige Tage in der Mischung stehen, damit sie gut in das Holz eindringen kann.

So getränkte Pfähle stehen schon seit sieben Jahren auf unserer Weide im feuchten Boden und sie sind noch immer gesund und fest.

Vorbereitende Arbeiten

Ehe wir mit der eigentlichen Arbeit am Weidezaun beginnen, verschaffen wir uns Klarheit über den Grenzverlauf des Grundstücks und nehmen Verbindung zu den Grundstücksanliegern auf. Das ist vor allem bei einer Neuanlage unerläßlich, um späteren »Grenzstreit« auszuschließen.

Auch bei der Übernahme einer Pachtweide und der Erneuerung eines vorhandenen alten Weidezauns empfiehlt es sich, die Anlieger davon zu unterrichten, nicht zuletzt um dadurch zu zeigen, daß man um gute Nachbarschaft bemüht ist.

Das erforderliche Werkzeug

Zur Errichtung eines Koppelzaunes benötigen wir folgende Grundausstattung an Werkzeugen: Spaten, Pickel und Brechstange für die Erdarbeiten, dazu einen Stampfer aus Rundholz von ca. 6 bis 8 cm Durchmesser; Säge und Axt zum Kürzen und Zurichten der Stangen und Pfähle, Zollstock und Wasserwaage; Hammer, Vorschlaghammer, Zange und Drahtspanner; ausreichend lange Schnur zum Ausfluchten der Richtung und Höhe, ferner starke Nägel und Krampen in genügender Menge.

So ausgerüstet können wir mit der Arbeit beginnen.

Ein neuer Zaun entsteht

Bei der Neuanlage eines Weidezauns setzen wir zunächst die Eckpfosten, deren Standort wir bei der Begehung mit den Anliegern bereits markiert haben. Dazu graben wir 60 bis 80 cm tiefe Löcher von ca. 40 cm Durchmesser.

Ganz schlecht sind wir beraten, wenn wir uns die mühevolle Arbeit des Grabens erleichtern wollen, indem wir statt des Spatens lieber die Säge benutzen und den Pfahl einfach kürzer sägen. *Zaunpfähle müssen ausreichend tief gesetzt werden,*

weil Pferde sich gern an ihnen scheuern. Auch Bäume und »Scheuerpfähle« können das nicht verhindern.

Sollten wir beim Graben auf Steine stoßen, dann benutzen wir den Pickel oder die Brechstange.

Am besten markieren wir auf den Pfählen gleich die gewünschte Zaunhöhe über dem Erdboden. Wir brauchen dann beim Einsetzen nur noch darauf zu achten, daß sich die Marke in Höhe der Erdoberfläche befindet und die Höhe stimmt.

Nun füllen wir zunächst soviel Erde ins Loch, daß der Pfahl ohne Hilfe steht. Durch Anlegen der Wasserwaage überprüfen wir den geraden Stand und stampfen anschließend das Erdreich mit dem Rundholz (Stampfer) fest. Erde einfüllen, Kontrolle mit der Wasserwaage und Feststampfen wiederholen sich, bis das Loch wieder fest gefüllt ist und der Pfahl bombenfest sitzt.

Einzelne *Steine*, die ohne Hohlräume entstehen zu lassen in das Pfahlloch eingebracht wurden, sorgen für zusätzliche Standfestigkeit.

Eckpfosten und Weidetorpfosten werden in Richtung beider Zaunfluchten abgestützt. Diese seitlichen Stützen graben wir

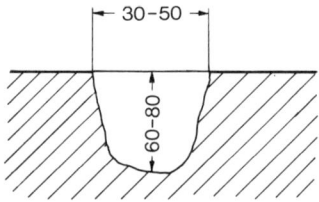

Die Standfestigkeit eines Zaunpfostens hängt nicht nur von seiner Holzart und Stärke ab, sondern auch davon, wie tief er in die Erde gesetzt wird.

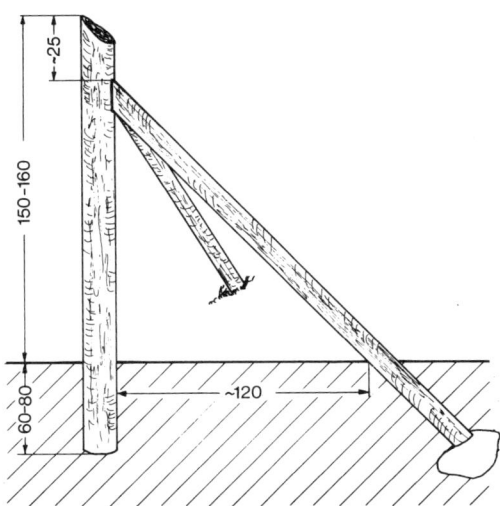

Eckpfosten müssen beiderseits mit Stützen versehen werden, um ein Verschieben der Zaunanlage zu verhindern.

Die seitlichen Stützen der Eckpfosten müssen mit dem Pfosten fest verbunden werden, wozu wir das schräg geschnittene Ende des Stützholzes unter Druck in eine entsprechend große Kerbe des Pfostens pressen und zusätzlich noch festnageln.

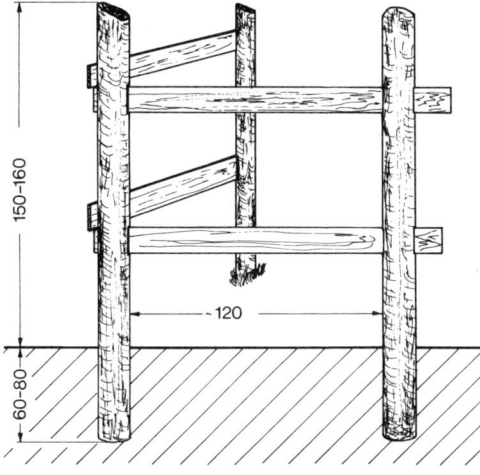

Auch diese Konstruktion gibt Eckpfosten festen Halt.

mit dem stumpfen Ende in etwa 1,20 m Entfernung vom Zaunpfahl ca. 40 cm tief in die Erde ein und unterlegen sie hier mit einem Stein, um ein Verschieben zu verhindern.

Das andere schräg zugeschnittene Ende der Stütze nageln wir mit einem starken Nagel am Zaunpfahl fest. Eine zweite Stütze, die dem Zaunverlauf der anderen Seite folgend angebracht wird, gibt den Eckpfosten unerschütterlichen Halt.

Um beim Nageln ein Aufreißen oder Platzen der schräg geschnittenen Pfahlstützen zu vermeiden, kneift man die Nagelspitze mit der Zange ab. Der nun stumpfe Nagel kann das Holz nicht mehr spalten. Wem das Nageln allein zum festen Sitz der Stützen am Zaunpfahl nicht genügt, kann den Pfahl ca. 25 cm von seiner Oberkante entfernt 1 bis 2 cm tief über die Breite des Pfahles ausstemmen und die schräge Seite des Stützholzes unter Druck einpassen, daß sie glatt am Weidepfahl anliegt. Zusätzlich wird auch hier ein kräftiger Nagel eingeschlagen.

Natürlich kann man sich das Ausheben der Löcher auch durch einen *Erdbohrer* erleichtern. Erdbohrer gibt es für Handbetrieb, mechanischen und hydraulischen Betrieb. Vielleicht finden wir einen Landwirt, der uns so einen Erdbohrer zur Verfügung stellt.

Als nächsten Arbeitsgang *spannen wir von Eckpfosten zu Eckpfosten eine Schnur.* Zusammengebundene Schnüre unserer Heu- und Strohbunde sind hier noch zu etwas nütze. Dann heben wir im Verlauf dieser Schnur im Abstand von 3 bis maximal 10 m die Löcher für die übrigen Zaunpfähle aus. Schließlich wird die Schnur

Weidezaun mit Querriegeln aus Halbrundstangen.

innen

noch einmal nachgespannt, so daß sie die gewünschte Zaunhöhe anzeigt, und wir setzen Pfahl für Pfahl in der vorher beschriebenen Weise.

Wenn wir nichts übereilen und den richtigen Sitz der Pfosten immer wieder genau kontrollieren, können wir damit viel zum Gelingen unseres Zaunes beitragen.

Hat unsere Weide sehr lange Seitenlinien, dann sollten wir auch den mittleren Pfahl, gegebenenfalls sogar weitere Pfähle seitlich abstützen. Das empfiehlt sich vor allem dann, wenn wir einen Drahtzaun planen, denn beim Spannen des Drahtes entsteht ein erheblicher Zug, dem die Weidezaunpfähle keinesfalls nachgeben dürfen.

Verwenden wir aber Holz, dann bekommen die Pfähle durch sachgerechtes Annageln der Verbindungsstangen oder -planken noch zusätzlich Halt und Festigkeit.

Schwächere Pfosten setzen wir am besten im Wechsel mit stärkeren Pfosten.

Bei geeignetem Boden kann man sich die Arbeit durch die *Verwendung zugespitzter Pfähle* erleichtern. Diese haben den Vorzug, daß man nicht so tief graben muß. Manchmal genügt es schon, die Erde mit der Brechstange aufzulockern. Die Pfähle werden mit der Spitze in den Boden gerammt und dann durch kraftvolle Schläge mit dem Vorschlaghammer bis zu ihrer endgültigen Tiefe in die Erde getrieben. Damit der Pfahlkopf nicht unter den Hammerschlägen zersplittert, legen wir zu seinem Schutz ein starkes Brett auf.

Es bedarf gar keiner Frage, daß man zu dieser Arbeit wenigstens einen Helfer benötigt, der nicht nur das Brett halten, sondern auch für geraden Stand des Pfahles sorgen muß.

Unsere Weidezaunpfähle stehen nun. Und wie es sich gehört, stimmen Richtung und Höhe. Etwaige Abweichungen sollten wir lieber gleich korrigieren und nicht »auf später« verschieben. Später ärgert man sich meist noch mehr über einen Pfahl, der aus

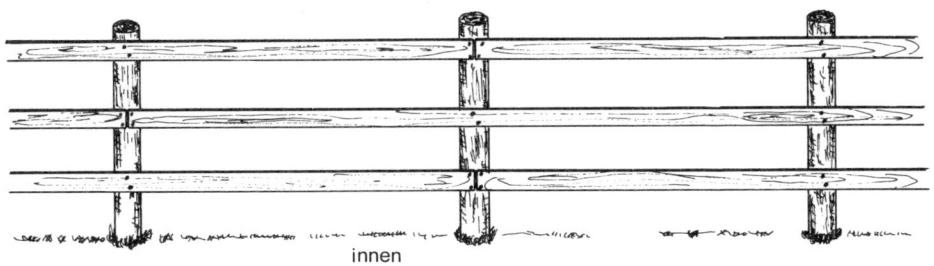

innen

Plankenzaun.

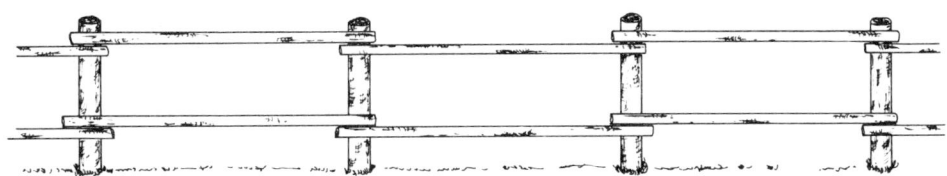

Weidezaun mit versetzten Rund- oder Halbrundstangen. Hier steht die ganze Stärke des Pfostens zum Aufnageln der Zaunstangen zur Verfügung. Die Gefahr, daß Zaunstangen beim Nageln aufreißen, weil man den Nagel so weit vorn ansetzen muß, wird so weitgehend vermieden.

der Reihe gefallen ist. Vor allem dann, wenn man es so beiläufig unter die Nase gerieben bekommt.

Haben wir uns für einen Holzzaun entschieden, dann nageln wir nun die Rundstangen, Halbrundstangen oder Planken an. Wie die Pfähle müssen auch sie von Rinde und Ästen befreit sein.

Je nach Höhe des Weidezaunes und der zur Verfügung stehenden Holzmenge verwen-

den wir zwei oder drei Stangen, die wir in gleichmäßigen Abständen übereinander anbringen. Sie werden auf der Innenseite der Pfähle angenagelt, damit sie nicht von den Pferden nach außen gedrückt werden können.

Bei angeschrägten Pfahlenden, die wegen des besseren Wasserablaufs vorzuziehen sind, nageln wir auch die oberste Stange seitlich an. Haben wir die Pfahlenden

Werden die Pfostenköpfe als Auflage für die oberen Zaunstangen benutzt, sollten wir sie nicht nur aufnageln, sondern zusätzlich noch durch eine Bandeisenschelle sichern. Nur so verhindern wir ein Herausdrücken der oberen Stangen durch weidende Pferde.

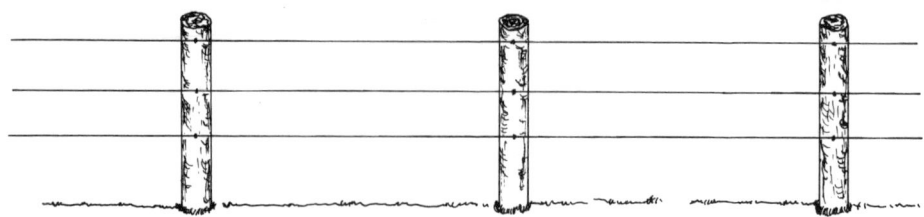

Einfriedigungen aus Walzdraht müssen regelmäßig nachgespannt und zusätzlich durch einen Elektrozaun gesichert werden.

Weidetore müssen so groß sein, daß die Weide zu Pflegearbeiten auch von landwirtschaftlichen Maschinen befahren werden kann. Das Stützrad (von einer alten Drillmaschine) erleichtert das Öffnen und Schließen.

gerade geschnitten, können wir die oberste Stange auch direkt auf dem Pfahlkopf befestigen, dann genügt ein Annageln allein jedoch nicht. Scheuern sich die Pferde die Mähne an dieser Stange oder strecken sie den Kopf durch den Zaun, um von dem Gras außerhalb ihrer Koppel zu probieren, heben sie die aufliegende Stange vom Pfahl, da der Nagel im Kernholz nicht genügend Halt findet.

Solche, aus losgerissenen Stangen hervorstehenden Nägel stellen eine ständige Verletzungsgefahr für Mensch und Tier dar. Wir sichern deshalb die auf den Pfahlköpfen aufliegenden Stangen durch Bandeisenschellen oder Rundholzverbinder.
Rundholzverbinder bekommen wir im Baustoffhandel, und Bandeisenschellen fertigt uns schnell und zuverlässig jeder Dorfschmied.
Greifen wir zum glatten Walzdraht für die Einfriedigung, spannen wir je nach Zaunhöhe drei bis fünf Längsdrähte.
Als erstes rollen wir den Draht innen entlang der Pfähle in der erforderlichen Länge glatt aus. Das ist wichtig, da er sonst beim

Drehtor in Form eines Schlagbaums.

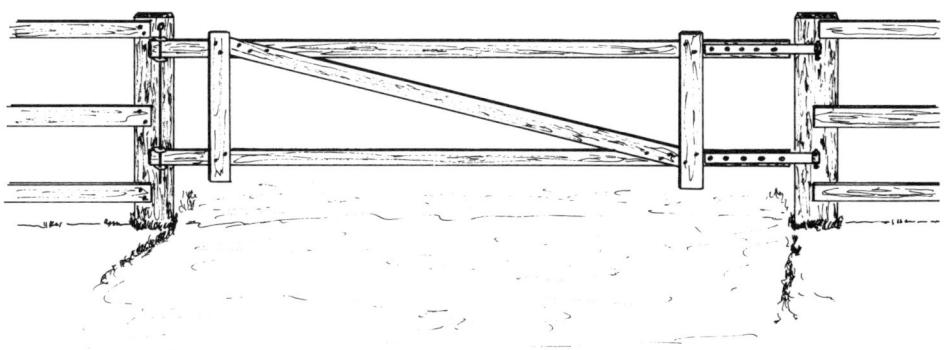

Einfaches Weidetor. Von innen aus gesehen werden Weidetore immer am rechten Pfosten mittels Kloben und Langbändern angeschlagen und schlagen beim Schließen auf dem linken Pfosten auf. Das Weidetor kann so durch nach außen drängende Pferde nicht aufgedrückt werden.

Spannen leicht bricht. Den Drahtanfang wickeln wir zweimal um den Eckpfosten und drehen ihn dann mit einer Zange fest zusammen. Zusätzlich sichern wir das Ganze noch durch einige starke Krampen, die wir um den Draht in den Pfahl schlagen.

Im nächsten Arbeitsgang wird der Draht in gleichmäßigen Abständen an den Pfosten befestigt und gespannt. Wir treiben die Krampen dabei nur soweit ins Holz, daß

der Draht noch Spiel hat. Der letzte Pfahl, den wir mit dem Draht erreichen, dient als *»Spannpfosten«*. Es muß also nicht unbedingt der Eckpfosten sein. Das Ende des von Hand gespannten Drahtes wird hier befestigt.

Nun folgt die *mechanische Nachspannung* der Drähte. Verwenden wir herkömmliche Drahtspanner – hier wird der Draht über eine kleine Welle mittels Vierkant gespannt –, sollten wir die kräftigste Ausführung wählen. Auch müssen wir darauf achten, daß wir den Draht nicht zu lang gelassen haben, da sonst die Welle nicht mehr in der Lage ist, den Draht aufzuwickeln. Wirksamer sind die in der Landwirtschaft vielfach gebräuchlichen Drahtspanner, die den Draht durch Hebelkraft spannen.

Allerdings empfiehlt es sich hier, die Arbeit zu zweit auszuführen.

Drahtzäune sollten von Zeit zu Zeit unbedingt nachgespannt werden.

Das Weidetor

Das Weidetor sollte so weit angelegt werden, daß nicht nur Mensch und Tier, sondern auch landwirtschaftliche Fahrzeuge oder unser Pkw mit dem Pferdeanhänger bequem auf die Weide gelangen können. Wie bei den Eckpfosten, so achten wir auch bei den Torpfosten auf gute seitliche Verstrebung und absolut festen Stand. Wir verwenden selbstverständlich nur die stärksten und längsten Pfosten für diesen Zweck. Pferde, die neben dem Weidegang mehr oder weniger regelmäßig geritten werden, halten sich gerne am Weidetor auf und drängen dagegen, vor allem dann, wenn

wir sie über Nacht in den Stall bringen, wo sie dann ihre Kraftfutterration bekommen. Das merken sich Pferde schnell, sie haben ein ausgezeichnetes Zeitgefühl.

Das Weidetor wird am linken Pfosten *innen angeschlagen* und liegt, wenn es geschlossen ist, am rechten Torpfosten innen an. Es kann also nicht nach außen aufgedrückt werden. Auch für das Weidetor selbst sollten wir nur gesundes, starkes Holz und kräftige Langbänder, Haspen und Riegel verwenden.

Ganz besondere Aufmerksamkeit sollten wir der Sicherung des Weidetores gegen unbefugtes Öffnen schenken. Ein Weidetor muß so gesichert sein, daß weder die Einwirkung der Weidetiere noch das Hantieren unbefugter Personen ein Ausbrechen ermöglichen.

Ein Torverschluß durch Überwurf oder Drahtschlaufe genügen nicht. Weidetore müssen abschließbar sein, und zwar am besten durch eine starke Kette mit Vorhangschloß. Dadurch läßt sich zwar nicht gänzlich verhindern, daß unsere Pferde »mal zum Spaß« herausgelassen oder womöglich gestohlen werden, aber wir haben doch nachweislich alles in unserer Macht Stehende zur Sicherung getan und wären in einem Rechtsverfahren, das ein Schadensfall unweigerlich nach sich zieht, vom Vor-

Gebräuchlicher Weideverschluß in Rickform. Als Stangenhalter kann man alte Hufeisen verwenden, die man sich vom Schmied nur länger und weiter machen lassen muß. Ein Eisenstab (oben mit einer Öse versehen) verbindet die Stangen und verhindert – gesichert durch ein Vorhängeschloß, welches durch die Öse des Stabes und um den oberen Schenkel des Hufeisens geführt wird – ein unbefugtes Öffnen.

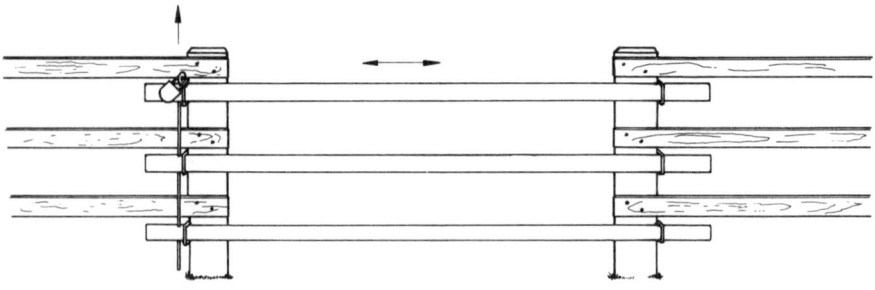

Diese Art Weideverschluß (da und dort noch gebräuchlich) ist durch das zum Einhängen und Schließen erforderliche Spannen nicht immer leicht zu handhaben.

wurf der Fahrlässigkeit entlastet. Die schweren Verkehrsunfälle, die schon von ausgebrochenen Pferden verursacht wurden, sollten uns Anlaß genug sein, weitere mit aller gebotenen Sorgfalt und Voraussicht zu verhindern.

Eine bewährte Maßnahme, Pferde am Ausbrechen zu hindern, ist das Anbringen eines Elektrodrahtes. Diesen elektrisch geladenen Draht lassen wir im Weideinneren in Höhe der obersten Zaunstange an speziellen isolierten Halterungen verlaufen. *Elektrozaungeräte* werden von vielen Firmen angeboten. Wofür wir uns auch entscheiden, es sollte auf jeden Fall den VDE- und DLG-Prüf- und -Gütestempel tragen.

Koppelzaunbau ist also ein arbeitsaufwendiges, schweißtreibendes und teures Vergnügen – vor allem, wenn man auch die vielen Arbeitsstunden in Rechnung stellt. *Man kann aber auch alles bequemer und schneller haben.* Von den verschiedensten Herstellern werden Weidezäune mit und ohne Montage angeboten. Das hat den Vorteil, daß wir einen kompletten Bausatz mit einwandfreien, imprägnierten Hölzern erhalten und den Zaun auf Wunsch von einem mit allen Geräten versehenen Bautrupp in kürzester Zeit aufgestellt bekommen.

Die Pflege des Pferdes

Fohlen, junge Pferde und Ponys

Das Putzen dient der Sauberkeit und damit der Gesundheit des Pferdes, es fördert aber auch das Vertrauen des Pferdes zum Menschen. Darum ist es wichtig, daß wir unser Pferd ohne Zeitdruck und in aller Ruhe putzen und beim Fohlen so früh wie möglich damit beginnen.

Wenn man dem *Fohlen* gegen Ende der ersten Lebenswoche ein Stallhalfter anlegt, kann man ihm schon einmal mit einer weichen Kardätsche über den Rücken streichen. Zur Vorbereitung hat man dies in den ersten Lebenstagen schon bei jedem Stallbesuch mit der Hand getan, natürlich mit viel Geduld und freundlichem Zuspruch. Schon in der ersten Lebenswoche wird man es auch mit dem Aufheben der Beine vertraut machen. Indem wir auch die übrigen Körperteile mit einbeziehen, putzen wir allmählich gründlicher und länger. Alles aber ist eben mehr noch eine Gewöhnungsübung. Ein harter Metallstriegel darf beim Fohlen keinesfalls Verwendung finden.

Wann wir das Fohlen erstmals zum Putzen anbinden, richtet sich nach Temperament des einzelnen Tieres. Wir werden es so früh wie möglich versuchen, allerdings immer nur für kurze Zeit und mit viel Geduld. Sollte das Fohlen sehr widersätzlich sein, so ist es loszubinden. Die Gewöhnung an das Anbinden, Putzen und Aufheben der Beine sollte aber abgeschlossen sein, wenn nach 4 Wochen der Hufschmied zur ersten Kontrolle und, falls erforderlich, zur Korrektur der Fohlenhufe in den Stall kommt.

Ein im Frühjahr geborenes Fohlen wird zunächst zusammen mit der Stute täglichen Auslauf bekommen und mit Beginn der Weideperiode möglichst ganz auf die Weide übersiedeln. Hier entfällt dann das Putzen, da sonst das Fohlen seine natürliche Schutzschicht – jene talghaltige graue Fettschicht, die die Haut sowohl vor Kälte und Nässe als auch vor dem Austrocknen schützt – verlieren würde. Um die Vertrautheit mit dem Pfleger und dem Putzen zu erhalten, sollte man das Fohlen auch auf der Weide ab und zu einmal anbinden, seine Beine aufheben und es mit einem Strohwisch vom gröbsten Schmutz befreien. Die Fohlenhufe müssen jedoch auch während des Weideganges regelmäßig kontrolliert werden.

Ähnliches gilt für junge Pferde und Ponys, die nicht zur Arbeit herangezogen werden, denn sie können sich auf der Koppel nach Belieben wälzen und scheuern und benötigen somit keine zusätzliche Körpermassage. Wo Bäume zum Scheuern fehlen besteht die Gefahr, daß die Pferde Zaunpfähle nach außen drücken. Man kann in solchen Fällen versuchen, durch einen starken und tief im Boden verankerten »Scheuerpfahl« Abhilfe zu schaffen.

Scheuern sich unsere Pferde aber auffällig stark an der Schweifrübe, sollten wir uns die betroffenen Stellen und die Umgebung des Afters näher ansehen.

Ausgesprochen starker Juckreiz kann verschiedene Ursachen haben. *Bei Fohlen, wie auch bei älteren Pferden und Ponys, ist eine aufgeriebene Schweifrübe häufig ein Zeichen dafür, daß die Tiere verwurmt sind und vom Tierarzt einer Wurmkur unterzogen werden müssen.* Auch können Schweif und Mähne durch starken Schmutz verfilzt oder gar von Milben, Läusen oder Pilzen befallen sein und müssen gereinigt bzw. mit speziellen Präparaten behandelt werden.

Auch bei *älteren Pferden* dürfen Kontrolle und Pflege der Hufe nicht vernachlässigt werden. Ansonsten aber können wir die Pflege ihrer Haut Sonne, Regen und Wind überlassen. Benutzen wir ein Pony doch gelegentlich zum Reiten, genügt das nicht. Dann *muß* geputzt werden. Sicher, wir müssen es nicht frisieren, als wollten wir an einer Schau oder einem Turnier teilnehmen, aber sauber sollte es beim Ausritt schon sein. *Besondere Aufmerksamkeit müssen wir dabei der Sattel- und Gurtlage widmen*, damit an diesen Stellen weder Schmutz noch Sand oder kleine Zweige Anlaß zu Druckstellen geben können.

Bevorzugen wir aber für solche Gelegenheitsritte mit dem Weidepony das Reiten ohne Sattel, dann hindert uns natürlich nichts daran, uns schnell hinaufzuschwingen und zu reiten.

Gebrauchspferde

Gebrauchspferde, ganz gleich ob Shetty oder Hannoveraner, sind Pferde, die regelmäßig geritten oder gefahren werden. Sie müssen vor und nach der Arbeit gründlich geputzt und gewartet werden. Das ist, wie bereits angedeutet, nicht nur eine Frage der Sauberkeit, sondern auch eine Frage der Gesundheit des Pferdes und des Vertrauens zwischen Pferd und Reiter.

Verlaßpferde, die mit uns durch dick und dünn gehen, sind doch immer auch Pferde, deren Vertrauen wir gewonnen haben. Wir werden also immer erst das Pferd versorgen, bevor wir unserer eigenen Müdigkeit und Unlust nachgeben. Das Pferd wird es uns danken, denn in dieser Verbindung heißt es schlicht und einfach: Vertrauen gegen Vertrauen.

Doch auch die Gesundheit spielt beim Putzen des Pferdes eine nicht unbedeutende Rolle, bei Roß und Reiter. Mancher Reiter könnte sich die Gymnastikstunden sparen, wenn er Mittelfuß und Fessel ordentlich mitputzen würde, anstatt sich vor dem Beugen des Rumpfes zu scheuen. Putzen kann überhaupt, wenn es zügig und kraftvoll geschieht, eine gesunde Gymnastik sein. Aber das nur nebenbei.

Zusammen mit der Haut regeln die Deckhaare die Körperwärme des Pferdes. Durch die Drüsen der Haut werden Schweiß und Talg ausgeschieden, die auf die Hautoberfläche und ins Deckhaar gelangen. Die Talgdrüsen erfüllen eine wichtige Funktion, indem sie Haut und Haare einfetten und wasserabweisend machen. Deshalb putzen wir bei Weidegang nicht. Zusätzlich zu den Drüsenabsonderungen schuppt sich die Haut. Hornschüppchen und Absonderungen sammeln sich auf der Haut, verbinden sich mit Nässe und Staub und bilden so eine Schicht, welche das Verdunsten des Schweißes und das Atmen der Haut erschwert. Die mögliche Folge davon sind Reizungen und langwierige Hautkrankheiten.

Bei Weidegang sorgt das Pferd für sich selbst. Einmal bringt es sich nicht durch langes Traben oder Galoppieren zum Schwitzen, zum anderen massiert es sich durch Reiben, Scheuern und Wälzen. Da ihm im Stall die Möglichkeiten dazu fehlen, müssen wir es bei Stallhaltung regelmäßig und gründlich putzen.

Ein sauberes Pferd mit glänzender »Decke«, gepflegten Langhaaren und Hufen ist immer ein schönes Pferd, auch wenn es im Körperbau nicht ganz den Idealvorstellungen entspricht.

Gute Pferdepflege beinhaltet, daß das Putzen täglich zur gleichen Zeit an einem bestimmten Platz ausgeführt wird. Für Berufstätige wird die beste Zeit immer der frühe Morgen sein. Das heißt dann freilich eine Stunde früher aufstehen. Am besten geht man gleich ohne große Morgenwäsche im »Blaumann« oder Kittel in den Stall.

Vor dem Putzen tränken wir noch, falls wir keine Selbsttränke haben. Erlaubt es das Wetter, dann sollten wir im Freien putzen, sonst in der Stallgasse. Solange das Pferd draußen steht, richten wir die Matratze, schütten den Hafer in die Krippe und legen Rauhfutter vor. Anschließend führen wir das Pferd in seine Box und kehren die Stallgasse.

Auf keinen Fall sollen wir putzen, während das Pferd frißt. Das macht Pferde nur unleidlich. Wer läßt sich schon gern beim Essen stören?

Wer sich also zum gründlichen Morgenputz entschlossen hat, braucht am Abend vor dem Ausritt nur noch leicht überzuwischen – mit der Kardätsche oder dem Lappen – und kann satteln und ausreiten.

Dem Abwarten des Pferdes nach dem Reiten ist noch wesentlich mehr Aufmerksamkeit zu widmen. Häufig wird man mit einem verschwitzten oder gar noch erhitzten Pferd in den Stall zurückkommen. Dann soll das Pferd geführt und anschließend mit Strohwischen trockengerieben werden.

Ein schweißnasses Pferd trockenreiben? So oft ich es versucht habe, konnte ich mich des Gedankens nicht erwehren, daß diese Empfehlung von Leuten gegeben wird, die es nicht ein einziges Mal selbst getan haben, sondern immer ihr Stallpersonal dafür hatten. Das Trockenreiben unterbleibt also meist. Man legt stattdessen eine Decke auf, packt zur besseren Lüftung Stroh darunter und wartet mit dem Putzen bis das Tier auf diese Weise abgetrocknet ist.

Die Hufe müssen jedoch sofort nach dem Absatteln ausgeräumt und auf Verletzungen und Fremdkörper, wie eingetretene Nägel, kontrolliert werden.

An Putzzeug benötigen wir:
Striegel aus Metall oder Gummi und Kardätsche, Massagestriegel aus Kunststoff, Wurzelbürste, zwei Schwämme und Kernseife, Lappen aus Flanell oder Baumwolle, Hufräumer, Mähnenkamm und Fesselschere, Schweißmesser, dazu Huffett, Hufteer und zwei dicke Pinsel.

Metallstriegel (der sog. Reformstriegel ist
aus Kunststoff in gleicher Ausführung)

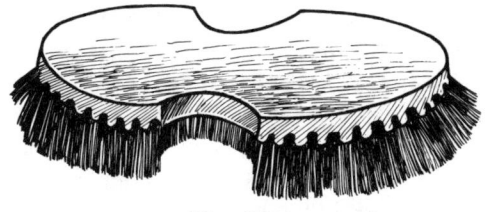

Wurzelbürste

Gummistriegel

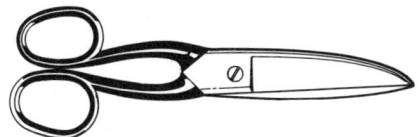

Fesselschere

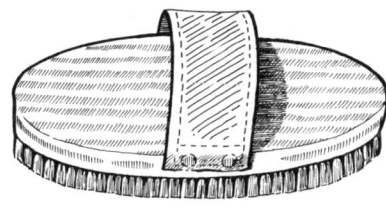

Kardätsche

Hufräumer

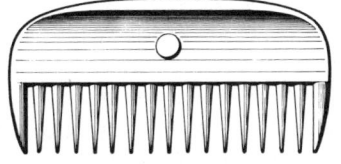

Mähnenkamm

Schweißmesser

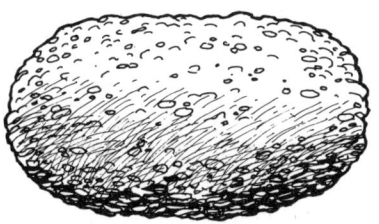

Schwamm

Putzen des Deckhaars

Dazu benötigen wir in der Hauptsache
einen *Massagestriegel* und die *Kardätsche.*
Der *Metallstriegel* dient in erster Linie
zum Reinigen der Kardätsche und wird
beim Pferd nur an den gut bemuskelten
Flächen des Halses, des Rumpfes und der
Oberschenkel zur Beseitigung von einge-
trocknetem Schmutz verwendet.

Nasse Mistflecken entfernt man am besten mit Wasser, Schwamm und Kernseife. Bei Schimmeln entfernt man Mistflecken durch Aufreiben angefeuchteter Sägespäne, die man nach dem Trocknen mit der Kardätsche abbürstet. Genügt dies nicht, dann hilft ganz bestimmt ein Brei aus pulverisierter Holzkohle und Wasser, mit dem man ebenso verfährt.

Nun treten wir, den Massagestriegel in der rechten Hand, an die linke Seite des Pferdes heran und striegeln es von vorn nach hinten mit und gegen den Haarstrich kräftig durch. Wir lassen dabei den Kopf aus und beginnen am Hals kurz hinter den Ohren. Auf der rechten Seite des Pferdes verfahren wir ebenso. Dann wiederholen wir diesen Putzgang mit der Kardätsche, wobei wir auf der linken Seite des Pferdes die Kardätsche in die linke Hand nehmen und den Striegel in die rechte Hand. Auf der anderen Seite natürlich umgekehrt. Nun putzen wir zügig und kraftvoll in langen, gleichmäßigen Strichen. Jedes hakkende und stoßende Aufsetzen und Führen der Kardätsche ist zu vermeiden, da es mit der Zeit zu Unverträglichkeiten führen muß. Nach jedem Bürstenstrich wird die Kardätsche in Richtung der Fingerspitzen am Striegel abgestreift, der von Zeit zu Zeit an einer angefeuchteten Stelle der Stallgasse auf der Staub und Schmutz besser haften bleiben, ausgeklopft wird. Manche Pferde sind am Kopf besonders empfindlich und versuchen, sich durch Kopfschlagen oder -heben dem Putzen zu entziehen. Solchen Pferden ist nur mit Geduld beizukommen, nicht mit Gewalt. *Für den ganzen Kopf gilt: nur Kardätsche, Lappen und Schwamm benutzen.*

Ein Pferd ist sauber geputzt, wenn man keine Schuppen mehr sieht und wenn man mit dem Finger gegen den Strich streichen kann, ohne eine staubige Spur zu hinterlassen. Anschließend kann man das Fell noch mit einem Flanelltuch »polieren«. Das entfernt nicht nur den letzten Staub, sondern gibt der Haardecke auch noch einen wunderschönen Glanz. Dieser Handgriff stellt jedoch den Abschluß der gesamten Pferdepflege dar.

Pflege des Langhaars

Ponys gehören zu den »pflegeleichten« Pferderassen. Vor allem ist die Pflege des Langhaars, wenn es sich nicht gerade um ausgesprochene Turnierponys handelt, unproblematischer: Man läßt Mähne und Schweif meist wachsen, wie die Natur es will.

Natürlich sollte auch eine »Naturmähne« sauber gehalten werden. Eine *Bürste* und ein *Mähnenkamm* zum Ausdünnen der Mähne sowie Wasser und Seife zur gelegentlichen Wäsche können wir auch beim Pony nicht ganz entbehren. Manchmal empfiehlt es sich sogar, eine Effilierschere zum Ausdünnen zu benutzen. Auch der Schweif sollte verlesen, gewaschen und mit der Schere auf die richtige Länge zurückgeschnitten werden.

Bei *Großpferden* ist die Pflege der Langhaare nicht nur eine Frage der Sauberkeit, sondern auch eine Frage der Rasse des Pferdes, des persönlichen Geschmacks und der Turnierbestimmungen.

Während wir uns hüten, in den natürlichen Wuchs der Langhaare des Arabers korrigierend einzugreifen und nur um die Erhaltung des seidigen Glanzes bemüht sind, gilt für die anderen Pferderassen heute doch weithin, »erlaubt ist, was gefällt«. Ausgenommen sind jene Pferdebesitzer, die ihre Pferde zu Turnieren und Schauen herausbringen möchten. Diese müssen den vorgeschriebenen Regeln der Pferdefrisur folgen. Und es ist ja auch immer wieder ein wunderbares Bild, wenn man auf großen und kleinen Veranstaltungen die prächtig frisiert vorgestellten Pferde bewundern kann.

Für den Hobbyreiter ist aber nicht einzusehen, warum er nicht seinen eigenen Vorstellungen über die Frisur seines Pferdes folgen soll. Wenn es gepflegt und gut genährt ist, kann man – so meine ich jedenfalls – dagegen doch keine Einwände haben. Die Mähne muß nicht immer nur eine Handbreit lang sein, man kann sie ruhig länger und dichter wachsen lassen. Und warum denn immer nur: Weg mit der Schere von den Langhaaren, Langhaar darf nur verzogen werden. Wer mit offenen Augen durch die Reitställe geht, kann in der Hand vieler »Pferdefriseure« die Schere entdecken.

Ich persönlich kann jene durchaus verstehen, die sich der Schere bedienen, denn der Freizeitreiter, der keinen Pferdepfleger hat, gewinnt durch die Verwendung der Schere Zeit zum Reiten. Den Pferden ist es sowieso egal und nach kurzer Zeit ist auch nicht mehr festzustellen, ob hier von Hand verzogen oder mit der Schere gearbeitet wurde.

Aber packen wir die Sache beim Schopf und fangen wir auch gleich bei diesem an. Zuerst »kämmen« wir ihn mit den fünf Fingern unserer Hand grob durch und lockern ihn dabei auf. Dann bürsten wir sorgfältig den Haarboden des Schopfes und streichen den Schopf zum Schluß mit der Kardätsche auf der Stirn glatt. Widerspenstige Haare kann man mit der angefeuchteten Mähnenbürste in Form bringen.

Auch den Ohren gönnen wir einen Blick und drücken auch einmal zwischen Daumen und Zeigefinger die Ohrmuscheln zusammen. Alle Haare, die über die Ohrmuschel herausragen, dürfen wir mit der Schere abschneiden. Hier war und ist die Schere gestattet. An den Haaren in der Ohrmuschel vergreifen wir uns aber nicht. Sie haben eine wichtige Schutzfunktion, da sie das Eindringen von Staub, Insekten, Regen und Schnee verhindern. *Auch die vereinzelt um Augen, Nüstern und Maul stehenden Tasthaare dürfen niemals herausgerissen oder auch nur beschnitten werden.* Diese langen, starren Haare sind mit empfindlichen Sinneszellen verbunden und unterstützen das Pferd bei der Wahrnehmung seiner Umgebung.

Die Mähne lockern wir ebenfalls erst mit der Hand auf und kämmen sie dann vorsichtig mit dem Kamm durch. Auch hier vergessen wir nicht, den Mähnenkamm, d.h. den Haarboden der Mähne, kräftig zu bürsten. Anschließend bürsten wir die Mähne wieder mit der Kardätsche auf dem Hals glatt. Manche bevorzugen für diese Arbeit eine besondere Mähnenbürste, aber die Kardätsche tut es natürlich auch. Will die Mähne nicht liegen, so nehmen wir wieder die angefeuchtete Bürste zur Hilfe.

Die Mähne sollte immer auf die rechte Halsseite des Pferdes fallen, das ist vor allem bei der Vorstellung eines Pferdes auf Schauen und Turnieren erwünscht. Die linke Seite – die Präsentationsseite – wirkt dann gefälliger. Wer das nicht beabsichtigt, wird die Mähne in die Richtung kämmen, in die sie von Natur aus von selbst fällt. Es gab aber auch einmal eine Zeit, da man die linke Halsseite bevorzugte. So hatte man beim Aufsitzen den Griff zur Mähne etwas leichter.

Beim *Turnierpferd* sollte die Mähne auf etwa eine Handbreit gekürzt werden, also ungefähr 10 bis 15 cm lang sein.

Möchten wir die Mähne verziehen oder einflechten, so ist dazu zu sagen, daß auch hier erst Übung den Meister macht. Mit dem Mähnenkamm schieben wir die Haare in der gewünschte Länge zurück. Von den verbliebenen langen Haaren wickeln wir jeweils einige um den Kamm oder um unseren Zeigefinger, den wir zu diesem Zweck durch einen alten Handschuh geschützt haben, und reißen diese mit einem kurzen Ruck heraus.

Am besten sieht man einmal dabei zu, versucht es dann unter Anleitung selbst einmal oder besucht – was sehr zu empfehlen ist – an einer Reit- und Fahrschule einen Lehrgang in Pferdepflege. Gibt es genügend Interessenten, läßt sich so ein Kurs ja auch vereinsintern durchführen.

Das Einflechten der Mähne mit Gummi und weißem Klebeband sollte ebenfalls nicht erst am Morgen des Turnier- oder Festtages geübt werden. Wer nicht weiß, wie man Zöpfchen flicht, wird sicher eine Amazone finden, die ihn in die Geheimnisse dieser Kunst einweist. Wichtig dabei ist, daß man die Mähne in gleichmäßige Strähnen einteilt, die Zöpfe straff genug flicht und bindet und hinter den Ohren des Pferdes beginnt. Zur Erleichterung dieser Arbeit kann ein zweistufiger Tritt oder eine stabile, standfeste Kiste beitragen.

Vielleicht entscheiden wir uns aber auch für eine *Bürsten- oder Stehmähne*. Solche Mähnen, wie sie hauptsächlich von Norwegerpferden getragen werden, sind auch für andere Pferde kleidsam. Vor allem sind sie leicht zu frisieren und sauber zu halten. Nur fehlt diesen Pferden dann ein wichtiger natürlicher Schutz gegen die Insektenplage.

Gepflegte Langhaare sind die Visitenkarte des Pferdes und des Reiters. Das gilt in ganz besonderer Weise für den *Schweif*.

Ein falsch oder wenig gepflegter Schweif wird immer dünner. Scheuerstellen auf der Schweifrübe, verfilztes und schmutziges Haar legen ein beredtes Zeugnis ab vom mangelnden Können oder von der Nachlässigkeit des Reiters. Wie ganz anders anzusehen ist dagegen ein voller, sauberer, glänzender, langer und lockerer Schweif. Hat man vom Vorbesitzer ein Pferd mit »Rattenschwanz« übernommen, wird man viel Fleiß und Geduld aufbringen müssen.

Einmal in der Woche wäscht man den Schweif mit Wasser und Kernseife oder Neutralseife, welche sich ebenfalls in der Pferdepflege bewährt hat. Es müssen durchaus nicht immer Spezialseifen sein. Als Wasser eignet sich Regenwasser vorzüglich. Unsere Hauptaufmerksamkeit beim Waschen gilt der Schweifrübe. Die Seifenlauge dringt nur schwer durch die in vielen Lagen übereinanderliegenden Haare bis zur Haut vor, und wir wundern uns dann, wenn das Pferd trotz Wäsche weiterhin den Schweif scheuert. Wir scheiteln also die Schweifhaare und massieren die Seife mit einer Bürste oder einem Schwamm in den Haarboden ein. Anschließend spülen wir gut aus. Dem Spülwasser fügt man am besten noch ein paar Hände Salz bei, ca. 100 bis 150 g pro Eimer. Es gibt den Schweifhaaren, besonders bei Schimmeln, einen ganz prächtigen Glanz, und sie fallen dann auch lockerer.

Danach trocknen wir den Schweif mit einem alten Handtuch gut ab und stellen das Pferd, wenn die Jahreszeit es erlaubt, in die Sonne. Im Stall binden wir den Schweif zum Trocknen am besten hoch, damit er nicht sofort wieder durch die Streu verschmutzt wird und umwickeln ihn mit einer alten, saugfähigen Wollbandage. Wer einen Fön in der Sattelkammer hat, kann ein Pferd mit etwas Geduld auch daran gewöhnen.

Der trockene Schweif wird bei der täglichen Pflege hauptsächlich handverlesen. Nur zur Reinigung der Schweifrübe dürfen wir eine Bürste benutzen. Wir stellen uns dazu seitlich neben die Hinterhand des Pferdes – sich direkt hinter ein Pferd zu stellen, sollte man grundsätzlich vermeiden –, umfassen mit der linken Hand den Schweif unterhalb der Schweifrübe und ziehen nun Haar für Haar vorsichtig und ohne es abzureißen, mit der rechten Hand heraus. Das dauert seine Zeit.

Nach dem Verlesen streichen wir den Schweif vorsichtig mit der Kardätsche glatt. Beherzigen wir dies, werden wir unser Pferd bald wieder mit einem gepflegten Schweif vorstellen können.

Bei einem gepflegten Schweif gilt es natürlich den guten Pflegezustand zu erhalten. Auch hier sollten wir uns hauptsächlich unserer Hände bedienen. Kämmen und Bürsten kosten zuviel Haare. Wer da meint sein Pferd hat's ja, braucht sich über den dünner werdenden Schweif nicht zu wundern. Wir verstoßen ja alle irgendwann einmal gegen diese Regeln, dann sollten wir uns aber doch erinnern, daß dann jedesmal eine nicht geringe Zahl von Schweifhaaren aus Kamm oder Bürste entfernt werden mußte. Also Kamm beiseite, allenfalls einmal mit der Kardätsche den verlesenen Schweif überbürsten.

An der oberen Hälfte der Schweifrübe können die seitlich wachsenden Haare bis zu dem Punkt, an dem die getragene Schweifrübe ihren Bogen nach unten beginnt, entfernt werden. Früher wurde auch hier nur verzogen. Wenn das regelmäßig geschieht und nicht nur einmal im Monat, dann ist das auch keine so große Aufgabe. Aber wenn es nicht nur anderen sondern auch uns aufgefallen ist, daß da etwas geschehen muß, dann ist es auch für ein Pferd nicht angenehm. Darum geht nichts über eine gute, scharfe Schere, die im Fachhandel auch für diesen Zweck angeboten wird. Damit schneiden wir die zu langen Haare sorgfältig kurz und ohne Stufen ab. Am besten sehen wir einmal einem geübten Pferdefriseur zu und lassen uns anlernen.

Schließlich brauchen wir die Schere auch noch, um den Schweif auf die richtige Länge zu stutzen. Im allgemeinen läßt man den getragenen Schweif eine Handbreit unter dem Sprunggelenk enden. Dazu tritt man wieder seitlich an das Pferd heran und hebt die Schweifrübe so an, wie sie vom Pferd in Bewegung getragen wird. Die andere Hand umfaßt den Schweif oberhalb der Stelle, an der er enden soll. Nun können wir die Schweifrübe loslassen und den Schweif in der gewünschten Höhe waagerecht abschneiden.

Bei Warmblütern und eleganten Reitponys, nicht jedoch bei den sogenannten Primitivrassen, *ist es üblich, die Fesseln auszuscheren.* Nur ein kleiner Zopf zum Wasserableiten bleibt stehen. Man benutzt hierzu eine spezielle Fesselschere, die über gebogene Schneiden verfügt.

Beim Ausschneiden der Fesseln nehmen wir wieder die Position seitlich vom Pferd ein und lassen uns Zeit, damit wir die empfindliche Fesselbeuge nicht verletzen. Auch hier wird der Anfänger nur über Stufen zum Erfolg gelangen.

Da wir die empfindliche Haut der Fesselbeuge durch das Scheren ihres natürlichen Schutzes berauben, müssen wir der Pflege der Fesselbeuge besondere Aufmerksamkeit widmen und dürfen sie beim Putzen nie vergessen, vor allem beim Abwarten des Pferdes nach dem Reiten nicht. *Die Fesselbeuge muß immer trocken und sauber sein.* Es genügt nicht, wie häufig zu beobachten ist, daß das Wasser nach dem Abspritzen der Beine nur mit Daumen und Zeigefinger aus den Haaren der Röhrbeine gestrichen wird, denn Mauke, eine nässende Entzündung der Fesselbeuge ist häufig die Folge solcher Nachlässigkeit.

Scheren?

Das Scheren der Pferde ist schon eine alte und weit verbreitete Gepflogenheit. Wenn im September–Oktober das lange, dichte Winterhaar zu wachsen beginnt, neigen die Pferde während der Arbeit sehr schnell zum Schwitzen, und es dauert Stunden, bis sie wieder vollständig abgetrocknet sind. Das Scheren bedeutet daher eine wesentliche Erleichterung ihres Dienstes im Geschirr und unter dem Sattel, und auch der Pfleger hat keine Last mehr mit nachschwitzenden Pferden. So spricht auch heute für das Scheren, daß es die Pflegearbeit nach dem Gebrauch des Pferdes im Reit- oder Fahrdienst wesentlich erleichtert.

Turnierpferde werden heute wohl überwiegend geschoren. Aber auch Freizeitpferde, die durch ausnehmend starkes Winterhaar ein »Bärenfell« bekommen, müssen wegen der Schönheitsliebe ihrer Besitzer Haare lassen. Für viele Pferdebesitzer ist das so ermutigend, daß sie, ohne groß nachzudenken, ihre Pferde auch scheren lassen. Nur vergessen sie dabei, daß die geschorenen Turnierpferde nur dem Klima der Reithallen und ihrer Box ausgesetzt werden und sich dabei noch einer ganz ausgezeichneten Pflege erfreuen. Sie kommen im Herbst und Winter kaum einmal ins Freie hinaus, stehen in der Box oft noch unter einer Decke und müssen sie in der kalten Jahreszeit einmal transportiert werden, dann ebenfalls nur wohlverpackt. Wenn diese Pferde dann aber doch einmal ein rauheres Lüftlein trifft, werden sie meist sehr schnell ein Fall für den Tierarzt. Wer unter den Jagdreitern, deren Pferde bei Wind und Wetter ins Gelände gehen, zur Schermaschine greift, wird die dünnere Haardecke durch doppelte Fürsorge und Eindecken ausgleichen.

Bei dem genannten Kreis von Reitern herrschen jedoch ganz andere Bedingungen und Voraussetzungen, wie wir sie unserem Pferd bieten können oder vielleicht ganz bewußt auch nicht wollen. »Man soll nicht

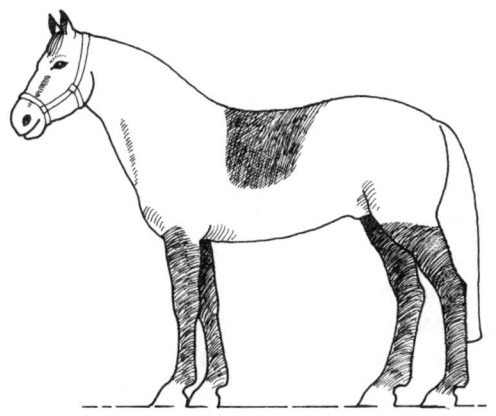 

Scheren der Pferde. Zwei der verschiedenen Möglichkeiten. Links: Die gebräuchlichste Form des Scherens. Außer an den Beinen bleibt am übrigen Pferdekörper das Deckhaar nur in der Größe einer Satteldecke stehen.
Rechts: Halsoberseite, Rücken, Kruppe und Beine bleiben ungeschoren.

in Watte packen, was in die Winde des Lebens hinaus muß« sagt ein Sprichwort, und das gilt ja nicht nur für den Menschen. Wir wollen – oder müssen meist in Ermangelung einer Reithalle – doch auch im Herbst und Winter hinaus. Und wenn wir nicht zum Reiten kommen, dann sollen sich unsere Pferde doch im Paddock oder auf der Weide, selbst im Schnee, die notwendige Bewegung im Freien holen. Wer sein Pferd so halten will oder muß, darf es in beiderseitigem Interesse nicht scheren. Gewiß, es sieht dann im Winterhaar nicht immer schön aus, aber was nützt ein schönes Pferd, wenn es hustet.
Für uns Wind- und Wetterreiter, Freizeitreiter, Wanderreiter oder wie man uns auch nennt, *und unsere Pferde ist das Scheren keine Erleichterung.*

Leider gibt es Fälle, in denen eine Schur nicht zu umgehen ist. Ich denke dabei an die verschiedensten Hautkrankheiten, die durch Pilz- und Ektoparasitenbefall (Milben, Läuse) entstehen.
Entschließen wir uns aber zum Scheren, um dadurch den täglichen Putzaufwand zu verringern, dann sind wir verpflichtet, unser Pferd gut einzudecken und ihm ein gehaltvolles Futter anzubieten. Besonders sorgfältig muß das Pferd natürlich in den ersten Tagen nach dem Scheren versorgt werden.
Es gibt übrigens eine Vielzahl von Scherfrisuren, die meist noch mehr oder weniger große Fellflächen an besonders empfindlichen Körperpartien stehen lassen. Da man sich nicht ungeübt an diese Arbeit heranwagen sollte, in den meisten Fällen auch gar keine Schermaschine besitzt, zieht man am besten auch hier einen Fachmann zu Rate.
Geschoren wird meist Ende Oktober, Anfang November, da das Wachstum des Winterhaares in dieser Zeit zum Stillstand kommt. Hat man zu früh scheren lassen, entwickelt sich das Fell zu stark und man

wird um eine zweite Schur im Januar nicht herumkommen.

Waschen und Schwemmen

Zur täglichen Wäsche gehört das Reinigen aller Körperöffnungen einschließlich der Unterseite der Schweifrübe. Dazu werden nach mancher Leute Meinung zwei Schwämme – am besten verschiedenfarbige – benötigt: einer für die vorderen, der andere für die hinteren Körperöffnungen. Nun ja, wer für seinen persönlichen Gebrauch auch zwei Waschlappen benötigt, wird wohl auch seinem Pferd zwei Schwämme zukommen lassen. Wir anderen sind bei Pferden nicht so bedenklich. Und wenn man in der richtigen Reihenfolge beginnt, den Nüstern, dann kommt der After am Ende, wohin es in dieser Reihenordnung auch gehört. Ich meine, daß jeweiliges gründliches Ausspülen und gelegentliches Auswaschen es erlauben, nur einen Schwamm zu benutzen, da bei zweien – auch wenn sie verschiedenfarbig sind – oft genug verwechselt wird, welcher Schwamm wozu bestimmt ist.

Die Beine einschließlich der Hufe werden häufig mit Schwamm und Wurzelbürste gewaschen und nicht nur mit dem Wasserschlauch abgespritzt. *Seife verwenden wir möglichst selten*, da sie die natürliche Schutzschicht der Haut entfernt und Hautreizungen auftreten können. Bei besonders hartnäckigen Verschmutzungen hat sich die gute alte Kernseife bewährt, Schmierseife eignet sich nicht, da sie sich nicht so leicht herausspülen läßt. Alle Seifenreste müssen dann gründlichst herausgespült werden. Anschließend wird das Wasser mit der Hand aus dem Fell gestreift und das Bein einschließlich der Fesselbeuge mit einem Tuch abgetrocknet. Wer ein übriges tun will, kann die Beine noch mit einer alten Wollbandage bandagieren.

Im Sommer können wir natürlich auch einmal das ganze Tier mit einem milden Shampoo waschen. Dann werden wir mit dem *Schweißmesser* oder dem *Schweißstriegel* alles Wasser aus dem Fell herausstreifen und das Pferd anschließend führen oder in die wärmende Sonne stellen. Je nach Zeit und Witterung ist auch ein abschließendes Eindecken erforderlich. *In der kalten Jahreszeit sollte man das Waschen größerer Körperteile tunlichst unterlassen.* Ob wir kaltes Wasser aus der Leitung oder temperiertes Wasser benutzen, muß jeweils vor Ort entschieden werden. Eiskaltes Wasser sollte man lieber nicht verwenden.

Wenn wir das Pferd ganz waschen, müssen wir am Kopf sehr behutsam vorgehen, damit kein Wasser in die Ohren gelangt, denn nicht alle Pferde nehmen das Überbrausen mit Gießkanne oder Schlauch gelassen hin.

Da die Pferde häufig unter dem Sattel schwitzen, sollten wir die Sattellage auch im Winter regelmäßig abschwammen.

Das Schwemmen der Pferde ist heute nicht mehr so verbreitet, wie es das früher einmal war. Manche Straßenbezeichnungen in Dörfern und Städten erinnern noch daran, und in Schlössern und Residenzen findet man prächtige Schwemmen als Baudenkmäler, die die Bedeutung der Schwemme für die damalige Pferdepflege deutlich machen. Man ritt die Pferde soweit in die Schwemme hinein, daß das Wasser das Vorderfußwurzelgelenk erreichte oder auch bedeckte. Es war eigentlich mehr eine Erfrischung, die man den Tieren zukommen lassen wollte, bevor es in den Stall ging. Denn mit dem Schwemmen, das ja meist abends stattfand, war auch das Signal zum Feierabend gegeben.

Wer am Ende eines sommerlichen Ausrittes ein geeignetes Gewässer zum Schwemmen findet, sollte es nützen. Vorausgesetzt natürlich, der Boden ist nicht versumpft oder mit »Wegwerfartikeln« bedeckt. Hat man dann noch eine gemütliche Schrittstrecke zum Stall, auf der das Pferd trocknen kann, steht einer Kneippkur nichts im Wege.

Vorsicht ist nur geboten, wenn das Pferd unter uns »in die Knie geht«. Dann ist es mit dem Schwemmen allein nicht zufrieden und möchte ein Vollbad nehmen. Hier helfen nur kräftige »Aufwärtsparaden« und energisches Vorwärtstreiben zugleich, um das Pferd wieder auf die Beine zu bringen. Versagen unsere Bemühungen, dann hilft nur eins: Füße aus den Bügeln und abspringen, die Zügel jedoch nicht aus der Hand lassen. Aber soweit muß es nicht kommen. Übrigens sollen Pferde – genau wie Menschen – nicht erhitzt und nicht direkt nach dem Füttern zum Schwemmen oder Baden ins Wasser gehen.

Bandagieren und Eindecken

Pferde werden für Turnier- und Schauzwecke bandagiert, weil Erkrankungen der Gliedmaßen es erforderlich machen oder um Verletzungen während der Arbeit, beim Transport oder auch im Stall zu vermeiden. In allen diesen Fällen ist das Bandagieren angebracht und nützlich.

Wer aber meint, durch das Anlegen von Bandagen ließen sich Zerrungen und Deh-nungen verhindern, unterliegt einem Trugschluß. Bandagen wirken schützend, allenfalls unterstützend. Bei akuten entzündlichen Prozessen, wie sie nach Sehnenzerrungen oder Verstauchungen auftreten, finden Bandagen auch als kühlende Umschläge oder Angußverbände Verwendung. Für alle diese Zwecke werden Bandagen aus den verschiedensten Materialien angeboten, so zum Beispiel aus Wolle, Baumwolle Flanell, Leinen oder Elastikmaterial. Sie sind meist 8 bis 10 cm breit und haben eine Länge von ca. 2,50 bis 4 m und mehr. Man bekommt sie in vielen Farben, mit Band-, Riemen- oder Klettverschluß. Dazu findet

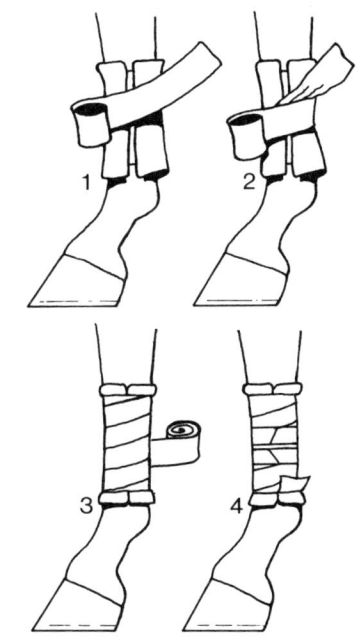

Schützen wir die Pferdebeine für die Arbeit (zum Beispiel Springen, Longieren) durch das Anlegen von »Arbeitsbandagen« gegen äußere Verletzungen, dann werden zweckmäßiger alle vier Pferdebeine über eine Lage Bandagierwatte oder Bandagierkissen bandagiert.

Die »Stallbandage« für die Stallpflege und den Transport wird mit oder auch ohne Bandagier-unterlage über den Fesselkopf geführt und bindet diesen mit ein.

man dann noch reichlich Zubehör wie Gummi-, Kunststoff- oder Wachsunterlage, Bandagierkissen oder einfach nur Watte.

Grundsätzlich also ein volles Ja zur Bandage, allerdings mit gebotener Zurückhaltung bei der Anwendung. Wenn wir also ein Pferd zur Präsentation auf einer Veranstaltung bandagieren, weil wir von einer ungleichmäßigen Zeichnung der Beine oder einem kleinen Mangel ablenken wollen, zur Verschönerung also, dann ist das zu vertreten. Nach Möglichkeit verzichte man zu einem solchen Anlaß auf grellfarbene Bandagen, irgendwie erinnern sie immer an Zirkus. Die angemessenste Farbe für solche Fälle ist weiß. Im übrigen wird man die Bandagen farblich mit dem Fell des Tieres abstimmen.

Die Bandage wird dicht unter dem Vorderfußwurzelgelenk bzw. dem Sprunggelenk am Bein angelegt. Während man den Anfang frei überstehen läßt, führt man die Bandage in schrägen Touren über das Bein nach unten bis zum Fesselkopf, wobei jede Windung die vorhergehende zur Hälfte

überdeckt. *Wichtig ist, daß die Bandage faltenfrei und gleichmäßig straff angelegt wird,* jedoch ohne zu pressen oder einzuschneiden. Soll die Bandage schützen im Stall, beim Transport oder für pflegerische Maßnahmen, wird auch der Fesselkopf mit eingebunden. Dann geht es in umgekehrter Richtung wieder nach oben. Den überstehenden Bandagenanfang schlagen wir nach unten, überwickeln ihn mit mehreren Touren und lassen die Bandage etwa in der Mitte des Beines enden. Dann wird sie mit Hilfe der zwei Bändchen, die dem Ende der Bandage aufgenäht sind, gesichert. Es ist wichtig, daß beide Bänder sorgfältig glatt gestrichen werden, damit sie nicht einschneiden und die Blutzirkulation im Bein behindern. Auch soll der Knoten nicht vorn auf dem Röhrbein oder hinten auf der Sehne liegen, sondern außen seitlich, wo sich eine deutlich zu fühlende Furche für diesen Zweck anbietet. Die Bandenden schiebt man anschließend zwischen die Bandagenwindungen. Wer der Haltbarkeit seiner Schleifen und Knoten nicht ganz traut, kann die Bandagen zusätzlich mit Klebeband oder einem anderen Verschluß sichern.

Die Bandage muß absolut faltenfrei sitzen. Auch müssen wir darauf achten, daß keine Fremdkörper (Stroh, Sand usw.) mit eingebunden werden, die zu Druckschäden

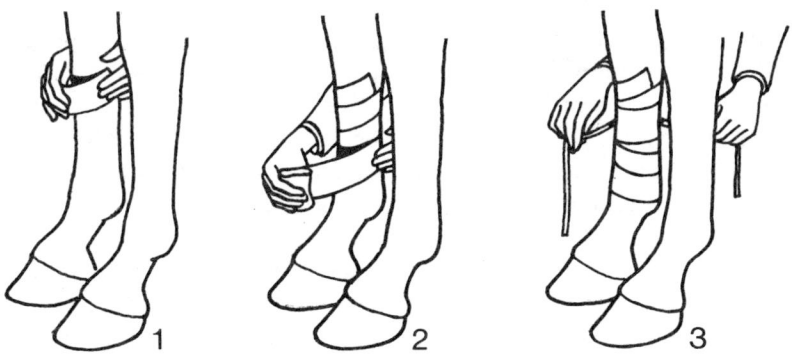

1 2 3

Die »normale« Bandage muß faltenfrei von oben schräg nach unten angelegt werden. Wer seinen Knoten und Schleifen nicht traut, der verwende getrost Bandagierriemen oder Klettverschlüsse.

führen können. Das Pferd sollte beim Bandagieren möglichst auf festem Untergrund stehen und mit dem entsprechenden Bein fest auftreten. Damit unsere ersten Versuche nicht auf Kosten des Pferdes gehen, sollten wir uns die erforderliche Geschicklichkeit und Sicherheit erst unter Anleitung eines Fachmannes aneignen.

Für längere Ausritte ins Gelände empfiehlt sich das Bandagieren des Pferdes nicht, zu leicht gelangen Sand, Erde, Steinchen oder Holzstückchen zwischen Bandage und Bein, die dann scheuern und zu Verletzungen der Haut führen können. Werden die Bandagen durch Regen oder beim Durchreiten von Gewässern durchnäßt und trocknen beim Weiterreiten am Pferdebein wieder ab, zieht sich die Bandage zusammen und beeinträchtigt die Blutzirkulation. Wer in solchen Fällen auf Schutzvorrichtungen für Pferdebeine meint, nicht verzichten zu können, sei auf das vielseitige Angebot des Handels an *Gamaschen* hingewiesen.

Besser als Eindecken ist noch immer das Trockenreiten des naßgeschwitzten Pferdes, sei es in der Halle oder auf dem Rückweg in den Stall. Dies ist leider nicht immer möglich, und so bleibt am Ende nichts anderes übrig, als eine Decke aufzulegen und, zur Verbesserung der Ventilation, Stroh darunter zu packen. Die Decke saugt das Wasser aus dem Fell und muß daher, wenn sie naß und kalt geworden ist, abgenommen werden, da sich das Pferd sonst erkältet. *Grundsätzlich sollten wir nur bei schlechter Witterung eindecken oder wenn unser Pferd krank ist.*

Müssen wir unser Pferd einmal in einem zugigen oder sehr kalten Stall unterstellen, oder bei schlechtem Wetter weit transportieren, dann ist es gar keine Frage, daß wir es eindecken. Darum kann für alle Reiter, die sich mit ihrem Pferd für mehr als eine Stunde vom Stall entfernen, vielleicht auch einmal einen Stop einlegen, der *Woilach* nicht genügend empfohlen werden. Legt man ihn statt der üblichen Satteldecke unter, hat man ihn jederzeit griffbereit zur Hand. Im Stall aber, um das feine Haarkleid zu erhalten, das Verschmutzen und Einstauben des Pferdes zu verhindern und uns Putzarbeit zu ersparen, ist das Eindecken eines gesunden Pferdes zu vermeiden. Es verhindert die erwünschte Abhärtung, das Pferd verweichlicht. Auch in kalten Wintern muß man es nicht unter Decken pakken. Ein gesundes Pferd ist durchaus in der Lage, sich Stalltemperaturen selbst unter 0°C anzupassen, vorausgesetzt, man hat das durch natürliche Haltung gefördert, und der Stall ist trocken und zugfrei. An besonders kalten Tagen werden wir die Futterration etwas erhöhen und reichlicher einstreuen.

Spezielle Pferdedecken sind so zugeschnitten, daß sie dem Pferdekörper gut auf- und anliegen und auch die Brust des Tieres schützen. Gurte, Verschlußriemen und Schnallen sowie der Schweifriemen sind bereits aufgenäht und verhindern so am sichersten das Herabgleiten der Decke. Verwenden wir jedoch normale rechteckige oder quadratische Decken, so benötigen wir zusätzlich einen sogenannten Deckengurt, der dann jedoch sehr eng angeschnallt werden muß. Um Widerristdruck zu vermeiden, sollte der Gurt unbedingt mit einem Widerristkissen ausgerüstet sein.

Oben links: Während des Putzens wird die Kardätsche immer wieder gereinigt, indem man sie in Fingerrichtung am Striegel abstreift.
Oben rechts: In besonderen Fällen kann ein Pferd mit Hilfe der Nasenbremse ruhiggestellt werden.
Mitte: Das richtige Aufheben von Vorder- und Hinterhuf und das Auskratzen des beschlagenen Hufes mit dem Hufräumer.
Unten links: Neigt ein Pferd zum Ausschlagen, so kann man sich zusätzlich sichern, indem man den Schweif um das Fesselgelenk zieht.
Unten rechts: Ausschneiden des unbeschlagenen Hufes mit dem Hufmesser.

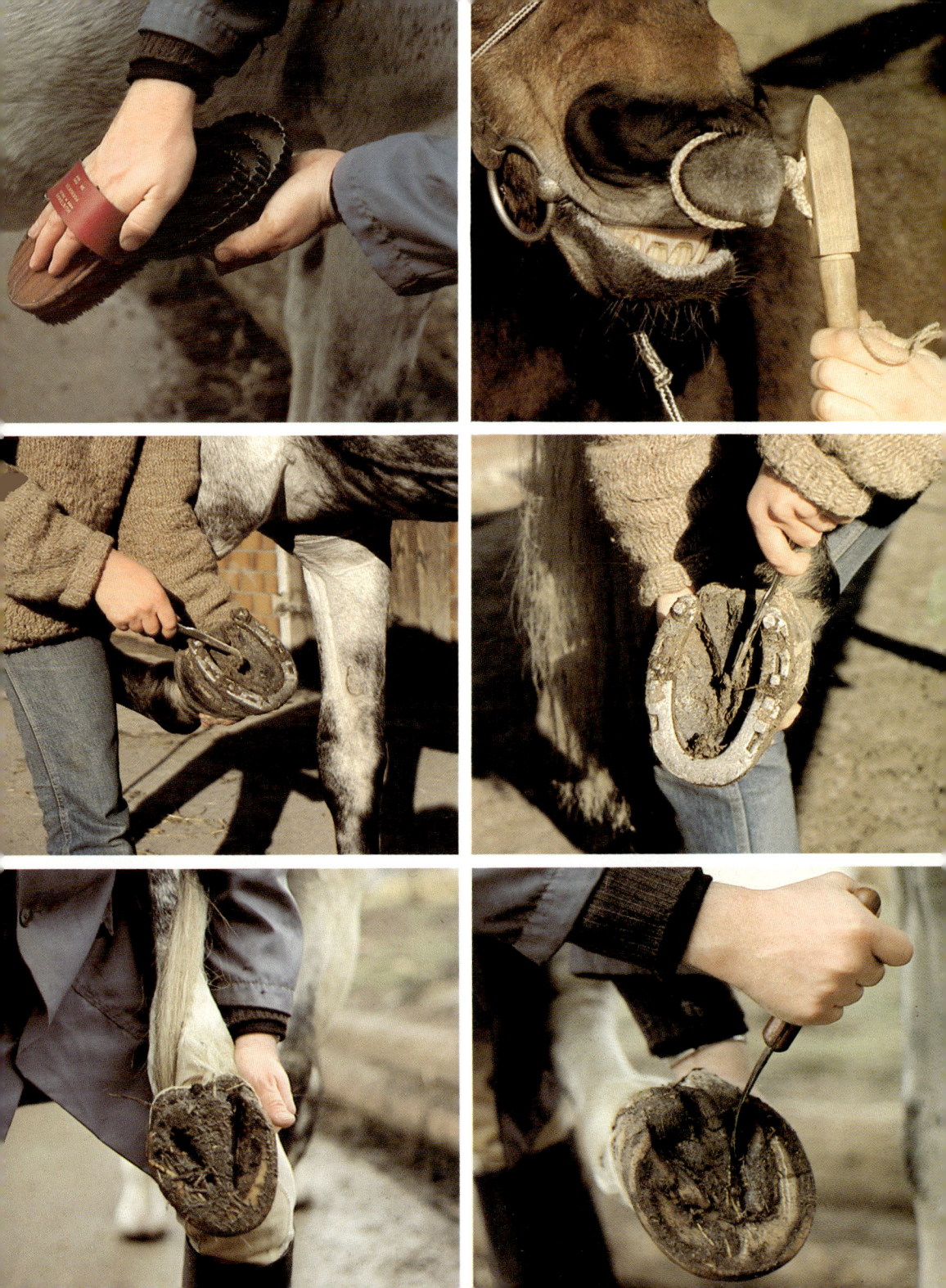

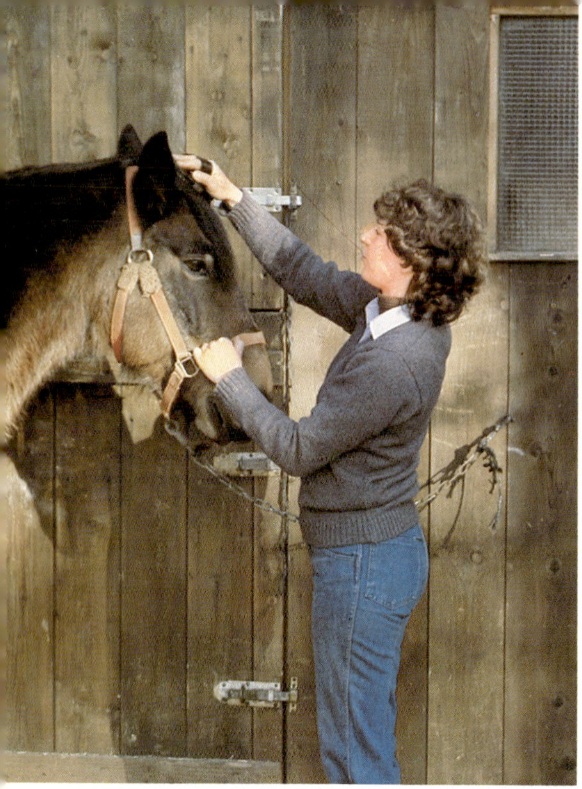

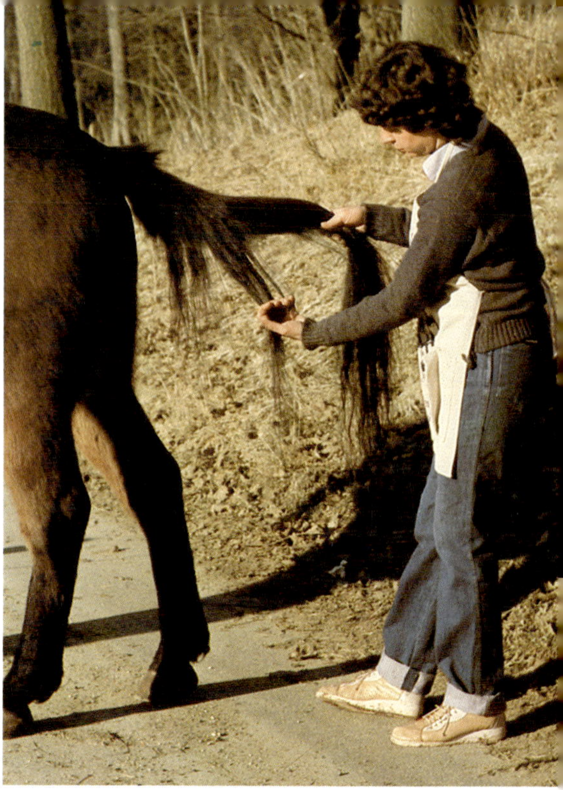

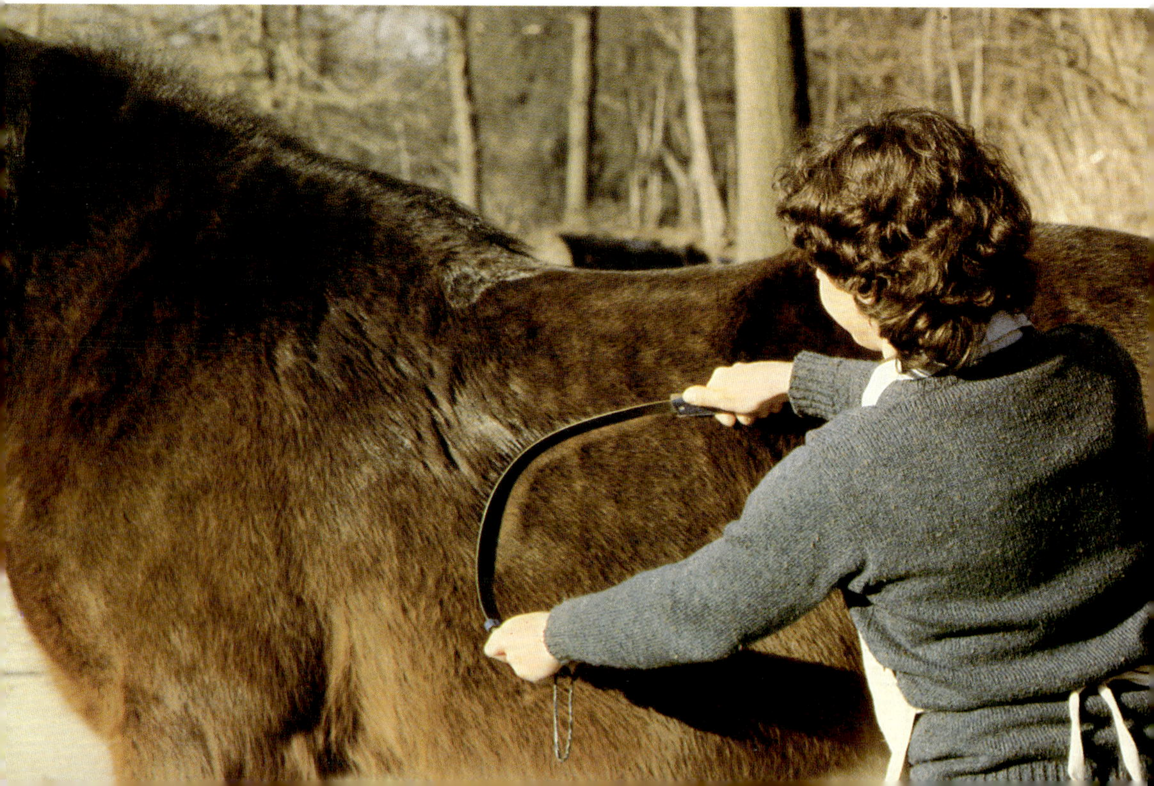

Hufpflege

Jung gewohnt, alt getan

Wir erleben in Deutschlands Reitställen täglich, daß junge und alte Reiterinnen und Reiter sich um Hufkontrolle und Hufpflege herumdrücken. Nicht immer aus Faulheit und Bequemlichkeit, sondern oft nur nicht genug darin unterwiesen, Pferdebeine aufzuheben, Hufe freizumachen von Stroh und Mist, sie auf Fremdkörper, Verletzungen und festen Sitz der Eisen zu kontrollieren.

Manchmal, das muß zur Entschuldigung mancher Reiter gesagt werden, hindert auch ganz einfach Angst an der Ausführung dieser wichtigen Pflichten.

Die Pferde werden in Höhe des Vorderfußwurzelgelenkes oder des Sprunggelenkes mit der Hand getätschelt und geklopft oder man stößt und tritt auch mehr oder weniger stark gegen den Huf des Pferdes. Da wird mit stimmlichen Mitteln – vom geflüsterten »Bitte, lieber Ossi« (das Pferd heißt Onassis) bis zum gebrüllten »Heb auf, alter Bock« (dabei ist er erst zehnjährig) – alles versucht, um die Pferde zum Aufheben ihrer Beine zu veranlassen. Doch sie tun es nicht.

Oben links: Kämmen des Schopfes mit der Kardätsche.
Oben rechts: Schweifverlesen mit der Hand.
Unten: So zieht man das Schweißmesser über das Fell, wenn es naß ist (hier wird es am trockenen Fell gezeigt).

Und was sieht man, wenn wir diese Reiter bei ihren Bemühungen beobachten? Sie stehen seitlich so weit weg vom Pferd, daß diesem nur wieder eine schmerzliche Lektion erteilt wird, wenn es willig den Fuß hergibt und aufheben läßt. Statt den Pferdefuß in Richtung der Längsachse des Pferdes aufzuheben, wird er zur Seite weggezogen. Die Reiterhand greift nicht stützend unter, und der hilfreich abstützende Oberschenkel des ein wenig nach vorn gesetzten inneren Reiterbeines – Reiter und Pferd so festen Halt gebend – fehlt ganz. Das tut dem Pferd weh, denn die Bewegungsmöglichkeit der Vorder- und Hintergliedmaßen zur Seite ist begrenzt. Die Gelenkverbindungen, Sehnen, Bänder und Muskeln lassen es nicht zu. Trotzdem ziehen viele Reiter aus Unkenntnis das willig gegebene Pferdebein zur Seite. Was Wunder, wenn sich die Pferde solcher Behandlung durch ein kurzes Zucken des Fußes entziehen. Häufig sieht man auch, daß der Huf beim Aufheben im Nagelbereich gehalten wird. Reißt das Pferd nun den Huf aus der Hand heraus, entstehen böse Verletzungen durch die häufig schlecht vernieteten Hufnägel. Der Reiter schreit, manchmal schlägt er auch. Das Pferd wird durch solche Behandlung nur um so störrischer. Wen wundert's?

Der Reiter aber geht fortan den »bequemeren« Weg: Ein paar Wendungen des Pferdes auf der Stelle, und der gröbste Dreck fällt von selbst aus den Hufen. Ist der Weg von der Box zur Halle oder zum Stallausgang nur lang genug und kein kontrollierender Reitlehrer da, verlieren sich Stroh und Mist auch auf diesem Wege – und bei einem Ausritt ja sowieso.

Natürlich liegt es nicht immer nur an den Reitern. Wir können häufig nur Vermutungen über die bitteren Erfahrungen anstellen, die viele Pferde in ihrem Leben machen mußten. Es ist ja leider eine Tatsache, daß manche Pferde erst kurz vor dem ersten Anreiten mit Striegel und Kardätsche mit dem Hufräumer und mit dem ersten Gang zum Schmied Bekanntschaft machen. Nur sollte man das Ganze dann nicht »erstes Anreiten« nennen, sondern so, wie es solches Handeln verdient: Einbrechen. Solchen ersten trüben Erfahrungen eines jungen Pferdelebens folgen leider oft weitere: grobe Hände von Reitern, Pflegern und Hufschmieden. Sicher sind grobe Hände nicht die Regel, eher die Ausnahme, aber sie sind auch nicht so selten, wie es im Interesse von Pferd und Reiter wünschenswert wäre. Nicht immer ist unsachgemäße Behandlung böse Absicht. Neben »so viel Zeit hab ich nicht« sind auch Unkenntnis, mangelndes Interesse und fehlende Liebe zum Pferd Grund dafür. Damit wir uns richtig verstehen, Liebe zum Pferd heißt nicht, dem Pferd Küßchen geben und alle Unarten durchgehen lassen, aber was für uns Menschen untereinander gilt, gilt auch für das Miteinander von Mensch und Pferd: Wo Liebe ist, da hat man Zeit. Und wo man Zeit füreinander hat, da wachsen Vertrauen und Liebe.

Jung gewohnt, alt getan, hatten wir gesagt. Wer jemals erlebt hat – sei es im Stall oder auf der Koppel – wie die Stute und ihr Foh-len oder der Jährling zutraulich auf den Menschen zugehen und sich kraulen lassen, wird diese Erfahrung nicht missen mögen. Hier müssen Züchter, Aufzüchter und Reiter anknüpfen. Das dem Menschen vom Fohlen entgegengebrachte Vertrauen gilt es zu pflegen und zu erhalten.

Die Pflege der unbeschlagenen Hufe

Es ist eine ganz natürliche Sache, wenn wir unsere Pferde barfuß gehen lasen. Schließlich werden sie auch ohne Eisen geboren, und die wenigen noch vorhandenen wild- und halbwild lebenden Pferdeherden kennen weder Hufpflege noch Hufbeschlag. *Das sollte uns aber nicht dazu verleiten, nun auch unsererseits die Hufpflege allein der Natur zu überlassen.*

Unsere Ponys und Pferde leben weder wild noch halbwild. Sie haben nicht die Freiheit, sich ihren Lebensraum auszusuchen, sind aber auch nicht gezwungen, um des lieben Futters willen weite Märsche zu unternehmen. Unsere Ponys und Pferde haben eine Weide, die ihnen genug Futter und Bewegungsmöglichkeit (hoffentlich!) bietet, dazu einen Stall mit ausreichender Streu. Ihre Lebensbedingungen unterscheiden sich ganz wesentlich von den ursprünglichen, die einen natürlichen Verschleiß der Hufe bewirkten. Zwischen damals und heute liegen entwicklungsgeschichtliche Welten, aus dem Wildpferd wurde das zahme Hauspferd: unser Pony, unser Pferd – unser Kamerad.

Wer da also meint, er könne die Hufe seines barfußgehenden Pferdes still vor sich hin wachsen lassen – unter normalen Bedingungen wächst die Hornwand in fünf Wochen durchschnittlich einen Zentimeter, und die gesamte Erneuerung des Hufes ist in ca. 10 bis 12 Monaten abgeschlossen – der erweist seinem Pferd keinen guten Dienst. Huf- und Beinleiden sind zwangsläufig die Folge solcher Nachlässigkeit. Und was er vorher an Geld gespart hat, muß er nachher an Zeit und Geld für Hufschmied und Tierarzt mehrfach aufwenden.

Dennoch, wenn immer möglich und nötig, ein volles Ja zum unbeschlagenen Huf. Doch sollten wir die Entscheidung darüber, ob unser Pferd unbeschlagen oder beschlagen gehen soll, gemeinsam mit dem Hufschmied und dem Tierarzt treffen. Besonders dann ist die Beratung auch durch den Tierarzt wichtig, wenn schon eine Krankengeschichte (Huf- oder Beinleiden) vorliegt. Wenn dann die Entscheidung dafür gefallen ist, daß unser Pferd ohne Eisen gehen darf, wollen wir bitte darüber nicht vergessen, daß auch unbeschlagene Hufe der Pflege und Korrektur bedürfen.

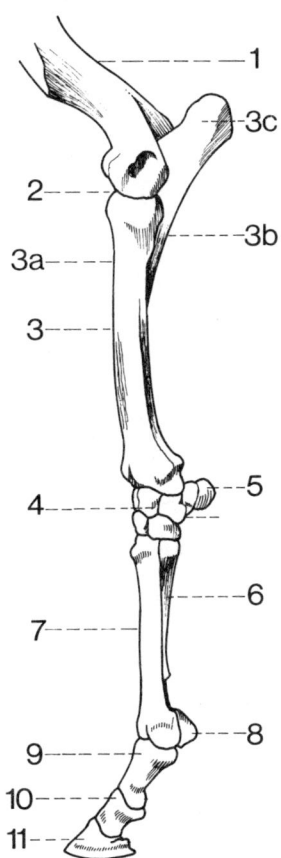

Hufpflege bei Fohlen und jungen Pferden

Hufpflege darf nicht erst dann einsetzen, wenn ein Pferd seiner Verwendung im Geschirr oder unter dem Sattel zugeführt werden soll, sondern so früh als möglich und nötig, nämlich bereits im Fohlenalter. Mit dem Auflegen des Stallhalfters beim Fohlen im Alter von etwa einer Woche beginnt die Erziehung des jungen Pferdes, im Alter von 2 bis 4 Wochen die Korrektur und Pflege der Fohlenhufe.

Vorangegangen ist dem ersten Blick und Griff zum Fohlenhuf die Gewöhnungs-

Vorderbeinknochen
1 = Oberarmbein (Querbein)
2 = Ellenbogengelenk
3 = Unterarmbein (Vorarmbein) mit
3a = Speiche
3b = Ellenbogenbein
3c = Ellenbogenhöcker
4 = Vorderfußwurzelgelenk
5 = Erbsbein
6 = Griffelbein
7 = Vordermittelfuß (Röhrbein, Vorderröhre)
8 = Gleichbein (Sesambein)
9 = Fesselbein
10 = Kronbein
11 = Hufbein

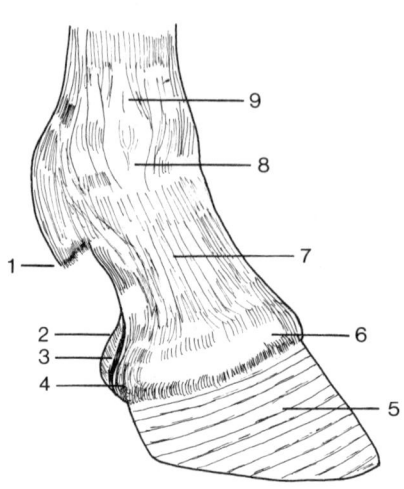

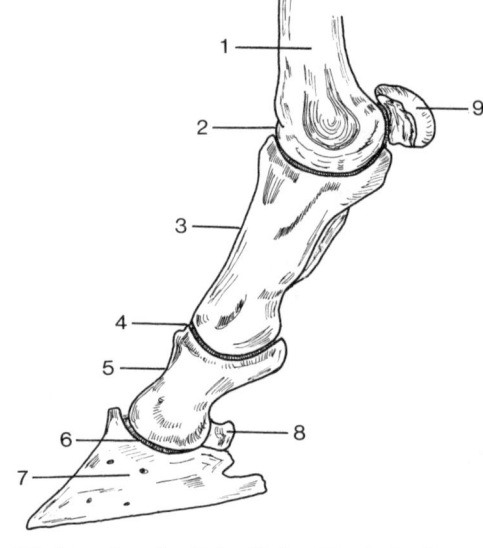

Seitenansicht der Zehe (rechter Vorderhuf)
1 = Kötenzopf
2 = innerer Ballen
3 = Ballengrube
4 = äußerer Ballen
5 = Hornkapsel
6 = Krone
7 = Fessel
8 = Fesselgelenk
9 = Unteres Ende der Vorderröhre

Die Knochen der Zehe (linker Vorderhuf)
1 = Vorderröhre (Vordermittelfuß)
2 = Fesselgelenk
3 = Fesselbein
4 = Krongelenk
5 = Kronbein
6 = Hufgelenk
7 = Hufbein
8 = Strahlbein
9 = Gleichbein

phase. Das Fohlen hat uns bei unseren Besuchen im Stall und in der Box kennengelernt. Unser Schritt, unsere Stimme und unser Geruch sind ihm nicht mehr fremd. Wir haben das Fohlen durch ruhige Bewegungen und ruhige Stimme ermutigt, den Kontakt mit uns aufzunehmen. Vom Auflegen der Hand an Hals, Mähnenkamm, Schulter und Kruppe sind wir zum Streicheln und Klopfen übergegangen.

Genauso gehen wir nun an allen vier Beinen vor. Anfänglich legen wir nur die Hand auf, einige Tage später führen wir die Hand dann von der Schulter über das Vorderfuß-wurzelgelenk, bzw. von der Kruppe über das Sprunggelenk, nach unten zur Fessel und zum Huf. Immer von oben nach unten. Und wir vergessen dabei auch nicht, mit dem Fohlen zu reden, es zu loben.

Schließlich folgt ein erstes kurzes Aufheben des Vorderfußes. Dabei kommt es zunächst nicht auf die Dauer an, eine halbe bis eine Minute genügen vorerst. Wichtig allein ist, daß wir ohne grobe Gewalt zum Ziel kommen. Ohne sanfte Gewalt – ein festes Zufassen vereint mit gutem Zureden – wird es uns wahrscheinlich nicht gelingen, den Fuß des Fohlens aufzuheben. Das junge Pferd

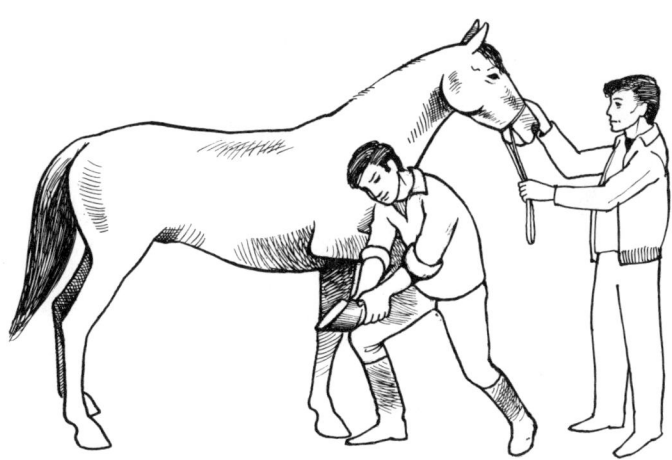

Beim Aufhalten werden die aufhaltenden Hände durch den abstützenden inneren Oberschenkel des Aufhalters unterstützt.

muß ja erst lernen, sein Gewicht auf drei Beinen auszubalancieren. Den Widerstand, den es uns instinktiv entgegensetzt, indem es, um Standsicherheit bemüht, den Fuß, den wir aufheben möchten, noch fester aufstützt, müssen wir mit liebevoller Festigkeit überwinden.

Für die ersten Aufhebeversuche beim Fohlen ist es – besonders bei den Hinterbeinen – eine große Hilfe, wenn wir eine zweite Person zum Festhalten des Fohlens hinzuziehen. Auch der Helfer sollte dem Fohlen schon nach Geruch und Stimme vertraut sein. Diese ersten Gewöhnungsübungen werden – wie auch die ersten Hufpflegearbeiten – in der Box vorgenommen, da normalerweise die Fohlen ja im Winter geboren werden. Sollten sie dagegen in die Zeit des Weideganges fallen, da das Fohlen recht spät geboren wurde, müssen wir einen geeigneten Platz dafür finden. Er muß eben und ruhig gelegen sein, frei von Störungen durch zugehende Personen, andere Tiere oder vorbeifahrende Fahrzeuge. Wir werden das Fohlen so hinstellen, daß es auch auf 3 Beinen noch bequem und sicher stehen kann. Keines dieser Beine darf zu weit hinaus- oder untergestellt sein. Ist das Aufheben erst einmal gelungen, wird es uns

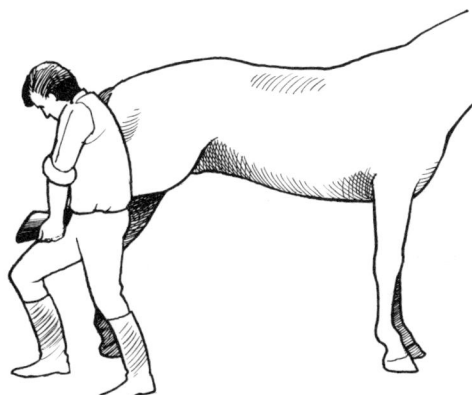

Zum Aufhalten wird die Fessel des Hinterfußes mit beiden Händen umgriffen, dann wird der Hinterfuß nach hinten hinausgezogen und auf dem stützenden Oberschenkel abgesetzt. Das spart nicht nur Kraft, sondern der nach hinten herausgezogene Pferdefuß wird so auch am Ausschlagen gehindert.

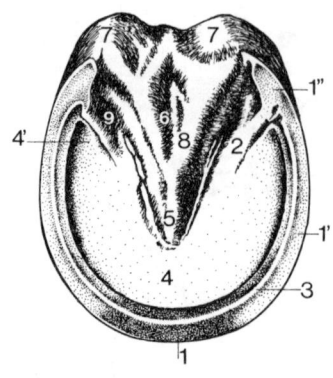

Sohlenfläche des rechten Vorderhufes
1 = Zehenteil der Hornwand
1' = Seitenteil der Hornwand
1" = Trachtenteil der Hornwand
2 = Eckstrebe
3 = weiße Linie
4 = Hornsohle
5 = Strahlspitze
6 = mittlere Strahlfurche
7 = Hornballen
8 = Strahlschenkel
9 = seitliche Strahlfurchen

auch ein zweites Mal gelingen. Ohne des Guten zu viel zu tun, steigern wir allmählich die zeitliche Dauer, gehen zum anderen Vorderfuß und später auch zu den Hinterfüßen über. Während dieser Übungen säubern wir jedesmal gleich die Hufe von Stroh, Mist und möglichen Fremdkörpern. Wir benutzen dazu einen Hufräumer mit möglichst stumpfer Spitze, den wir an der linken Seite des Pferdes in der rechten Hand und auf der rechten Seite in der linken Hand halten. Unter mäßigem Druck führen wir den Hufräumer von den Eckstreben zur Zehe und durch die Strahlfurchen.

Hand in Hand damit geht die Vorbereitung des Fohlens für die Hufpflege und Hufkorrektur. Mit dem Hufräumer beklopfen wir die äußere Hornwand, die Tragränder und die Hufsohle. Einige Wochen später benutzen wir dazu einen leichten Hammer. Dies geschieht, um das Fohlen auf das zukünftige Ausschneiden der Hufe und den Hufbeschlag vorzubereiten.

Unter Hufpflege versteht man nicht nur das Sauberhalten der Hufe, sondern alle Maßnahmen, die der Erhaltung gesunder und unverstellter Hufe dienen. *Viele Stellungsfehler resultieren aus der Vernachlässigung der Fohlenhufe und hätten durch frühzeitige, sachgemäße Hufpflege korrigiert werden können.* Darum müssen die Hufe der Fohlen – im Stall und auf der Weide – alle 4 Wochen kontrolliert, gepflegt und erforderlichenfalls korrigiert werden. Erfahrene und verantwortungsvolle Züchter wissen, was zu tun ist. Der Gelegenheits- und Hobbyzüchter ist oft der Meinung, daß Pflegemaßnahmen für die Hufe des Fohlens oder Jährlings entbehrlich seien, der Weidegang sorge schon für die natürliche Abnutzung und auch für die erforderliche Feuchtigkeit der Hufe. Auch werde die Schutzschicht der Hornwand beim Weidegang nicht verletzt, weshalb ein Austrocknen und Sprödewerden der Hufe nicht zu befürchten sei. Doch wir Reiter sollten wissen, daß Hufverletzungen durch äußere Einflüsse (Kronen- und Ballentritte, Nageltritte oder Hornspalten) nicht auszuschließen sind. Leider sind junge Pferde mit ausgefransten und ausgebrochenen Tragrändern, abgelaufenen Zehen oder zu stark gewachsenen und eingerollten Trachten ein häufiger Anblick. Beim Anreiten der jungen Pferde führen solche vernachlässigten Hufe nicht selten zu Schäden an Sehnen, Bändern und Gelenken.

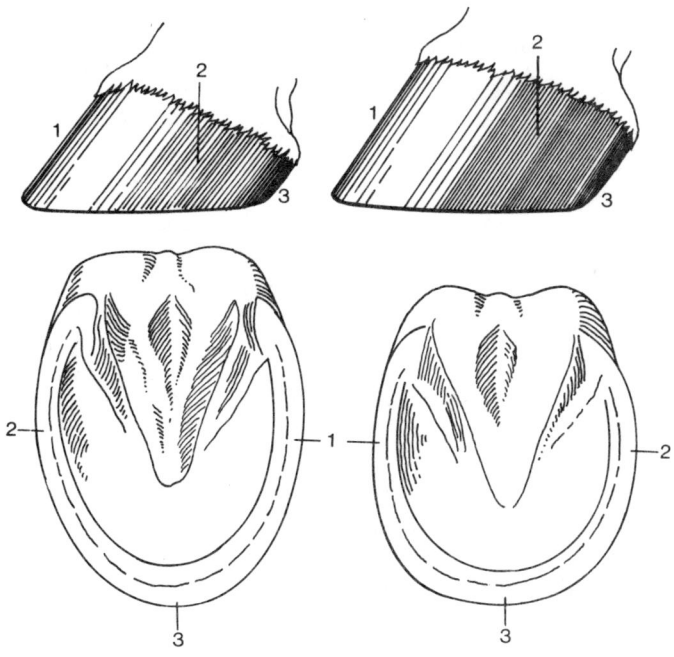

Linker Vorder- und linker Hinterhuf von der Seite
1 = Zehenwand (Vorderwand)
2 = Seitenwand
3 = Trachtenwand

Sohlenfläche linker Hinter- und rechter Vorderhuf
1 = innerer Tragrand
2 = äußerer Tragrand
3 = vorderer Tragrand

Schon im Alter von 4 Wochen können – für den Laien oft noch gar nicht ersichtlich – erste Hufkorrekturen nötig werden. *Die Fohlenhufe sind im ersten Lebensjahr besonders weich*, d. h. sie sind für die Entstehung fehlerhafter Hufformen und Hufstellungen sehr anfällig. Was wir beim Fohlen versäumen, läßt sich im Alter meist nicht mehr korrigieren.

Das Erkennen fehlerhafter Hufformen und -stellungen erfordert langjährige Erfahrung, wir müssen deshalb den Hufschmied zu uns bitten. Er wird zunächst die Zehenstellung prüfen und zehenweite oder zehenenge Stellung korrigieren. Auch der Neigung zum Bockhuf und anderen fehlerhaften Hufformen kann der Hufschmied durch geeignete Maßnahmen entgegentreten. Schließlich wird er alle überflüssigen und störenden Hornteile an Sohle und Strahl entfernen, den Zehen- und Trachtenteil des Hufes – falls erforderlich – kürzen und den gesamten Tragrand berunden. Zum Abschluß wird er dann Hufsohle und Strahl mit Holzteer einpinseln.

Sollte das Fohlen bei diesen oder anderen Arbeiten am Huf unruhig werden, dann bitte nicht mit aller Gewalt weiter aufhalten

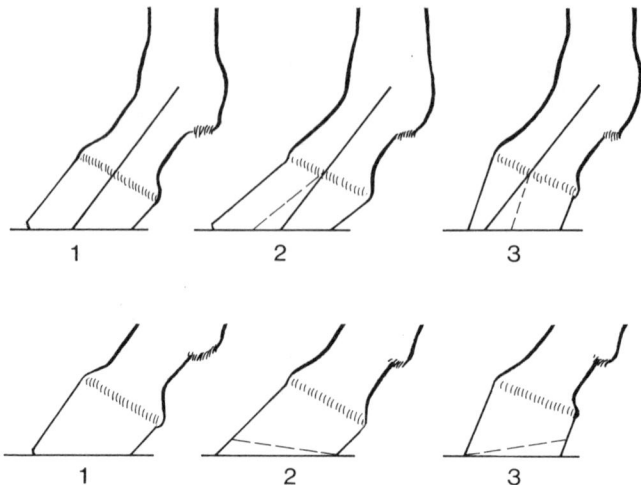

Ob beschlagen oder unbeschlagen, der Huf muß zur Fesselstellung passen, d. h. die Zehenlinie muß in der gleichen Richtung wie die Fessellinie verlaufen, die Zehenachse muß ungebrochen (gestreckt) verlaufen.
Stellung des Hufes zum Fesselstand. 1 = passend, 2 = zu spitz. Zur Korrektur muß der Huf vorne (Zehenteil) gekürzt werden. 3 = zu stumpf. Zur Korrektur muß der Huf hinten (Trachtenteil) gekürzt werden.

wollen. Wir werden auf die Dauer mehr Erfolg haben, wenn wir ihm ab und zu eine Pause gönnen und ihm erlauben, mit dem aufgehaltenen Fuß wieder aufzutreten. Wir beauftragen den Hufschmied, alle 4 bis 6 Wochen nach dem Fohlen zu sehen und befolgen seine Ratschläge und Anordnungen genau. Die regelmäßige Kontrolle durch den Schmied befreit uns jedoch nicht von unseren eigenen Pflichten.
Wichtig für die Gesunderhaltung der Hufe sind Bewegung, trockene Streu und trockene Weiden. Ein im Winter geborenes Fohlen wird die meiste Zeit in der Box ver-

bringen. Neben ausreichender täglicher Bewegung auf trockenem und festen Boden müssen wir dafür sorgen, daß auch die Einstreu trocken ist und nicht etwa einem Misthaufen gleicht.
Des öfteren sollten wir auch zu Wasser und Wurzelbürste greifen und den Huf einschließlich Sohle, Strahl und Strahlfurchen waschen. Haben wir reichlich Wasser benutzt, dann dürfen wir nicht vergessen, die Fesselbeugen abzutrocknen, damit nicht Mauke entsteht. Auch das Einfetten der Hufe mit einer guten Hufsalbe – besonders am Saumband unterhalb des Kronenrandes – ist zu empfehlen. Sind die Fohlen erst auf der Weide, dann können wir uns das Waschen und Einfetten der Hufe sparen. Tau und Regen sorgen für natürliche Feuchtigkeit, die regelmäßige Bewegung fördert die Durchblutung, den Stoffwechsel und die Elastizität des gesamten Hufes.
Nicht verzichten können wir während des Weideganges auf die Hufkontrolle, um eventuell erforderliche Korrekturen recht-

zeitig vornehmen zu können. Die Fohlenhufe müssen auch bei Weidegang regelmäßig beschnitten und berundet werden. Hufkontrolle während des Weideganges heißt
selbstverständlich auch, daß wir Hufsohle
und Strahlfurchen mittels Hufräumer von
Erde, kleinen Steinchen usw. säubern. Und
wenn wir den Schmied erwarten, führen
wir ihm das Pferd selbstverständlich mit
sauber gewaschenen und gut abgetrockne-
ten Hufen vor. Der erforderliche Aufwand
an Zeit und Geld sollte uns nicht zu viel
sein, denn korrekt gestellte Gliedmaßen
sind die Voraussetzung für einen korrekten
Bewegungsablauf. Stellungsfehler bedeu-
ten einen wesentlich schnelleren Verschleiß
des Tieres, die Einschränkung seiner Nutzung und – nicht zu vergessen – eine erhebliche Wertminderung des Pferdes.

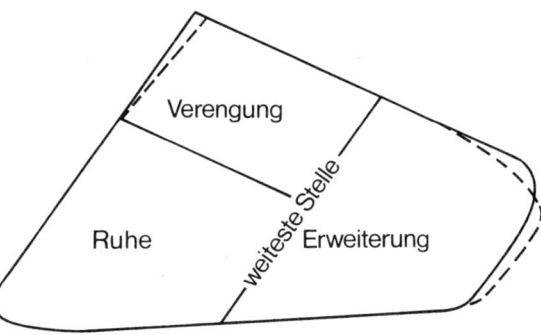

Hufmechanismus. Der Huf verändert – bedingt
durch die wechselnde Be- und Entlastung – seine
Form. Der belastete Huf erweitert sich in seinen
hinteren Abschnitten und er verengt sich im
vorderen, oberen Hufabschnitt im Bereich des
Kronenrandes. Der entlastete Huf gewinnt jeweils seine alte Form zurück. Diesen Wechsel
von Be- und Entlastung nennt man Hufmechanismus.

Hufpflege bei unbeschlagenen Gebrauchspferden

Der Hufbeschlag ist ein notwendiges Übel.
Darum schickten schon in der guten alten
Zeit städtische, gewerbliche Pferdehalter
ihre Gespannpferde in bestimmten Abständen zur Erholung auf die Weide.
Zur Erholung von der Arbeit, vor allem
aber zur Erholung vom Hufbeschlag. Den
Pferden wurden die schweren Hufeisen –
vielleicht haben wir einmal so ein stollen-
bewehrtes Ungetüm in der Hand gehabt –
abgenommen, um den Hufen Gelegenheit
zur Regeneration zu geben. Nur die natürliche Hufmechanik ermöglicht gesundes
Wachstum und Elastizität des Hufhorns,
denn bei jedem Auf- und Abfußen werden
beim unbeschlagenen Huf Tragrand und
Strahl belastet. Der belastete Huf dehnt

sich beim Auffußen aus und zieht sich beim
Abfußen wieder zusammen. Außerdem
nutzen sich dabei der Tragrand – wenn auch
nicht gleichmäßig stark – und der Strahl ab.
Alle diese Vorgänge bewirken eine bessere
Blutzirkulation, bessere Ernährung und
damit verbunden schnelleres Wachstum
des Hufhorns.
Diese natürlichen Funktionen des Hufes
wurden durch die schweren Arbeitshuf-
eisen der erwähnten städtischen Gespannpferde natürlich stark beeinträchtigt. Und
jeder Beschlag – auch unser heutiger, leichter Beschlag für Sportpferde – beeinträchtigt diese normalen, gesunden Funktionen
des Hufes. Darum gibt es nichts besseres,
als seinem Pferd ab und zu einmal Urlaub
vom Beschlag zu geben, es eine Zeitlang
ohne Hufeisen gehen zu lassen oder es überhaupt für einige Wochen auf die Weide zu

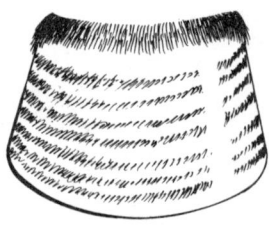

Regelmäßiger Vorderhuf von vorn

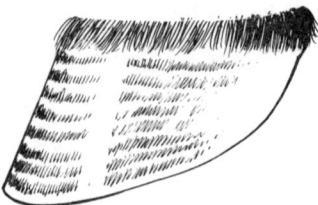

Ansicht von der Seite

Sohlenfläche

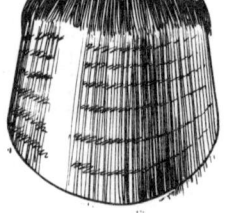

Regelmäßiger Hinterhuf von vorn

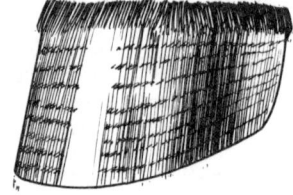

Ansicht von der Seite

schicken, was für die Gesundheit des ganzen Pferdes von Vorteil ist.

Inzwischen hat das »Barfußgehen«, ausgenommen bei den Turnierreitern, immer mehr Freunde gefunden. Die Ponyreiter haben den Vorteil des unbeschlagenen Hufes ja schon lange erkannt. Ponyhufe sind – von wenigen Ausnahmen abgesehen – härter, elastischer und wachstumsfreudiger als die Hufe der meisten Warmblüter. Die Weidehaltung und das Reiten auf Feld- und Waldwegen bietet den Ponys und »Robustoder Freizeitpferden« auch natürlichere Lebens- und Bewegungsbedingungen. Bei den Turnier- und Sportpferden, die einen großen Teil des Tages auf der Matratze ihrer Box zubringen müssen, läßt es sich auch bei gut gepflegter Matratze nicht vermeiden, daß sich in den Strahlfurchen Exkremente ansammeln und den Huf schädigen. *Neben Sauberkeit sind frische Luft und Bewegung noch immer die besten Mittel zur Gesunderhaltung der Hufe, und ohne gesunde Hufe ist auch das beste Pferd als Reitpferd untauglich.* Kein Wunder also, wenn sich immer mehr Pferdebesitzer entschließen, ihre Pferde unbeschlagen gehen zu lassen.

Dies bringt auch Vorteile für den Pferdebesitzer, denn Schmiede sind rar. Sie fahren zwar schon mit ihren rollenden Schmieden durch die Lande, besuchen aber nicht jeden Ort und jedes Dorf in dem Maße, wie es sich Pferdehalter im Interesse einer gewissenhaften Hufpflege wünschen. Manchmal muß man sehr lange warten, bis der Hufschmied endlich kommt.

Mit dem Barfußgehen unterliegt jedoch mancher der Versuchung, ganz auf den Hufschmied zu verzichten. Auch sieht er eine nicht unwesentliche Kostenersparnis.

Nun wollen wir hier nicht mit den Hufschmieden und ihren Rechnungen rechten, doch sollten wir bedenken, daß jeder Huf-

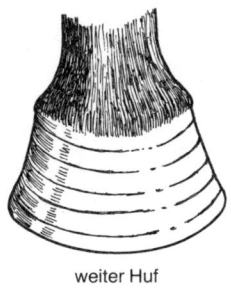  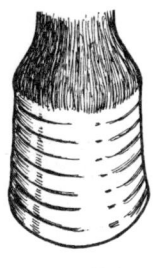

weiter Huf   regelmäßiger Huf   enger Huf

Hufe der regelmäßigen Stellung (von vorn)

schmied ja schon, ehe er überhaupt eine Hand an unser Pferd zum Beschlagen legt, eine ganze Reihe von Vorleistungen erbringt. Denn Hufschmied wird man nicht eben so. Neben einer Lehre und Gesellenzeit muß eine staatliche Hufbeschlagschule besucht und die Zulassung zum Hufbeschlagschmied durch eine zusätzliche Prüfung erworben werden, von der Einrichtung der Werkstatt mit Werkzeug und Zubehör – einschließlich der fahrbaren Schmiede – gar nicht zu reden. Dazu üben Hufschmiede ein nicht ungefährliches Handwerk aus. Wir wollen froh sein, daß es sie noch gibt und sie ihr Handwerk verstehen, das oft auch ein Kunsthandwerk ist, wenn es um die Korrektur unregelmäßiger oder kranker Hufe geht.

Bevor wir uns also entschließen, auf einen Hufbeschlag zu verzichten, sollten wir einen vertrauenswürdigen Schmied zu Rate ziehen, der uns zum Vorteil des Pferdes, und nicht zum Vorteil seines Geldbeutels berät. Beschlagschmiede haben jedoch im allgemeinen einen so großen Kundenkreis, daß sie auf solche Methoden nicht angewiesen sind. Der Schmied wird sich dann einmal die Hufe unseres Pferdes ansehen und sein Urteil abgeben. Der für das Gebiet zuständige Tierarzt, mit dem man sich auch ohne besonderen Anlaß als Pferdebesitzer bekannt machen sollte, kann uns dabei ebenfalls beraten. Auch wenn unser Pferd bisher Eisen getragen hat, sollten wir einen Schmied befragen, denn es könnte sein, daß fehlerhafte oder krankhafte Veränderungen des Hufes ein Barfußgehen des Pferdes nicht erlauben.

Haben wir aber das Ja des Hufschmiedes zum Barfußgehen erlangt, dann geht es freilich auch in Zukunft nicht ohne ihn und auch nicht ohne Pflege, die aber zweifelsohne durch die fehlenden Hufeisen ganz wesentlich erleichtert wird. Das Säubern der Hufe mit Hufräumer, Wasser und Wurzelbürste geht bei unbeschlagenen Pferden leichter und schneller vonstatten, ebenso das Einfetten mit Huffett oder das von Zeit zu Zeit erforderliche Behandeln von Sohle und Strahl mit Hufteer. Damit über den erforderlichen Umfang der Pflege unbeschlagener Hufe keine Mißverständnisse aufkommen, sei hier das Wann und Wie dieser Pflege beschrieben:

Ganz gleich, wieviel Pflege wir dem Pferd morgens zukommen lassen, ob das Pferd in der Box auf der Streu bleibt, in den Auslauf oder auf die Weide kommt: die Hufe

145

sollten wir, was ja beim eisenlosen Huf wirklich nur ein Handgriff ist, sehr sorgfältig von Mist und Stroh befreien. Ein besonderes Augenmerk verdienen dabei die Strahlfurchen. Während die Hufe vor dem Reiten dann nur noch einmal grob ausgekratzt werden müssen, erfolgt die gründlichste Reinigung beim Abwarten des Pferdes nach dem Gebrauch.

Reinlichkeit und Luft sind die wichtigsten und billigsten Mittel zur Gesunderhaltung der Hufe! Darum sei in diesem Zusammenhang auch noch einmal auf die Bedeutung einer sauberen und trockenen Einstreu auch für die Gesunderhaltung der Hufe hingewiesen. So manche Strahlfäule und andere Hufkrankheiten haben ihre Ursache in schlechter, kot- und urindurchsetzter Einstreu.

Aber zurück zur *Reinigung der Hufe nach Rückkehr in den Stall.* Der Hufräumer besorgt auch hier die grobe Arbeit. Allerdings nur auf der Hufsohle und in den Strahlfurchen. Auf der Hornwand haben Hufräumer oder andere harte Reiniger nichts zu suchen, damit würden wir nur die Glasurschicht der Hornwand zerstören und durchlässig machen. Die Hornwand kann dann ihre wichtige Aufgabe, den Huf vor dem Austrocknen zu schützen, nicht erfüllen.

Bei günstiger Witterung spritzen wir die Hufe nach dem Reiten mit dem Wasserschlauch ab. Dies genügt jedoch nicht, um die Hufe vollständig zu säubern. *Wassereimer und Wurzelbürste sind daher die wichtigsten Werkzeuge zum Hufwaschen,* und machmal müssen wir sogar noch Seife zu Hilfe nehmen. Das Wasser muß dabei häufig erneuert werden, denn mit brauner

Schmutzbrühe kann man nicht säubern, sondern nur schmirgeln. Und das soll vermieden werden. Die Hufsohle, vor allem den Strahl und die Strahlfurchen, waschen wir besonders gründlich. Beim Hufewaschen habe ich übrigens mit der Autowaschbürste, die man am Wasserschlauch anbringt, die besten Erfahrungen gemacht. Da bei diesen Bürsten der Wasserzufluß regulierbar ist, läßt es sich damit angenehm arbeiten. Wichtig ist noch, daß wir nach dem Waschen nicht nur die Hufe, sondern auch den Fesselbereich, der meist ebenfalls durchnäßt wird, gut abtrocknen.

Danach, also nur auf einen gründlich gereinigten Huf, können wir dann Huffett auftragen. Nicht nur auf die Hornwand, sondern auch auf Sohle und Strahl. Das Einfetten des Hufsohlenbereichs erschwert das Eindringen von Schadstoffen und erleichtert das Ausräumen der Hufe, da das Fett ein zu festes Anhaften von Mist, Erde etc. verhindert. Die wichtigste Funktion des Huffettes besteht jedoch darin, dem Austrocknen des Hufhorns entgegenzuwirken und seine Geschmeidigkeit und Elastizität zu erhalten. Man sollte dabei immer nur soviel Fett auftragen, wie der Huf auch aufsaugen kann, viel hilft hier wirklich nicht viel! Und auf keinen Fall macht Fett das Horn weich oder fördert das Wachstum, auch nicht, wenn wir den Hornsaum noch so sehr einreiben. Huffett verhindert nur das Austrocknen und Sprödewerden des Hufes. Mehr nicht! Deshalb kann man z. B. ungesalzenes Schweinefett auch zur Hufpflege benutzen, wie überhaupt alle tierischen Fette sich für diesen Zweck eignen. Nur ranzig dürfen sie nicht sein.

Es ist auch nicht sehr sinnvoll, nach einem langen Ritt über staubige Wege das Pferd abzuspritzen und dann einzufetten. Auf dem staubigen Ritt ist ganz bestimmt keine Feuchtigkeit in das Hufhorn gelangt und beim Waschen der Hufe auch nicht, denn das Wasser dringt nur sehr langsam in das Horn ein. Da ist ein langer Ritt bei Tau und Tag schon ergiebiger, wie überhaupt ein wetterfestes Gespann von Pferd und Reiter das tägliche Einfetten nicht benötigt. Denn auf den Ritten in Sonne und Regen, über festen und weichen Boden, durch Sand und Wasser, bekommt der Huf sein natürliches Maß an Feuchtigkeit. Das Einfetten der Hufe alle 8 bis 14 Tage reicht dann völlig aus

Der Hufteer bewirkt genau das Gegenteil dessen, was wir mit dem Einfetten erreichen wollen: Er trocknet das Horn aus. *Hufteer wird deshalb grundsätzlich nur auf die Sohle und in die Strahlfurchen gepinselt.* Er verhindert bzw. heilt Strahlfäule, die durch mangelnde Sauberkeit der Streu oder Nachlässigkeit bei der Hufpflege entsteht. Soweit sollten wir es jedoch nie kommen lassen. Steht unser Pferd auf einer sauberen, trockenen Einstreu, ist die Behandlung mit Hufteer – frisch ausgeschnittene Hufe ausgenommen – gar nicht nötig. Natürlich wird auch der Hufteer nur auf den sauberen Huf aufgetragen.

Das Horn an der Zehe wächst in ca. 12 Monaten, an den Seitenwänden in ca. 9 Monaten und an den Trachtenwänden in ca. 5 Monaten nach unten. *Die Hufe barfußgehender Reitpferde müssen deshalb regelmäßig – je nach Beanspruchung der Tiere bzw. je nach Hornqualität – alle 6 bis 8 Wochen berundet werden,* da sich der Tragrand des Hufes nicht wie beim wildlebenden Pferd gleichmäßig abnutzt. Unter Berunden versteht man das Brechen der durch den Abrieb scharf gewordenen Tragrandkanten, wodurch Risse, Tragrandspalten und das Ausbrechen von Hornwandteilen nach Möglichkeit verhindert werden. Dieser Abrieb ist an den Zehen der Vorderhufe am stärksten, weshalb in vielen Fällen dann auch nur die Vorderhufe mit Eisen ausgerüstet werden.

Der Schmied wird also die losen Teile an der Hufsohle und am Strahl beseitigen. Wo Hornwandabschnitte zu lang geworden sind – das ist besonders oft bei den Eckstreben der Fall – wird er diese kürzen. Dazu benutzt er vor allem das Hufmesser, die Hauklinge und die Hufraspel. Wir werden bei den meist vielbeschäftigten Hufschmieden auf viel Verständnis stoßen, wenn wir sie bitten, uns in der Anwendung der Raspel anzulernen, dann können wir das Berunden, weil ja eben das Wachstum des Horns so unterschiedlich ist und auch sehr stark von der Ernährung, dem Gesundheitszustand und dem Gebrauch des Pferdes beeinflußt wird, etwa alle 14 Tage in die eigenen Hände nehmen. Wir brauchen den Schmied unter diesen Umständen nur alle 6 bis 8 Wochen zum gründlichen Ausschneiden zu uns zu rufen.

Bei der Hufpflege und beim Hufschmied sparen zu wollen, ist eine falsche Sparsamkeit, denn »das Pferd hat nur einen Huf«, ganz gleich ob der beschlagen wird oder nicht.

Die Pflege der beschlagenen Hufe

Nun soll unser Pferd aber doch Hufeisen bekommen. Freilich ist Pferden und Menschen viel mehr damit geholfen, wenn sie recht oft die Wohltat des Barfußlaufens genießen können und dies nicht nur auf weichem Rasen, sondern auf unterschiedlichen Bodenverhältnissen. Wildpferde brauchen ihr Leben lang keinen Schmied, der Wechsel zwischen Be- und Entlastung beim Auffußen sorgt bei ihnen ganz natürlich für die Gesunderhaltung der Hufe. So glückliche Lebensbedingungen werden bei unseren Hauspferden nur noch den Fohlen und jungen Pferden – häufig sogar nicht einmal mehr diesen – zuteil.

Darum führe man ein junges Pferd nicht zu früh zum Beschlagen, da auch der beste Beschlag ein gesundes Wachstum der Hufe hemmt und negative Auswirkungen auf den Allgemeinzustand der Hufe und Pferdebeine nicht ausbleiben. Frühzeitiger Beschlag vor Abschluß der körperlichen Entwicklung eines Pferdes wirkt sich immer nachteilig aus. Darum sollte man bei Pferden bis zur Vollendung des 6. Lebensjahres auch dafür sorgen, daß sie in regelmäßigen Zeitabständen Urlaub von den Hufeisen bekommen und bei gleichzeitigem ausgiebigen Weidegang barfuß gehen können.

Ich muß wohl nicht ausdrücklich betonen, daß dieser Rat nur für gesunde Pferde mit gesunden Hufen und Beinen gilt. In Zweifelsfällen hole man lieber den Rat des Fachmannes (Hufschmied, Tierarzt) ein. Obwohl es natürlich auch Fälle gibt, wo selbst ein ungeübter Beobachter und Reiter mit geringer Erfahrung es sehen, hören und fühlen kann, daß sein unbeschlagenes Pferd nun einfach Hufeisen braucht. Dabei denke ich nicht nur an Risse und Spalten im Hufhorn oder ausgebrochene Hornwandteile, sondern an den Gang des Pferdes.

Am deutlichsten ist das festzustellen, wenn wir das Pferd auf unterschiedlichen Bodenverhältnissen bewegen, von weichem, elastischem Boden auf harten, vielleicht sogar steinigen Boden, Asphalt oder Pflaster wechseln und umgekehrt. Das Pferd fühlt förmlich mit den Hufen, der Schritt wird kürzer, um die Belastung des jeweils auftretenden Fußes zu verringern und Schmerzen zu vermeiden. Wir sagen dann, das Pferd hat einen »gespannten« oder »klammen« Gang. Läßt man solchen Pferden die Wahl zwischen dem Asphalt der Straße oder dem weichen Bankette, wählen sie mit Sicherheit immer den weicheren Untergrund. Wollte man hier versuchen, weiterhin ohne Hufbeschlag auszukommen, würde das mit der Zeit unweigerlich zu Lahmheiten führen.

Außerdem können natürlich auch Gang- oder Stellungsfehler beim Pferd das Beschlagen erfordern.

Das Beschlagen der Pferdehufe aus Gründen der Sicherheit für Pferd und Reiter, z. B. um ein mögliches Ausgleiten zu verhindern, halte ich persönlich nicht für erforderlich, da ja der gesunde, normale Huf durch seine Elastizität beim Auftritt auf den Erdboden in allen Gangarten so viel Bodenhaftung bekommt, wie für die Sicherheit von Pferd und Reiter erforderlich ist. Man beobachte doch auch in diesem Zusammenhang einmal Bewegung und Spiel einer Herde junger Pferde auf der Weide. Oft entstehen dabei Situationen, wo man ein Rutschen oder sogar Stürzen befürchten muß – nichts dergleichen geschieht. Aber viele Reiter sind in dieser Frage sicher nicht ganz unbefangen.

Pferde im Gespanndienst kommen jedoch nicht ohne Eisen aus. Sie tragen häufig sogar mit Stollen »scharf gemachte« Hufeisen, die ihnen auf dem glatten Asphalt oder bei vereister Straße mehr Schutz und Sicherheit geben. Für gelegentliches Einspannen vor den Schlitten, oder wenn wir Straßen meiden, ist ein Hufbeschlag durchaus entbehrlich. Natürlich werden unsere Pferde dann auch einmal rutschen. Aber mit einiger Übung machen sie das dann so geschickt wie die Kinder, wenn sie auf Schnee und Eis »schliddern« oder »rutschen«. So eine winterliche Schlittenfahrt ist schon eine herrliche Sache, ebenso ein Galopp über schneebedeckte Wiesen.

Je mehr man sich hinauswagt, um so sicherer werden Pferd und Reiter. Übrigens: Kaum etwas säubert die Hufe besser als ein Ausritt in frischem Schnee!

Nachdem wir so noch eine Reihe Für und Wider zum Hufbeschlag behandelt haben, hat nun unser Pferd seine ersten »Schuhe«, den ersten Hufbeschlag bekommen. Es kann nun durchaus sein, daß nun der Gang des Pferdes, v. a. beim Reiten, in den ersten Minuten oder Stunden, vielleicht auch noch am Tage nach dem Beschlagen gespannt oder klamm erscheint. In den meisten Fällen liegt dann aber kein »Vernageln« vor, das hätte der Schmied sofort an der Reaktion des Pferdes gemerkt; es kommt auch selten genug vor. Nein, die neuen Schuhe drücken. Wie es uns mit neuen Schuhen ja auch manchmal geht. Hier beim Pferd liegt es daran, daß die Hufnägel auf die Huflederhaut drücken. Oft ist die Erscheinung nach spätestens 2 oder 3 Tagen gänzlich verschwunden.

Sollte sich das Pferd mit den neuen Eisen nicht einlaufen, dann müssen wir den Hufschmied um Abhilfe bitten. Meist wird er nur den drückenden Hufnagel entfernen und keinen neuen Nagel mehr einschlagen, denn wenn das Eisen fest genug sitzt, ist es nicht mehr nötig die Hornwand durch einen weiteren Nagelkanal zu verletzen. Überhaupt gehört es zur Pflege der beschlagenen Hufe, den festen Sitz der Eisen und der Nägel täglich zu prüfen. Vor und nach dem Ritt. Denn nichts ist unangenehmer als ein klapperndes Eisen, das dann auch noch verlorengeht. Und nichts ist einfacher, als das Nachnieten der Hufnägel. Dazu benötigen wir nicht unbedingt einen Beschlaghammer und eine Beschlagzange, ein einfacher Hammer und eine Kneifzange tun es auch. Mit Hilfe eines Aufhalters oder Beschlagbockes ziehen wir dann die losen Nägel nach und geben dem Eisen wieder festen Sitz. Dazu halten wir mit der Zange beim Austritt des Nagels aus der Hornwand – beim sogenannten Niet – gegen und geben dem Hufnagel gleichzeitig einige Schläge auf den Kopf. Das ist eigentlich alles. Gutwillige Pferde stellen dazu sogar ihren Huf auf die Zehenspitze. Dann braucht man dazu gar keinen Aufhalter.

Im Übrigen gilt wie für den unbeschlagenen Huf, daß regelmäßige Bewegung des Pferdes unter den verschiedensten Witterungsbedingungen und Bodenverhältnissen neben gründlicher Säuberung der Hufe mittels Hufräumer, Wasser, Wurzelbürste und gelegentlichem Einfetten die beste Hufpflege sind. Dazu kommt dann allerdings noch die Erneuerung des Hufbeschlags in Abständen von 6 bis 8 Wochen. Da der Hornschuh von Pferd zu Pferd unterschiedlich stark und schnell wächst, muß der Hufschmied über den jeweils nötigen Zeitabstand entscheiden. Auf keinen Fall darf man aus Nachlässigkeit oder um zu sparen, die Erneuerung des Beschlages hinausschieben. Dadurch gefährden wir Sehnen, Bänder und Gelenke des Pferdes. Die mögliche Folge sind dann Lahmheiten, Dienstuntauglichkeit des Pferdes und Kosten für den Tierarzt. Das alles kann man sich durch regelmäßiges Erneuern des Beschlages ersparen. Und dem Pferd auch.

Wir wollen uns von einer ordentlichen Hufpflege auch durch das schlechte Beispiel derer nicht abhalten oder zu Nachlässigkeit verleiten lassen, die das Ausräumen der Hufe mittels Hufräumer vor und nach dem Ritt für überflüssig halten. Diese haben häufig mehr Glück als Verstand, aber ihre Pferde werden oft über kurz oder lang durch eingetretene Fremdkörper, Steingallen oder Strahlfäule dienstuntauglich. Freilich schweigen sich ihre nachlässigen Besitzer dann über die eigentliche Ursache des Huf- oder Beinleidens aus.

Harmloser, aber doch nicht nachahmenswert, ist die Angewohnheit mancher, auf den völlig ungesäuberten Huf, um des besseren Aussehens willen, Huffett zu schmieren. Manchmal sogar noch vor dem Ritt. Das Einfetten ist in diesem Fall jedoch völlig sinnlos, denn Staub und Schmutz haften nun vermehrt und besser auf der Hornwand. Auch jene »Hufpfleger« seien genannt, die ihr Pferd nach der Rückkehr in den Stall eins, zwei, drei abspritzen. Die Hufe werden dazu nicht aufgenommen, und so bleiben Hufsohle und Strahl

von der »Reinigung« vollkommmen ausgeschlossen. Hat man also den auf der Hornwand haftenden Staub und Schmutz schön angefeuchtet, betrachtet man die »Reinigung« als beendet. Wasser konnte in dieser kurzen Zeit natürlich nicht in das Hufhorn eindringen. Dann zieht man einige Schritte weiter in Richtung Sattelkammer oder wo auch immer die Büchse mit dem Huffett stehen mag und trägt dieses mit der Bürste auf. Immer nach dem Motto: »Viel hilft viel« – aber durch diese Methode wird nur der Handel mit Huffett beeindruckt. Das Hufhorn hat jedenfalls davon überhaupt keinen Nutzen. Schon gar nicht, wenn das Huffett auf den schmutzig-nassen Huf geschmiert wird, denn so entsteht langsam aber sicher eine aus Fett und Schmutz bestehende dicke

Oben: **Auftrensen mit Hannoverschem Reithalfter. Beim Einlegen des Trensengebisses drückt der Daumen der linken Hand im zahnlosen Bereich leicht auf den Unterkiefer (Laden), dann schiebt man mit Zeige- und Mittelfinger der linken Hand das Trensengebiß ins geöffnete Maul.**
Unten: **Der Nasenriemen muß so hoch verschnallt sein, daß er nicht auf die Nüstern drückt, andererseits aber doch so tief, daß er das Trensengebiß nicht in die Maulwinkel hinaufzieht.**

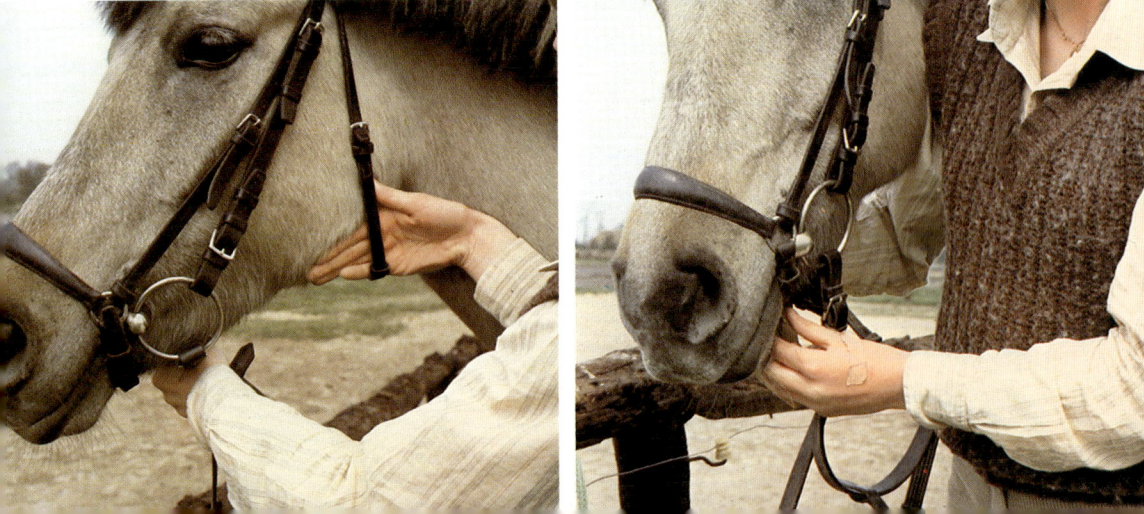

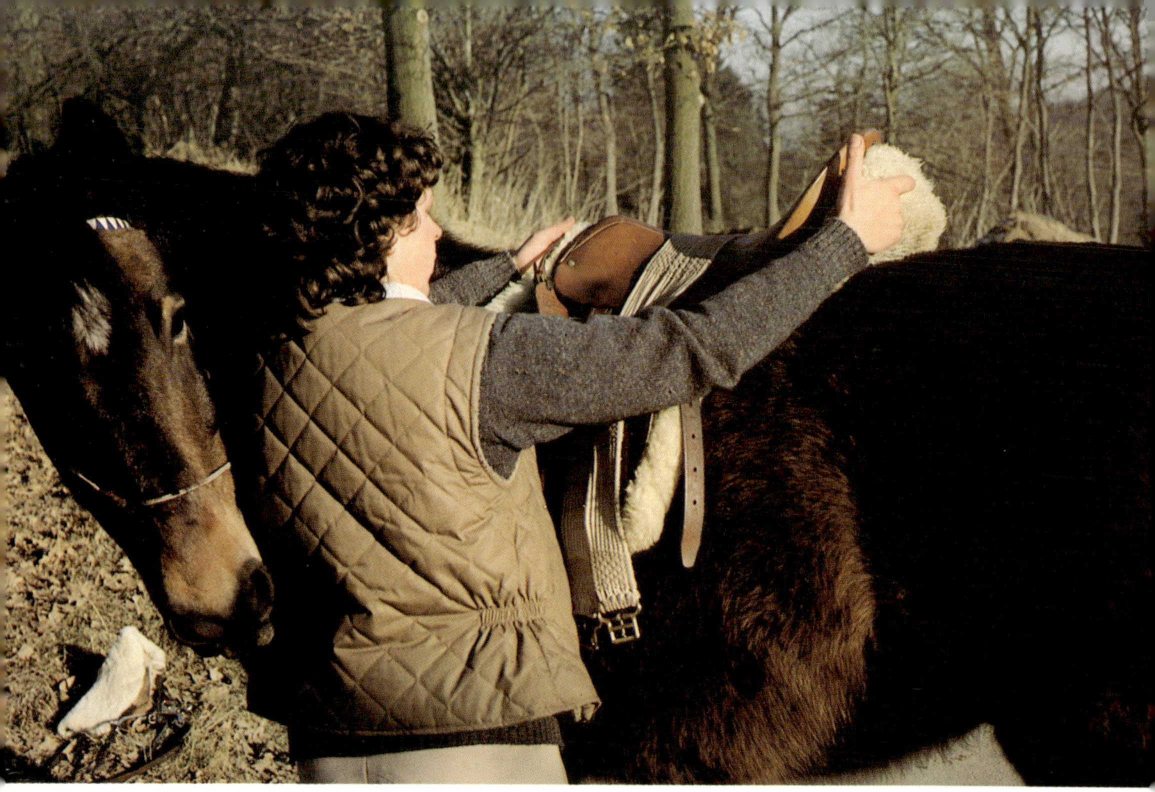

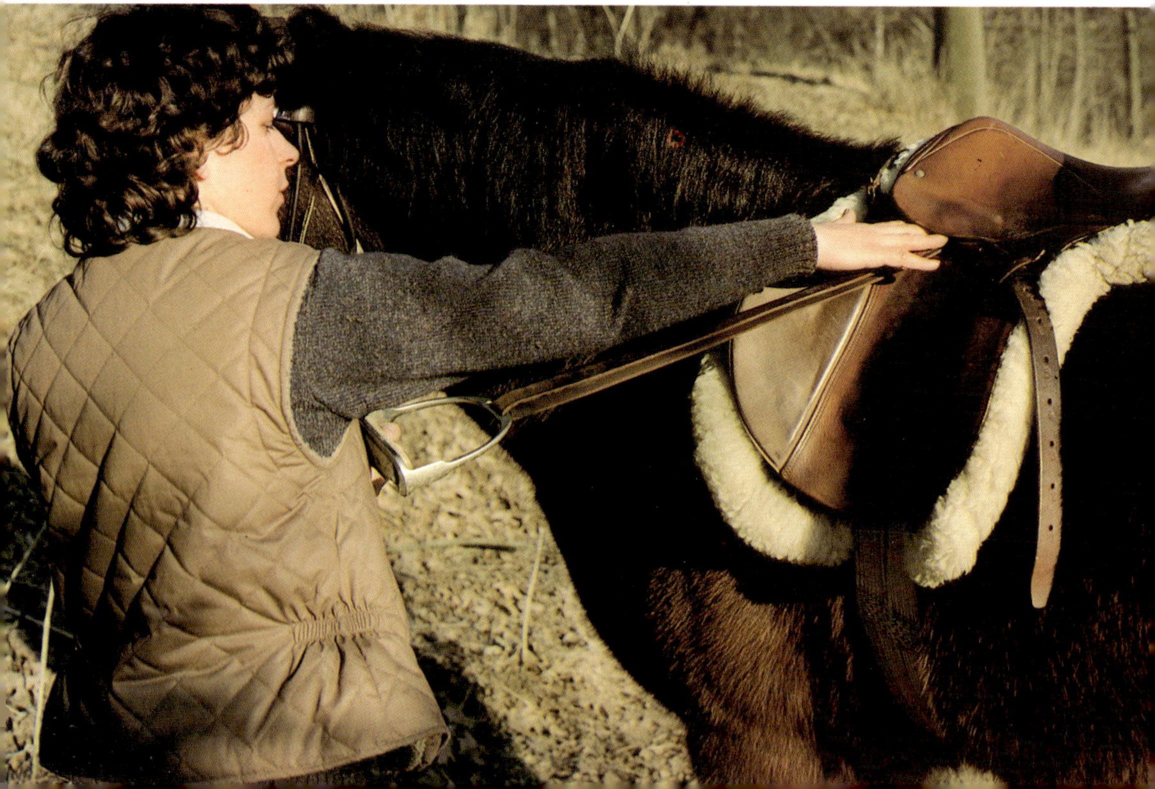

Kruste auf der Hornwand, die allmählich die Glasurschicht zerstört und den Huf mürbe und brüchig macht.

Wenn Huffett aufgetragen wird, dann nur auf den gut gereinigten Huf einschließlich Hufsohle, Strahl und Strahlfurchen. Dazu braucht man eine Bürste, die an ihren Borsten auch wirklich noch als Bürste zu erkennen ist und nicht, wie man manchmal sehen kann, einen Holzgriff, durch dessen dickes Ende aus verhärtetem Huffett und Staub noch zaghaft einige Borsten gucken.

Bei der Behandlung der Hornwand – insbesondere am Kronenrand – empfiehlt es sich, das Fett mit Hilfe der Finger oder eines kleinen Lappens dünn einzureiben, einzumassieren, denn das Huffett kann nicht mehr und nicht weniger, als ein zu rasches Verdunsten der im Hufhorn enthaltenen Feuchtigkeit verhindern.

Oben: Vorschriftsmäßiges Auflegen des Sattels. Unten: Die ungefähre Bügellänge bemißt man nach der Länge des Armes von der Achsel bis zu den Fingerspitzen.

Hufformen und Hufeisen

Im allgemeinen lernen wir vom Huf nur die Außenseite, die Hornwand (Hornkapsel) und die Unterseite mit der Hufsohle (Hornsohle) und dem Hornstrahl kennen. Bei der Hornwand unterscheiden wir den oberen Kronenrand und den unteren Tragrand, der durch die »weiße Linie« mit der Hornsohle in Verbindung tritt. Entlang dieser Linie werden übrigens die Hufnägel eingeschlagen. Des weiteren unterscheiden wir dann noch Zehenwand, Seitenwand und Trachtenwand. Überdeckt wird die gesamte Hornwand von der Glasur- oder Deckschicht. Dieser Hornschuh schützt die inneren Teile des Hufes, darunter das Kronbein, das Hufbein und das Strahlbein (Hufrolle).

Von einem *gesunden Huf* erwarten wir, daß er hart, zäh und elastisch ist. Er soll nicht zu niedrig und in der Sohle nicht zu flach und zu weit, sondern gewölbt sein. Dabei müssen wir berücksichtigen, daß die Form der Hufe auch von der Rasse des Pferdes und von den Aufzuchtverhältnissen abhängig ist. So deuten ungleichmäßige, starke Ringe auf der Hornwand auf Erkrankungen, Fehler in der Ernährung oder andere Mängel, insbesondere bei der Aufzucht des Pferdes, hin.

Die Hornwand soll von gleichmäßiger, glänzender, glatter Beschaffenheit sein, ohne jegliche Ringbildung. Regelmäßige, schwache Ringe sind im allgemeinen ohne Bedeutung.

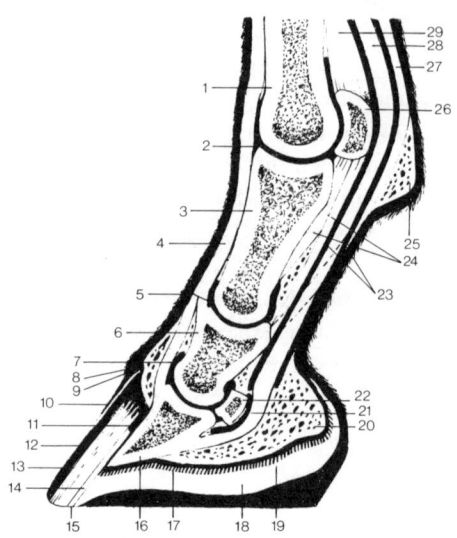

Schnitt durch Huf und Fessel des Pferdes
- 1 = Vordermittelfußknochen
- 2 = Fesselgelenk
- 3 = Fesselbein
- 4 = Strecksehne
- 5 = Krongelenk
- 6 = Kronbein
- 7 = Hufgelenk
- 8 = Saumlederhaut
- 9 = Saumhorn
- 10 = Kronlederhaut
- 11 = Wandlederhaut
- 12 = Glasur
- 13 = Schutzschicht
- 14 = Blattschicht
- 15 = Weiße Linie
- 16 = Hufbein
- 17 = Sohlenlederhaut
- 18 = Sohlenhorn
- 19 = Strahllederhaut
- 20 = Strahl- und Ballonpolster
- 21 = Hufrolle
- 22 = Strahlbein
- 23 = Fesselbeugersehnenscheide
- 24 = Untere Gleichbeinbänder
- 25 = Köte
- 26 = Gleichbein
- 27 = Kronbeinbeugesehne
- 28 = Hufbeinbeugesehne
- 29 = Gleichbeinträger oder Fesselbeinbeugesehne

Die Hornwand soll geradlinig vom Kronenrand bis zum Tragrand verlaufen, Ballen und Strahl sollen gleichmäßig und kräftig entwickelt sein. Die Erneuerung der gesamten Hornwand erfolgt wegen der unterschiedlichen Höhe der Hornwandteile in einem Zeitraum von 5 bis 12 Monaten.

Außerdem unterscheiden sich Vorderhufe und Hinterhufe in der Form, und wir sollten die dazugehörigen Eisen kennen. Wenn es sich um regelmäßig geformte Hufe handelt, *ist der Vorderhuf am Zehenteil rund und der Hinterhuf oval;* und da sich die Eisen nach den Hufen zu richten haben und nicht umgekehrt, kann man auch die Hufeisen an der Form leicht erkennen. Eine Eselsbrücke erleichtert uns das. Sie ist sozusagen das Ei des Kolumbus. Wir teilen ein Ei längs. Die spitze obere Eihälfte entspricht dem Hinterhuf, die runde untere Eihälfte dem Vorderhuf (siehe Skizze).

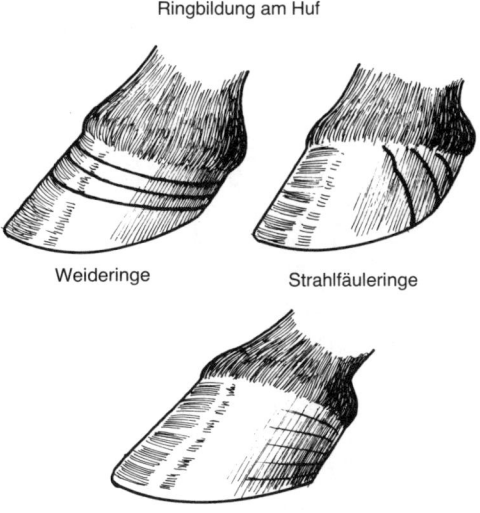

Ringbildung am Huf

Weideringe   Strahlfäuleringe

Zwangshufringe

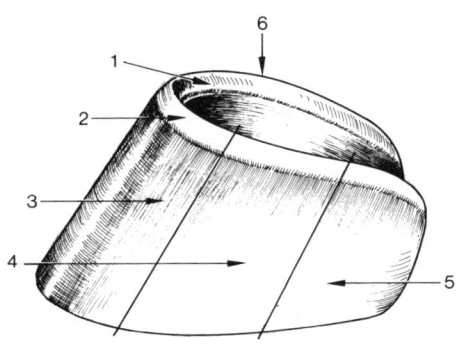

Hornwand (Hornschuh) Seitenansicht
1 = Kronenrinne
2 = Saumband (Hornsaum)
3 = Zehenwand
4 = Seitenwand
5 = Trachtenwand
6 = Kronenrand

Der regelmäßige Vorderhuf ist weder in der Höhe noch in der Weite zu groß, zu hoch oder zu niedrig. Die Proportionen stimmen, wenn die Länge der Zehenwand im Verhältnis zur Trachtenwand 3 : 1 und der Neigungswinkel beider Wandteile, der sogenannte Zehenwinkel, nach vorn zur Zehe etwa 50° beträgt. Die Seitenwände stehen dagegen steiler, sie verlaufen in einem Winkel von etwa 80° vom Kronenrand nach unten zum Tragrand. Der Tragrand des regelmäßigen Vorderhufes ist fast kreisrund, vor allem an der Zehe, und besitzt seine größte Weite in der Mitte. Die Hufsohle ist gleichmäßig nach innen gewölbt.

Der regelmäßige Hinterhuf ist wie der Vorderhuf von regelmäßiger Größe bei einem Längenverhältnis von ungefähr 2,5 : 1 zwischen Zehenwand und Trachtenwand. Allerdings steht die Hornwand im Ganzen etwas steiler als die des Vorderhufes. Der Tragrand des Hinterhufes ist mehr oval

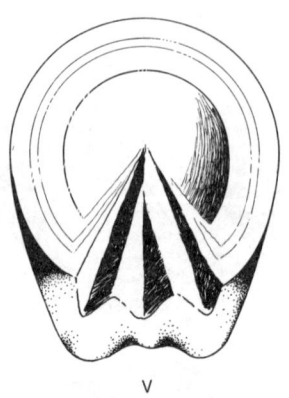
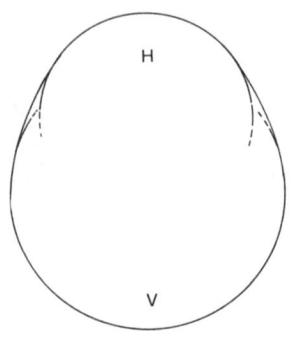

Regelmäßiger Vorderhuf (V) und regelmäßiger Hinterhuf (H). Die Umrißfigur in der Mitte zeigt das längsgeteilte Ei als Eselsbrücke (siehe Text).

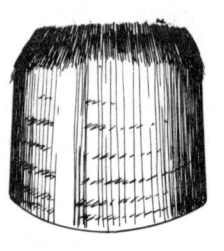

enger Huf

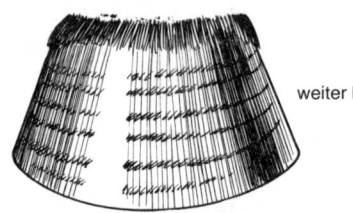

weiter Huf

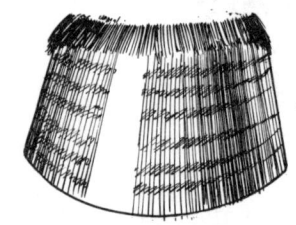

stumpfer Huf

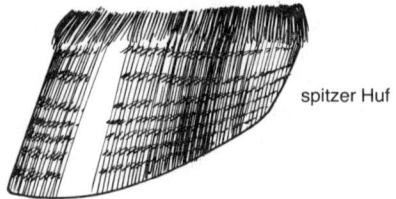

spitzer Huf

und besitzt seine größte Weite am Anfang des hinteren Drittels.

Der weite Huf ist niedriger und bedeckt – bedingt durch den schrägeren Verlauf der Hornwand und eine mehr kreisrunde Form – eine größere Bodenfläche. Seine Sohle ist geringer gewölbt, sein Strahl breit und massig, die Strahlfurchen sind flach. Die Hornwand ist dicker als die des regelmäßigen Hufes, aber weicher und dadurch weniger widerstandsfähig.

Der enge Huf ist höher und hat durch die steilere Stellung der Hufwand eine kleine länglich-runde Bodenfläche. Seine Hufsohle ist stärker gewölbt, der Strahl ist fein und lang und hat tiefe Strahlfurchen. Sein dünnes Hufhorn ist zäh und fest.

Bei der Beurteilung der Hufformen ist darauf zu achten, daß sie zur Stellung der einzelnen Gliedmaßen passen. Fessellinie und Zehenlinie müssen von der Seite gesehen in gleicher Richtung verlaufen. Von vorne gesehen soll diese gedachte gerade Linie,

156

durch die Mitte des Fesselbeins verlaufend, die Mitte der Hufzehe treffen, während, von hinten gesehen, die Lotrechte des Fesselzopfes zwischen die beiden Ballen fallen soll. Weicht diese Fessellinie (auch Zehenachse genannt) in irgendeiner Form von der angegebenen Richtung ab, paßt der Huf nicht zum Fesselstand. *Man spricht in einem solchen Fall von einer gebrochenen Zehenachse.* Solche Mängel sind oft nur die Folge einer seit dem Fohlenalter vernachlässigten Hufpflege. Zum Teil kann der Hufschmied aber auch beim erwachsenen Pferd noch korrigierend eingreifen.

Von besonderer Bedeutung ist, daß man von einem regelmäßig geformten Huf auf eine regelmäßige Stellung der Pferdebeine und umgekehrt schließen kann, denn ein Pferd mit fehlerhaft gestellten Gliedmaßen zeigt immer auch entsprechend ungleichmäßig gewachsene oder abgenützte Hufe.

Bei den fehlerhaften Hufformen unterscheiden wir den spitzen, stumpfen, bodenengen oder bodenweiten Huf.

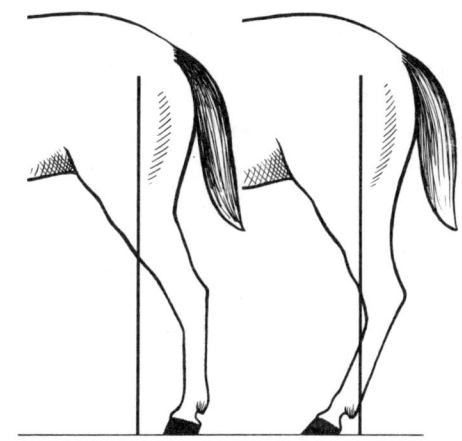

Rückständige (links) und vorständige (rechts) Beinstellung.

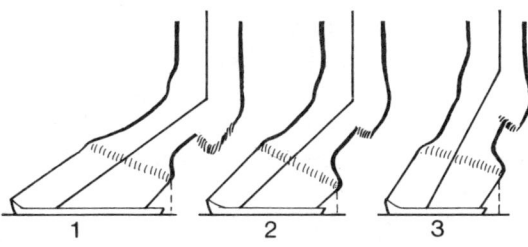

1 = Spitzer Huf, wie wir ihn bei Pferden mit vorständiger Beinstellung finden; dadurch stärkere Belastung des hinteren Hufes (Trachtenteil). Vgl. Zeichnung Seite 142, 156. 2 = Regelmäßiger Huf mit gerader Zehenachse. 3 = Stumpfer Huf, wie wir ihn bei Pferden mit rückständiger Beinstellung finden; dadurch stärkere Belastung des vorderen Hufes (Zehenteil). Vgl. Zeichnung Seite 142, 159.

Den spitzen Huf mit langer und starker Zehe und niedrigen, schwachen Trachten finden wir bei Pferden mit vorständiger oder rückbiegiger Beinstellung.

Den stumpfen Huf mit kurzer, schwacher Zehe und steilen, starken Trachten finden wir dagegen bei rückständiger und vorbiegiger Beinstellung.

Der bodenenge Huf zeigt eine steilere äußere Seitenwand und mehr nach innen gezogen äußere Trachten. Er weist auf eine O-beinige und zehenenge Stellung der Gliedmaßen hin.

Den bodenweiten Huf mit der steileren inneren Seitenwand und der betonten Neigung der inneren Trachten, finden wir bei Pferden mit bodenweiter und X-beiniger Stellung, aber auch bei solchen mit zehenweiter oder französischer »Tanzmeisterstellung«.

Solche Abweichungen von der normalen Hufform sind, wenn sie für sich allein auftreten, noch kein schwerwiegender Fehler. Erst in der Verbindung mit anderen Mängeln, z. B. wenn die niedrigen Trachten des spitzen Hufes mit steilen Fesseln zusammentreffen, wird es bedenklich. Ist man bei der Beurteilung der Hufform und Stellung der Gliedmaßen unsicher, empfiehlt es sich immer, einen Fachmann – Hufschmied oder Tierarzt – zu Rate zu ziehen, sehen doch auch schon ohne besondere Fachkenntnisse 4 Augen mehr als 2.

Entdecken wir nun vielleicht bei unserem Pferd Mängel im Gliedmaßenbereich, muß das aber nicht gleich schwerwiegende Bedeutung haben. *Maßvoller Gebrauch, entsprechender Beschlag, vielleicht sogar Barfußgehen, machen viele dieser Mängel durchaus für Pferd und Reiter erträglich.* Es ist eben ein großer Unterschied, ob man nur spazierenreitet, ob man mehr Freizeit- und Wanderreiter ist, oder Turnierreiter.

Der Hufschmied kann durch richtiges Beschneiden der Hufe und einen orthopädischen Hufbeschlag bestehende Mängel mildern, zur Besserung beitragen und die

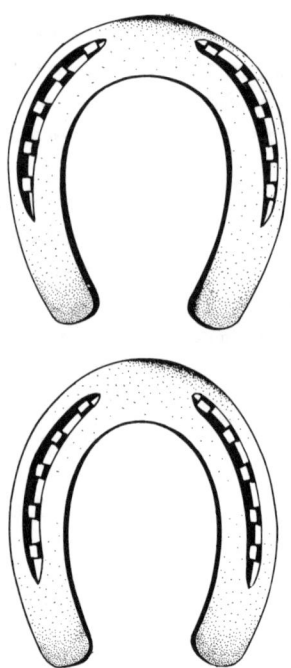

Schmiedehufeisen: Vorderhufeisen (oben), Hinterhufeisen (unten).

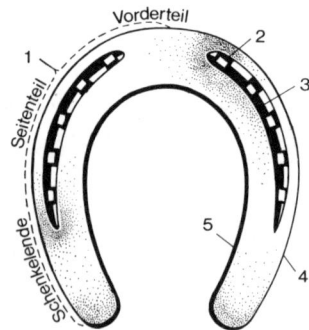

Vorderhufeisen (Bodenfläche)
1 = rechter Hufeisenschenkel
2 = Hufnagelkopfversenkung
3 = Falz
4 = äußere Randfläche
5 = innere Randfläche

Leistungsfähigkeit des Pferdes erhalten oder sogar verbessern.

Es kommt somit auf die Wahl der richtigen Eisen an. Bei den üblichen Hufeisen, mit denen der regelmäßige Huf in den meisten Fällen beschlagen wird, unterscheiden wir im Grunde nur zwischen Vorder- und Hinterhufeisen, und wir erkennen das Vorderhufeisen an seiner runden und das Hinterhufeisen an seiner ovalen Form. Das geteilte Ei!

Die Eisen werden in unterschiedlichen Größen hergestellt: Eisen für Reitpferde gibt es in acht verschiedenen Größen, für Ponys in drei verschiedenen Größen. Auch für Esel, es sei der Vollständigkeit halber erwähnt, gibt es unterschiedliche Hufeisen. Turnier-, Jagd- und Rennpferd erhalten meist Spezialbeschläge aus extrem leichtem, stabilem Material, die sich auch in der Form von den üblichen Eisen unterscheiden. Bei Turnier- und Jagdpferden werden die Hufeisen zusätzlich noch mit Stollen ausgerüstet und mit Zehen- und Seitenaufzügen versehen.

Bei allen Hufeisen unterscheiden wir

1. die obere Tragfläche und die untere Bodenfläche,
2. einen inneren und einen äußeren Schenkel,
3. einen inneren und äußeren Rand,
4. einen Zehenteil, die beiden Seitenteile und die beiden Schenkelenden.

Auf der Bodenfläche verläuft als rinnenförmige Vertiefung der sogenannte Falz. In diesem Falz liegen die Nagellöcher, je nach Größe und Schwere des Eisens 3 bis 4 in jedem Hufeisenschenkel. Sie liegen mehr in der vorderen Hälfte des Hufeisens, so daß dem beschlagenen Huf beim Auffußen noch eine gewisse Dehnung ermöglicht wird.

Hufeisen haben eine Stärke von etwa 7 bis 10 mm, während die Breite der Schenkel ca. 18 bis 20 mm beträgt.

Für den regelmäßigen Huf erhalten Zehen- und Seitenwand eine geringfügig nach innen abfallende Tragfläche, die zu den Schenkelenden waagrecht wird.

Die Vordereisen werden im allgemeinen mit einer »Zehenrichtung« versehen. Darunter versteht man eine geringe Aufbiegung des Zehenteils, die in der Mitte der Eisenbreite beginnt und die halbe Eisenstärke hoch sein soll. Diese Zehenrichtung soll die beim An- und Abstemmen der Zehe

auf dem Boden entstehende Abschwungsreibung mildern, indem sie die Stoßkraft der Bewegung bricht. Gleichzeitig wird dadurch auch die Gefahr des Stolperns gemildert.

An der Zehe und an den Seitenteilen entspricht die Weite des Eisens genau dem Umfang des Hufes. Nur an den Trachtenwänden darf es an den Außenseiten und nach hinten um Weniges überstehen.

Die Hufeisen für den weiten, engen, spitzen, stumpfen, bodenengen und bodenweiten Huf unterscheiden sich durch die Ausformung der Tragefläche, durch die Breite, Weite und Länge ihrer Schenkel und die Größe ihrer Zehenrichtungen.

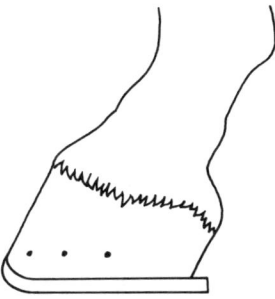

Zehenrichtung. Am Hufeisen entsteht durch die Abschwungreibung des Pferdes beim Auf- und Abfußen am Zehenteil die »Zehenrichtung«. Diese Zehenrichtung nimmt der Schmied als Muster, wenn er neue Hufeisen anfertigt. Er schmiedet an die neuen Hufeisen eine künstliche Zehenrichtung an, die der, die sich das Pferd angelaufen hat, entspricht. Da die Abschwungreibung an den Vorderhufeisen wesentlich stärker ist als an den Hinterhufeisen, wird die Zehenrichtung – von Ausnahmen abgesehen – nur an den Vorderhufeisen angebracht. Die Zehenrichtung erleichtert das Abschwingen der Hufe, schont die Beugesehnen und vermindert die Gefahr des Stolperns.

Neben diesen Eisen, die mehr oder minder der typischen Hufeisenform entsprechen, gibt es noch die verschiedensten Formen für Sonderbeschläge zur Korrektur fehlerhafter Stellungen, bei Erkrankungen oder auch für besondere Wetterverhältnisse. Allerdings sei hier noch einmal mit allem Nachdruck festgestellt, *daß für das gesunde Pferd mit gesunden Hufen das einfache stollenlose Eisen am besten geeignet ist, da es die natürliche Mechanik des Hufes am geringsten beeinträchtigt.*

Um den Pferden das Tragen von Eisen mit Stollen zu ersparen, die ja zusätzlich die Pufferfunktion des elastischen Hufstrahls erschweren, indem sie ihn noch weiter vom Erdboden entfernen, hat man mehr und mehr Hufeisen mit Gleitschutzprofilen entwickelt. Diese Eisen fördern durch Falze in der Bodenfläche sowie abgeschrägte oder keilförmige Schenkel die Griffigkeit beim Auffußen. Sie dringen leichter in die Bodenoberfläche ein und vermindern dadurch die Gefahr des Ausgleitens. Einen zusätzlichen Vorteil bringt das um 20 bis 30 % geringere Gewicht dieser Profileisen gegenüber den Eisen herkömmlicher Qualität.

Dem gesunden Huf ist jedoch am besten geholfen, wenn er unter geeigneten Bedingungen ohne Eisen gehen darf. Aber die Verhältnisse erlauben das nicht immer. So mancher Reiter sieht sich schon bald durch zu starken Abrieb oder Ausbrechen der Hufwände veranlaßt, sein Pferd erneut beschlagen zu lassen. Wahrscheinlich wird ihm der Schmied zu einem der Sonderbeschläge raten, in diesem Fall vielleicht zu einem Halbmondeisen oder Dreivierteleisen.

Das Halbmondeisen schützt die Zehe vor zu starker Abnutzung und erlaubt dem hinteren Teil des Hufes noch das Barfußgehen.

Dreivierteleisen, mit halbem inneren oder äußeren Schenkel, werden benutzt, wenn es nicht nur am Zehenteil, sondern auch am Tragrand einer Wandseite zu Schäden gekommen ist. Außerdem werden beide Sondereisen bei der Behandlung von Strahlfäule, Hornspalten, Steingallen und Zwanghufen mit Erfolg verwendet. Auch bei Pferden, die sich in schnelleren Gangarten mit den Hinterhufen in die Ballen der Vorderhufe »greifen« oder sich bei bodenenger Stellung im benachbarten Fesselbereich streifen, hat man Halbmond- und Dreivierteleisen schon mit gutem Erfolg angewandt. Für diesen Zweck gibt es dann noch die der normalen Ausführung des Hufeisens ähnelnden Streicheisen und Greifeisen.

Streicheisen erkennen wir im allgemeinen daran, daß der streichende Schenkel »eingezogen« und bodeneng geschmiedet wird. Der innere Schenkel ist schmaler, damit der Tragrand des streichenden Hufabschnittes ein wenig überstehen kann. *Vorder- wie Hinterstreicheisen bekommen seitliche Aufzüge*, um ein Verschieben der Eisen zu verhindern.

Wenn es beim Reiten »klappert«, kann das die Folge von Ermüdung und Überanstrengung sein, aber auch die Folge eines Gebäudefehlers, eines zu lange liegenden Beschlages oder auch eines Fehlers beim Hufbeschlag. Lassen sich die Ursachen nicht beseitigen, benötigt unser Pferd einen sogenannten Greifbeschlag (Greifeisen).

Das *Vordergreifeisen* hat abgeschrägte,

bodenenge, kurze, mit dem Trachtenwinkel abschließende Schenkel, das *Hintergreifeisen* dagegen einen abgestumpften Zehenteil (stark ausgeprägte Zehenrichtung) und 2 seitliche Zehenaufzüge.

Beim *geschlossenen Hufeisen* sind die beiden Schenkelenden durch einen Steg verbunden, weshalb auch die Bezeichnung »Stegeisen« gebräuchlich ist. Es findet bei Huferkrankungen Anwendung, entlastet empfindliche Teile der Hornwand und fördert durch die Belastung des Strahls beim Auffußen die Hufmechanik und dadurch die Versorgung des ganzen Hufs.

Ein Hufbeschlag ist immer widernatürlich, aber häufig nicht zu vermeiden; nicht nur im Interesse des Menschen, sondern auch im Interesse des Pferdes im Dienst für uns. Deshalb hat man sich zu allen Zeiten bemüht, dem Pferd das Tragen von Hufeisen zu erleichtern. Nagellose, aufklebbare Eisen und »Gummischuhe« waren solche Versuche.

In jüngster Zeit werden den Pferdebesitzern elastische Kunststoffbeschläge als Schutz für die Hufe ihrer Pferde empfohlen. Zwar soll man sich ganz gewiß nicht gegen gutes Neues wehren, soll aber auch nicht vorschnell ungenügend Erprobtes übernehmen. Die Fachleute raten bislang noch von der Verwendung solcher Kunststoff-Beschläge ab, da sie sich bisher noch nicht bewährt haben. Ihre wichtigsten Argumente dagegen sind:

1. die gleitende Reibung wird unterbunden,
2. die Pferde neigen bei schnellen Gangarten zum Überköten,
3. ungenügende Rutschfestigkeit auf nassem, rutschigem Boden.

Manche Reiter mögen andere Erfahrungen gemacht haben, doch die Erfahrungen des einen lassen sich wegen der unterschiedlichen Bedingungen (Stellung der Gliedmaßen, Beanspruchung, Wetter und Jahreszeit) nicht auf andere übertragen.

Der kranke Huf

Zu den Hufkrankheiten rechnen wir nicht nur Erkrankungen und Verletzungen des Pferdes im Hufbereich, sondern auch alle angeborenen oder erworbenen Veränderungen der Hufform.

Zu den krankhaften Formveränderungen, die häufig mit Lahmheiten und somit Beeinträchtigungen des Gebrauchs unter dem Sattel oder im Geschirr verbunden sind, zählen wir den Bockhuf, den Zwanghuf, den Rehehuf, den Flachhuf, den Vollhuf und den krummen Huf.

Bockhuf

Der Bockhuf ist die hochgradige Verschlechterung des stumpfen Hufes und am ausgeprägtesten beim Stelzfuß entwickelt. Als angeborenen Mangel finden wir den Bockhuf vielfach bei Pferden mit stark rückständiger und bärenfüßiger Stellung, als erworbenen Mangel bei Erkrankungen der Sehnen (Verkürzung der Beugesehne, chronische Sehnenentzündung), bei Schale, Spat und vernachlässigter Hufpflege. Am augenfälligsten ist beim Bockhuf, daß die Trachtenwände fast die gleiche Höhe wie die Zehenwand haben. Eine Behandlung durch Beschneiden der Hufe und Sonderbeschlag ist möglich, verspricht aber nur beim Fohlen Erfolg, weniger beim volljährigen Pferd.

Zwanghuf

Der Zwanghuf tritt teils als angeborene Anlage auf, wird aber auch durch Bewegungsmangel gefördert, durch Eisen mit

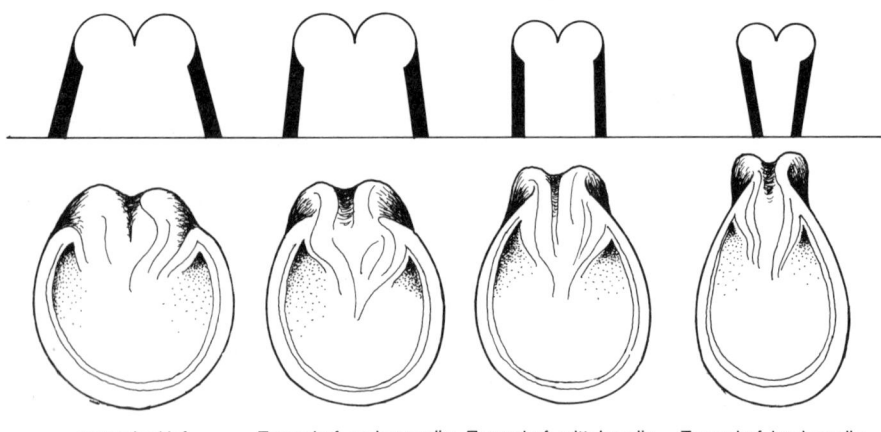

gesunder Huf   Zwanghuf, geringgradig   Zwanghuf, mittelgradig   Zwanghuf, hochgradig

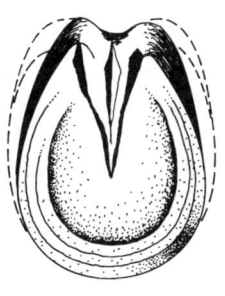
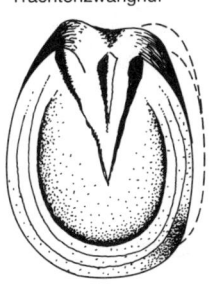
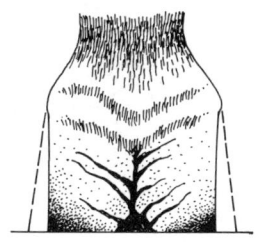

beidseitig   einseitig   Trachtenzwanghuf von rückwärts

Stollen oder zu starkes Zurückschneiden der Hufe. Je nach Krankheitsbild unterscheiden wir den Trachtenzwang, Kronenzwang und Sohlenzwang. Pferde mit engen oder spitzen Hufen und verkümmertem Strahl neigen zum Zwanghuf. Das auffälligste Merkmal des Trachtenzwanghufes ist, daß der Huf sich im hinteren Teil verengt, der Strahl von den Trachten eingezwängt oder verkümmert ist. Die Trachtenwände sind einander zu nahe gerückt und haben sich unter den Huf geschoben. Die Ballen sind über- oder aneinander gepreßt oder fast völlig verschwunden.

Beim *Kronenzwanghuf* fällt auf, daß die Hornwand im Bereich der Trachten unterhalb des Kronenrandes eingeschnürt ist. Vor allem weite Hufe neigen leicht zu Kronenzwang. Beim Sohlenzwanghuf ist die Zehenwand krallenartig verbogen, die Trachtenecken sind nach vorn außen gebogen und die Hufsohle ist übermäßig nach innen gewölbt. Der Sohlenzwanghuf kommt glücklicherweise selten vor, er entsteht bei Bewegungsmangel und extrem trockenem Sohlenhorn.

Zur erfolgreichen Behandlung des Zwanghufes sind – je nach Art des Hufzwanges –

frühzeitiges Erkennen, ausreichende Bewegung, Barfußgehen, Weidegang, gute Hufpflege unter besonderer Berücksichtigung des Strahls und anschließend ein zweckmäßiger Beschlag (z. B. Halbmond- oder Dreivierteleisen, glatte Eisen mit Zehenrichtung und Seitenaufzügen), eventuell mit Hufeinlagen, nötig. In fortgeschrittenen Fällen wird der Tierarzt eine Hufoperation durchführen.

Rehe

Der Rehehuf oder Knollhuf ist die Folge einer Entzündung der Huflederhaut. Diese Entzündung wird kurz als Rehe bezeichnet und tritt hauptsächlich an beiden Vorderfüßen zugleich auf. Die Ursachen können Futterumstellung, Überfütterung, Infektionskrankheiten oder Überanstrengung sein. Hufrehe ist sehr schmerzhaft und mit schwerer Lahmheit verbunden. Wir erkennen den Rehehuf an der unregelmäßigen Ringbildung, die im Bereich der Zehe enger ist als an den Trachten und an der knollenartigen Auswucherung der Zehenwand. Eine erfolgreiche Behandlung ist nur möglich, wenn rechtzeitig damit begonnen

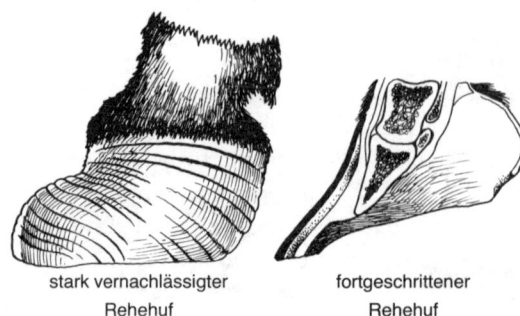

stark vernachlässigter
Rehehuf

fortgeschrittener
Rehehuf

wird. Sie hängt vom Grad der Erkrankung, d. h. vom Grad der eingetretenen Formveränderung des Hufes ab. Durch Diät-Futter, kühlende Umschläge, weiche Streu, Halbmond-, Steg- oder geschlossene Eisen werden wir eine Besserung erreichen. *Hufrehe* ist eine Krankheit, die schon in frühem Stadium sehr ernst zu nehmen ist und unbedingt in die Hände des Tierarztes gehört.

Flachhuf und Vollhuf

Der Flachhuf ist angeboren und häufig bei Pferden mit weiten Hufen, flachen Hufen und dünnem Tragrand zu finden, die auf nassen Weiden oder feuchter Streu gehalten werden. Auch zu dünne und zu schmale Eisen können zu dieser Formveränderung beitragen. Aus dem Flachhuf wird mit der Zeit ein Vollhuf.
Flachhuf und Vollhuf sind unheilbar. Beide Hufformen stellen einen erheblichen Mangel dar, doch ist der Gebrauch von Pferden mit sachgerecht beschlagenem Flach- oder Vollhuf möglich.

Schiefer und krummer Huf

Der schiefe Huf oder halbe Zwanghuf ist die Folge unregelmäßig gestellter Glied-

maßen oder bereits seit dem Fohlenalter vernachlässigter Hufpflege. Wir erkennen den schiefen Huf an seinen ungleichmäßig hohen Seiten- und Trachtenwänden, von denen meist die innere Wand besonders steil und die äußere Wand besonders schräg (schief) steht. Außerdem ist der Strahl kleiner als normal und liegt nicht genau in der Mitte des Hufes.
Eine fehlerhafte Stellung der Gliedmaßen wird auf natürliche Weise durch ungleichmäßiges Wachstum des Hufes einigermaßen ausgeglichen. Deshalb kann man in solchen Fällen auch vom sogenannten Normalschiefhuf sprechen.
Findet sich allerdings der Schiefhuf bei einem Pferd mit normaler Gliedmaßenstellung – hier kommt zu den ungleichen Wänden dann auch noch die gebrochene Zehenachse –, ist er die Folge unzureichender Hufpflege im Fohlenalter und danach. Durch entsprechendes Beschneiden der Hufe und Beschlagen mit Dreivierteleisen oder auch Stegeisen ist es möglich, den Schiefhuf zu beseitigen und ihm eine normale Form zu geben.
Beim *krummen Huf* kommen zu der unterschiedlichen Höhe der Seitenwände eine schiefe Hufachse und die Krümmung der einen Wandseite nach außen und der anderen nach innen. Auch hier sind Gliedmaßenstellung, mangelhafte Bewegung und fehlende Hufpflege beim Fohlen oder falsches Beschneiden und Beschlagen die Ursachen. Hohle Wand und Hornspalten mit daraus resultierenden Lahmheiten sind die unangenehmen Zugaben zum krummen Huf. Eine Heilung ist bei einem länger bestehenden krummen Huf sehr schwer möglich und zieht sich über viele Monate hin.

Verletzungen im Hufbereich. *Vor allem ist zunächst wichtig, den genauen Sitz und den Grad der Verletzung festzustellen.* Handelt es sich um kleine, oberflächliche Verletzungen, genügt es meist, die gereinigte Wunde mit einem antibiotischen Spray (»Blauspray«) zu versorgen und anschließend Hufteer aufzutragen.

Größere oder tiefergehende Verletzungen im Hufsohlen- oder Strahlbereich gehören sofort in die Hand des Tierarztes. Bei allen Verletzungen ist es eine große Beruhigung, wenn man sein Pferd durch regelmäßige Schutzimpfungen gegen Wundstarrkrampf (Tetanus) geschützt weiß, denn die Hauptgefahr bei Verletzungen liegt ja meistens nicht in der Wunde, sondern in der immer und überall bestehenden Infektionsgefahr. Darum müssen Wunden – vor allem solche, die unterhalb des Fesselgelenkes liegen – ohne Zeitverlust von allen groben Verunreinigungen gesäubert, desinfiziert und verbunden werden.

Damit wir in solchen Fällen nicht ganz hilflos sind, sollten wir uns unbedingt schon vorher mit Hilfe geeigneter Literatur oder durch Fachleute in Erster Hilfe für das Pferd unterweisen lassen, *wohlmeinenden Ratschlägen medizinischer Laien sollte man jedoch mit äußerster Skepsis begegnen.* Zum Glück ist die Verletzungshäufigkeit auch im Gelände nicht so groß, daß wir jeden Ausritt fürchten müßten. Allerdings sollten wir beim Reiten immer auch den Boden, den das Pferd betritt, im Auge behalten, um achtlos weggeworfene Flaschen, Scherben, scharfkantigen Blechen usw. rechtzeitig ausweichen zu können. Durch Umsicht und Vorsicht läßt sich manches Unglück vermeiden.

Vernagelung

Es ist dank der Fachkenntnisse unserer Hufschmiede schon ein unglücklicher Zufall, wenn ein Pferd beim Hufbeschlag vernagelt wird. Da aber manche Lahmheit auf vermeintliches Vernageln beim Hufbeschlag zurückgeführt wird, sei sie hier erwähnt.

Beim Aufnageln des Hufeisens wird der Hufnagel so in die »weiße Linie« geschlagen, daß seine Spitze etwa 2 cm über dem Tragrand durch die Hornwand heraustritt, wo sie umgebogen, abgekniffen und vernietet wird. Kommt nun der Hufnagel z. B. durch Unruhe des Pferdes von seiner vorgesehenen Bahn ab und drückt die empfindliche Huflederhaut oder verletzt sie, bezeichnet man dies als Vernagelung.

Beim *Nageldruck oder Nagelbrennen* ist der Nagel zu dicht an die Huflederhaut geraten und drückt oder quetscht sie. Diese Art der Vernagelung läßt sich nicht immer sofort erkennen, erst im Gang und manchmal auch erst am nächsten Tag. Die davon betroffenen Pferde lahmen. Ist der Druck nur gering, kann sich diese Art der Vernagelung auch ohne Eingreifen des Hufschmiedes wieder geben, andernfalls muß der drückende Nagel entfernt werden.

Von einem *Nagelstich* spricht man, wenn der Nagel beim Einschlagen die Huflederhaut verletzt. In der Regel merkt man das bei einiger Aufmerksamkeit sofort, da das Pferd im Augenblick der Verletzung zusammenzuckt. Das ist dann für den Hufschmied das Signal, den Nagel sofort wieder herauszuziehen. Bei einem leichten Nagelstich findet sich nur an der Hufnagelspitze als Zeichen der Verletzung ein Tröpfchen Blut. Treten auch aus dem Nagelkanal Blutstropfen hervor, ist die Verletzung ernster. Wird der Nagelkanal, der sich bei einem gesunden Huf infolge der elastischen Beschaffenheit des Hufhorns selbsttätig schließend vor Verunreinigung schützt, zusätzlich noch mit Hufteer zugestrichen, ist die Gefahr der Infektion gering. Auch eine Lahmheit als Folge des Nagelstiches tritt selten auf.

Schwerwiegender ist allerdings die eigentliche Vernagelung. Bei dieser dringt der Hufnagel in die Huflederhaut oder das Strahlpolster, in schlimmen Fällen sogar in Sehne, Knochen oder ins Hufgelenk ein. Die Ursachen dazu können beim Hufschmied liegen, in schlechter Beschaffenheit des Hufes (schlechtes Horn, dünne Wand, ausgebrochene Wand usw.), in unsichtbaren, nicht vorhersehbaren Mängeln des Materials (Hufnagel) oder der Hornwand (Fremdkörper in der Hornwand) und in der Unruhe des Pferdes. Auch bei dieser Vernagelung reagiert das Pferd durch deutliches Zucken, ebenso bei der nachfolgenden Untersuchung mit dem Beschlaghammer (Klopfen) oder mit der Untersuchungszange (Drücken). Auch hier tritt die Lahmheit nicht immer sofort ein, mitunter sogar erst einige Tage später.

Wird eine schwerwiegende Vernagelung festgestellt, muß unbedingt der Tierarzt zugezogen werden. Die Vernachlässigung einer solchen Verletzung kann für ein Pferd lebensgefährlich werden!

Nageltritt

Das gilt auch für den Nageltritt. Erschwerend kommt beim Nageltritt hinzu, daß wir davon meistens außerhalb des Stalles überrascht werden und wir dann ohne den fachkundigen Beistand eines Hufschmiedes sind. Allerdings verstehen wir unter Nageltritt nicht allein das Eindringen von Nägeln, sondern ganz allgemeine tiefere Verletzungen durch spitze Gegenstände aus Metall, Glas oder anderem festen Material. Der Nageltritt wird sich im allgemeinen durch Lahmheit zu erkennen geben. Dann heißt es zunächst einmal, Ort, Tiefe und Richtung des eingedrungenen Gegenstandes festzustellen, am besten auch noch des-

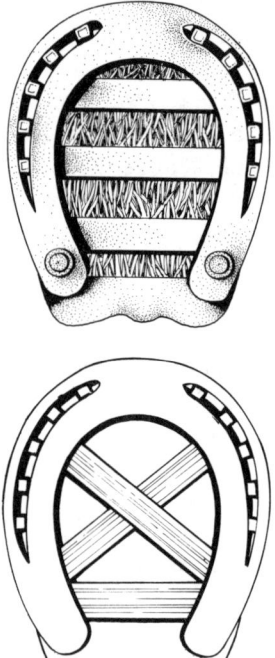

Huf mit Splintverband. Ein paar Stückchen Holz unter das Hufeisen geklemmt, halten das Abdeckmaterial für die Wunde (Taschentuch oder Moos, wenn die Verletzung auf einem Ausritt erfolgt, sonst Watte oder Mull) in seiner Lage.

sen Beschaffenheit. Dann müssen wir versuchen, den Fremdkörper in der Richtung herauszuziehen, in der er eingedrungen ist, und nichts davon darf im Wundkanal zurückbleiben.

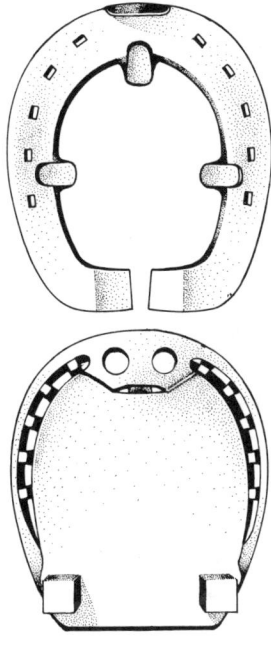

Wenn zur Hand, dann verwenden wir selbstverständlich – bis zur Versorgung durch den Tierarzt – Verbandswatte oder Verbandsmull. Erforderlichenfalls wird in einem solchen Fall der behandelnde Tierarzt zur Verwendung eines Hufeisens für Einlagen oder eines Deckelhufeisens raten. Einlagen aus Kunststoff, Leder, Gummi, beim Deckelhufeisen der Deckel aus Eisenblech, decken die Wunde ab, verhindern das Eindringen von Erde und Schmutz und schützen vor weiteren Verletzungen. Aber auch bei Erkrankungen im Hufbereich wie Zwanghuf, Steingallen, Strahlkrebs usw. finden Hufeisen für Einlagen mit Einlagen aus unterschiedlichstem Material und Form und das Deckelhufeisen Verwendung. Schließlich tragen Einlagen auch dazu bei, im Winter das Einballen von Schnee in erträglichen Grenzen zu halten.

Hat unser Pferd die Verletzung durch einen Nageltritt unterwegs erhalten, dann versorgen wir die Wunde bis zur nächsten Schmiede oder zum nächsten Tierarzt behelfsmäßig. Wir legen mit Hilfe eines Taschentuches, Moos, Gras, Blättern und zwei Stückchen Holz (abgebrochene Zweige) einen Splintverband an.

Dazu decken wir die Wunde mit dem Taschentuch ab und füllen den übrigen Hohlraum zwischen Eisen und Huf mit Moos, Gras usw. aus. Die beiden festen Hölzer klemmen wir dann kreuzweise unter dem Hufeisen fest, dadurch bekommt die Abdeckung der Wunde festen Halt. Dann führen wir das Pferd zum nächsten Schmied oder Tierarzt oder in unseren Stall zurück, um alles Weitere zu veranlassen.

Kronentritt und Ballentritt

Beim *Kronentritt* handelt es sich um Verletzungen im Bereich der Hufkrone. Sie treten besonders bei Pferden auf, die Hufeisen mit Stollen tragen.

Außerdem werden Kronentritte noch durch unregelmäßige Stellungen der Gliedmaßen begünstigt.

Handelt es sich nur um eine geringfügige Verletzung im Bereich der Horn-Wachstumszone (Saumband), so genügt in den meisten Fällen eine Säuberung der Wunde und eine Behandlung mit antibiotischem Spray. Bei tieferen Verletzungen wird das Anlegen eines Schutzverbandes notwendig. Kommt es bei ein und demselben Pferd häufiger zu Kronentritten, müssen ihm bis zur Heilung die Eisen abgenommen werden. »Kronentreter« dürfen nicht mit Stolleneisen beschlagen werden, da sich diese Pferde mit den Stollen immer wieder neu verletzen werden.

Für *Ballentritte*, Verletzungen durch Tritte der Hinterbeine in die Ballen der Vorderbeine, gilt vorstehend Gesagtes. Springpferde schützt man gegen Kronen- oder Ballentritte durch das Anlegen von Gummiglocken.

Steingallen

Sie entstehen durch Quetschung der Huflederhaut, und sie haben von daher manches mit einem »blauen Finger« oder besser noch mit einem »blauen Zeh« gemeinsam, wie er u. U. entsteht, wenn ein eisenbewehrter Pferdefuß sich darauf niedergelassen hat. Wir erkennen darum Steingallen auch an ihren gelbroten oder blauroten, durch Blutungen verursachten Verfärbungen auf der Hufsohle, die häufig erst beim Ausschneiden sichtbar werden.

Die Bezeichnung »Steingallen« ist irreführend, denn meistens entstehen die Blutungen durch falsche Belastungsverhältnisse innerhalb des Hufes. Natürlich können sich auch Steine zwischen Hufeisen und Sohle verkeilen, die dann beim Reiten drücken, darum nach jedem Ritt immer gleich die Hufe auskratzen! Auch fehlerhafter Beschlag, falsches Beschneiden oder starke Quetschung der Hufsohle beim Auftritt auf einen Stein können Anlaß zu Steingallen sein. Steingallen sind schmerzhaft. Die Pferde lahmen, reagieren auch auf den Druck der Untersuchungszange.

Handelt es sich um eine stärkere Quetschung mit nachfolgender Entzündung, so können wir das an der vermehrten Wärme im hinteren Hufbereich feststellen. Hier liegt der Verdacht auf eiternde Steingalle nahe, und nun sollte der Tierarzt zur weiteren Behandlung zugezogen werden. Barfußgehende Pferde erkranken übrigens selten an Steingallen.

Hufabszeß

Der *Hufabszeß* dagegen befällt mehr unbeschlagene Pferde. Wir verstehen darunter eine eitrige Entzündung, die durch eingedrungene Fremdkörper entsteht. Die Pferde gehen lahm, der Huf ist heiß und reagiert auf den Druck der Untersuchungszange. Der Eiterherd muß durch den Tierarzt geöffnet und versorgt werden, wodurch die Lahmheit meist in kurzer Zeit verschwindet.

Strahlfäule

So nennt man eine Fäulnis im Bereich des Hufstrahls. Sie tritt meist in der mittleren Strahlfurche zuerst auf. Die Ursache ist in der Vernachlässigung der Hufpflege, in unzureichendem Ausschneiden der Hufe und schlechter Einstreu zu suchen. Werden die Ursachen der Strahlfäule beseitigt, und der betroffene Huf durch Hufschmied und Tierarzt sachgerecht behandelt, tritt auch bald Heilung ein.

Strahlfäule darf allerdings nicht mit dem *Huf- oder Strahlkrebs* verwechselt werden, jenen blumenkohlartigen Wucherungen, deren Ursache noch nicht genügend bekannt ist und die meist nicht zu heilen sind. Aber auch hier gilt, daß Vorbeugen besser ist als Heilen.

Gesunde Hufpflege, rechtzeitiger Hufbeschlag, gesunde Stallpflege (trockene Ein-

streu!) und viel Bewegung lassen viele Krankheiten erst gar nicht entstehen.

Hornspalten und Hornkluften

Neben den genannten Verletzungen und Entzündungen des Hufes sind Trennungen der Hornwand in deren Längs- oder auch Querrichtung die Folge schlechter Hornbeschaffenheit oder auch von Verletzungen. Bei Trennung der Hornwand in der Längsrichtung spricht man von Hornspalten, die recht häufig mit Lahmheit verbunden sind.

Die Heilung erfolgt durch Nachwachsen des Horns vom Kronenrand aus und sollte durch entsprechendes Beschneiden und Beschlagen, wie auch durch tierärztliche Behandlung unterstützt werden. Je nach dem Sitz der Hornspalte unterscheidet man zwischen Kronen-, Tragerand-, Zehen-, Seiten- und Trachtenwandspalten.

Die *Hornkluft*, eine Trennung des Hornes in der Querrichtung wird meist durch Kronentritte verursacht. Von erfolgreicher

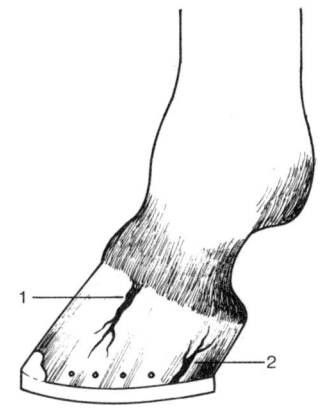

Hornspalten, die Folge vernachlässigter oder fehlender Hufpflege
1 = Kronenrandspalte
2 = Tragrandspalte

Heilung kann man erst dann sprechen, wenn das Horn vom Kronenrand zum Tragerand nachgewachsen ist. Auch hier ist eine Behandlung erforderlich. Von Pferden, die Spuren mehrfacher Hornspalten oder Hornkluften aufweisen, sollte man besser die Hände lassen.

Der Hufschmied und seine Werkzeuge

Sehr selten nur noch geht man mit seinem Pferd zum Beschlagen in die Schmiede. Die Schmieden liegen heute meist an verkehrsreichen Ortsdurchfahrten, wodurch die Pferde beim Beschlagen oft noch zusätzlich unruhig oder auch widersetzlich werden. Sie sind häufig auch schwer zu erreichen, da der Straßenverkehr zu groß oder die Entfernung vom Stall zum Schmied zu weit ist. Heute kommen die Schmiede zu den Pferden.

Große Reitställe verfügen oft über eine eigene Schmiede mit Esse, Amboß und allen übrigen Werkzeugen. In die kleinen Ställe aber bringt der Hufschmied seine fahrbare Werkstatt mit. Die Esse hat er dabei durch ein Schweißgerät ersetzt. So mancher Reiter wird also erst mit dem eigenen Pferd das erste Mal einen Hufbeschlag erleben.

Der eigentliche Beschlagvorgang beginnt mit dem Mustern des Pferdes. Der Hufschmied verschafft sich dadurch einen Eindruck von der Stellung der Gliedmaßen in Ruhe und Bewegung. Form und Beschaffenheit der Hufe, die Richtung von Fesselstand und Zehenachse sowie der alte Beschlag werden überprüft.

In der Regel werden heute Pferde zum Beschlagen nicht angebunden, sondern durch einen Pferdehalter (den Besitzer) gehalten, während das Aufhalten der Hufschmied übernimmt, der sich den jeweiligen Fuß zwischen die Beine klemmt – vor allem die Vorderfüße – und auch bei den Hinterfüßen ohne fremde Hilfe auskommt. Zum Halten des Pferdes nimmt man zweckmäßiger nicht das Stallhalfter, sondern die Trense. Damit kann man das Pferd leichter ablenken, beruhigen und ihm auch einmal eine halbe oder ganze Parade geben, wenn Unruhe oder Widersetzlichkeit es erfordern.

Zunächst aber sind die alten Eisen abzunehmen. Dazu werden mit dem Unterhauer oder der Nietklinge die Nieten der alten Eisen geöffnet und anschließend *das Eisen gelüftet.* Das Lüften des Eisens sollte besser mit der Nietklinge vorgenommen werden als mit der Hufabreißzange. Die Hufabreißzange (auch Hufabnehmzange) verführt zum Abreißen der Eisen, wodurch es leicht zu Überdehnungen und Zerrungen der Kronen- und Hufgelenkbänder kommen kann. Nach dem Lüften des Eisens werden die einzelnen Hufnägel herausgezogen. Es dürfen auch keine abgebrochenen Nagelreste zurückbleiben.

Danach erfolgt das Zubereiten der Hufe zum Beschlag, d. h. der Huf wird zum Fesselstand passend beschnitten, der Tragerand wird gerichtet, überflüssiges Horn wird weggenommen. Dazu benutzt der Hufschmied die Hauklinge, den Hufschlegel und das Hufmesser (Rinnmesser). Hauklinge samt Hufschlegel werden im allgemeinen nur zum Zurichten der harten Tragränder benutzt. Als wichtigstes Werkzeug

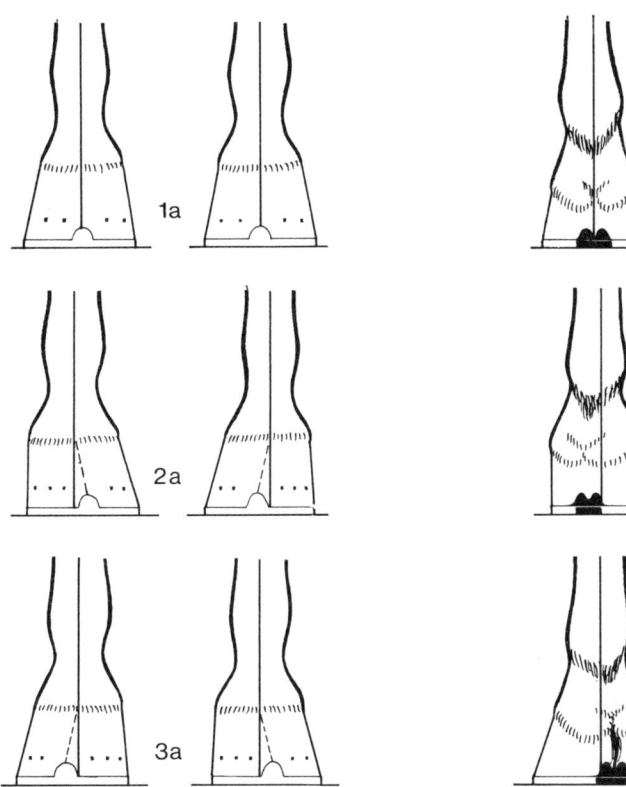

Die Zehenachse ist die von der Mitte der Zehenspitze zur Mitte des Fesselgelenks verlaufende gedachte Linie, wenn das Pferd von vorn gemustert wird (a). Wird dagegen das Pferd von hinten gemustert (b), dann fällt bei regelmäßigen Hufen die Zehenachse als gedachte Linie vom Kötenzopf abwärts genau zwischen beide Ballen. Beim unregelmäßigen Huf weicht diese Linie nach links oder nach rechts ab.

1a und b = Fesselstand und Zehenachse stimmen überein.

2a und b = Der Huf ist nach innen abgeknickt, Fesselstand und Zehenachse stimmen nicht mehr überein.

3a und b = Der Huf ist nach außen abgeknickt, Fesselstand und Zehenachse stimmen nicht mehr überein.

zum Säubern der Hornsohle und des Hornstrahls dient das Hufmesser.

Das letzte Glätten und das Brechen der Tragrandkanten wird schließlich mit der Hufraspel vorgenommen, jenes Werkzeug, das auch beim Berunden der Hufe barfußgehender Pferde eine so große Rolle spielt.

Anschließend werden die Hufeisen gerichtet, d. h. die Eisen werden der Form und Größe der Hufe angepaßt, nicht etwa umgekehrt!

Das bis zur Rotglut erhitzte Eisen wird auf dem Amboß mit dem Handhammer sorgfältig gerichtet und mit Hilfe der Hand-

171

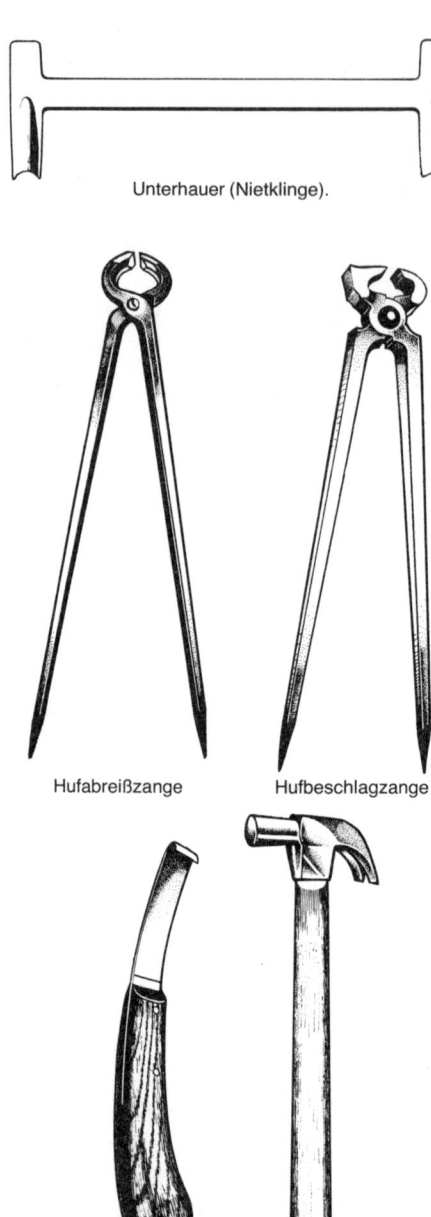

Unterhauer (Nietklinge).

Hufabreißzange

Hufbeschlagzange

Hufmesser

Hufbeschlaghammer

zange und des Aufpaßzirkels braun warm aufgepaßt. Bei diesem »Aufbrennen« schmilzt das Horn, so daß das Hufeisen völlig plan auf dem Tragerand aufliegt. Das ist mit einem kalten Eisen nicht möglich.

Nach dem Aufpassen und Richten wird das Eisen aufgelocht, d. h. die Nagellöcher des Hufeisens werden für die Hufnägel passend gemacht.

Danach wird das Hufeisen aufgenagelt. Je nach Größe des Hufes werden fünf bis acht Nägel benötigt. Nach dem Einschlagen der beiden Zehennägel läßt der Schmied das Pferd noch einmal auftreten, um ein weiteres Mal Lage und Sitz des Eisens am Huf zu überprüfen. Dann wird der Fuß wieder aufgenommen und die übrigen Nägel im Wechsel der Seiten eingeschlagen. Die Hufnägel werden sofort nach dem Durchdringen der Hornwand umgebogen. Sind alle Hufnägel richtig in die weiße Linie eingeschlagen worden, läßt der Schmied den Fuß mit dem gehefteten Eisen nochmals niedersetzen, um sich vom guten Sitz desselben zu überzeugen.

Danach erfolgt das endgültige Aufnageln und Vernieten der Eisen. Die Nägel erhalten nochmals ein paar Schläge auf den Kopf, dann werden die Spitzen der Hufnägel dicht am Huf mit der Beschlagzange (Kneifzange mit Nietvorrichtung) abgekniffen und mit der Feile geglättet. Am Austritt der Hufnägel wird mit dem Unterhauer ein kleines Stückchen Horn weggenommen, um ein Bett für das Niet zu haben. Anschließend werden die Nägel nochmals angezogen, indem der Hufschmied mit der Nietvorrichtung der Beschlagzange oder dem Nieteisen gegen das Niet drückt, während er mit dem Hufbeschlaghammer

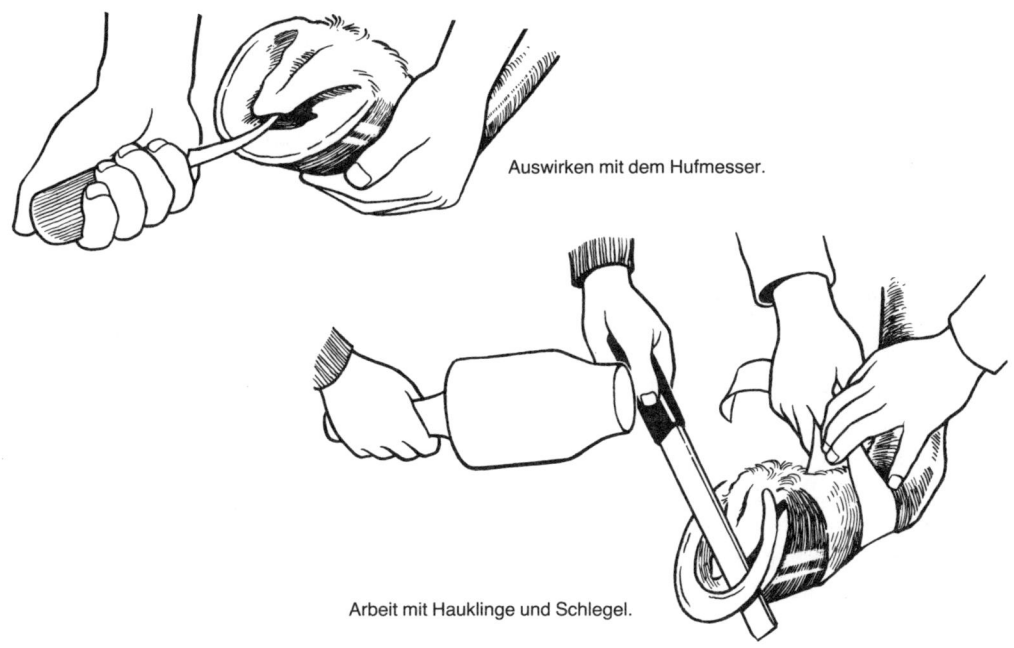

Auswirken mit dem Hufmesser.

Arbeit mit Hauklinge und Schlegel.

den Nagelkopf tiefer in das Eisen treibt. Das umgebogene Hufnagelende (Niet) wird so in die Hornwand eingelassen. Danach wird die Beschlagzange am Nagelkopf angesetzt und das Niet durch leichte Hammerschläge fest mit dem Hornwandbett verbunden. *Ein letztes Glätten der Nieten mit der Feile und Brechen der etwa am Eisen überstehenden Hornteile mit der Raspel beenden den Beschlagvorgang.*
Zum Abschluß wird sich der Schmied das Pferd noch einmal in Ruhe und Bewegung ansehen. Damit überprüft er nicht nur die sachgemäße Ausführung des Hufbeschlags, sondern er überzeugt sich auch davon, daß das Pferd nicht lahmt und nicht vernagelt wurde.
Nach jedem Beschlag sollte die Hufsohle mit Hufteer gut eingestrichen werden.

Auch ein Einfetten der Hufe kann nicht schaden. Ein ordentlicher Hufbeschlag setzt viel handwerkliches Können und Wissen voraus, wir werden uns deshalb an den besten Schmied wenden, den wir erreichen können. Davon profitieren unsere Pferde und wir. Auch sollten wir uns nicht scheuen, nach allem zu fragen, was uns beim Hufbeschlag interessiert oder was uns unbekannt ist, denn ohne gesunde und gut beschlagene oder berundete Hufe gibt es auch keine gesunden Pferde.

Wenn das Pferd nicht will – Zwangsmittel

Manchen Pferdebesitzern bereitet das Kommen des Hufschmiedes einige Sorge, wenn sie an die Unruhe und die Widersetzlichkeit ihres Pferdes beim letzten Mal denken. Vielleicht aber auch, weil sie schon bei der täglichen Hufpflege Schwierigkeiten mit dem Aufheben haben. Es kann sich aber auch nur um eine allgemeine Sorge handeln, weil es für Pferd und Besitzer die erste Begegnung mit dem Hufschmied wird. Es ist dann ganz natürlich, daß man sich fragt: Wie wird es gehen, wie wird das Pferd sich beim Beschlagen verhalten? Spätestens hier wird einem bewußt, warum auch in vielen Anzeigen des Pferdemarktes großer Wert auf die »Schmiedefrömmigkeit« gelegt wird. Leider liegt ja bei der Aufzucht immer noch vieles im argen. Nicht alle Fohlen und jungen Pferde werden in der wünschenswerten Weise an alle mit der Hufpflege und dem Hufbeschlag verbundenen Arbeiten gewöhnt.

Hier kann man als Pferdebesitzer in den Wochen oder Tagen vor dem Beschlagtag noch manches tun. So wird man z. B. durch gründlichere Hufpflege, die mit einem längeren Aufheben als üblich verbunden sein sollte, das Pferd vorbereiten. Klopft man einmal mit einem leichten Hammer die Hornwand und die Hufsohle ab, kann man sich schon etwa ein Bild davon machen, was einen dann im »Ernstfall« erwartet. Wichtig ist natürlich auch, daß wir beim Beschlag dabei sind und alles in der vertrauten Umgebung im oder am Stall geschieht. Stallgeruch und die Nähe des vertrauten Reiters und Pflegers verringern Unruhe, Angst oder Widersetzlichkeit, vor allem beim ersten Hufbeschlag.

Fehlt es auch dem Pferdebesitzer an Erfahrung, sei ihm dringend geraten, sich schon vorher einen Eindruck verschaffen und beim Beschlagen eines ruhigen Pferdes zuzusehen und auch einmal aufzuhalten. Dann weiß doch wenigstens schon einer vom Gespann, was auf beide zukommt, *denn es ist doch immer noch am gescheitesten, ein Pferd willig zu erhalten als es unwillig zu machen.*

Natürlich liegt auch viel an der Person des Schmiedes. Aber um deren Person sollten wir uns nicht so viel Sorgen machen. Schmiede sind durchaus nicht immer so grobschlächtig, wie sie manchmal hingestellt werden. Ihnen liegt wie uns daran, jedes Pferd in Ruhe und ohne Widersetzlichkeit zu beschlagen. Allerdings haben sie auch schon böse Erfahrungen machen müssen, und wenn sie einmal ein Pferd mit Wort oder Tat zur Ordnung rufen, sollten wir diese Vorsichtsmaßnahme verstehen, denn das Beschlagen unruhiger, widersetzlicher oder auch bösartiger Pferde kann lebensgefährlich sein.

Man sollte den Pferden also vor dem Beschlagtag nicht gerade einen Stehtag gewähren, sondern sie sogar ruhig ein wenig stärker beanspruchen! Noch besser wirkt natürlich ein ermüdender Ritt direkt vor dem Beschlag. Vor allem aber muß man unbedingt dafür sorgen, daß vom Ort des Beschlagens alle störenden Einflüsse ferngehalten werden. Weder laute, lärmende Arbeiten, noch hüpfende, spielende Kinder dürfen das Pferd während des Hufbeschlages beunruhigen. Alles ist zu unterlassen, was das Pferd ängstigen könnte. Der Platz sollte so gewählt werden, daß er genügend groß ist und frei von allen störenden Gerätschaften, an denen sich ein unruhiges Pferd oder ein zur Seite springender Aufhalter verletzen könnten.

Ob man das Pferd anbindet oder es nur von einem Helfer am Kopf halten läßt, auf jeden Fall sollte man ein festes Stallhalfter und einen ebenso festen Anbindestrick benutzen. Manchmal empfiehlt es sich auch, das Pferd aufzuzäumen, so daß man es durch gelegentliche leichte Zügelanzüge ablenken kann. Auch die vorgehaltene Futterschwinge, gefüllt mit Hafer oder anderem Futter, wirkt oft Wunder.

Jungen und sehr alten Pferden sollte man die Füße nicht zu lange aufheben, weil es die einen noch nicht so gewöhnt sind und die anderen vielleicht schon Schmerzen wegen angegriffener Sehnen, Bänder und Gelenke haben. Es ist eben nicht immer Widersetzlichkeit, wenn Pferde nicht so wollen wie wir. Die Ursachen können sehr vielfältiger Natur und Art sein. Auch sollte grundsätzlich kein Fuß mit Gewalt aufgehoben werden, und es darf dabei das Ansprechen des Pferdes und das gute Zureden nicht vergessen werden. Außerdem haben wir gelernt, daß man immer nur von vorn an ein Pferd herantreten soll, und so halten wir es auch beim Hufbeschlag.

Erst nachdem wir das Pferd angesprochen haben, legen wir unsere innere Hand auf die Schulter oder Hüfte des Pferdes, um es dazu zu veranlassen, sein Gewicht auf die andere Seite zu verlegen. Dann fahren wir mit der anderen Hand von der Schulter oder der Hüfte bis zur Fessel und heben den Fuß auf.

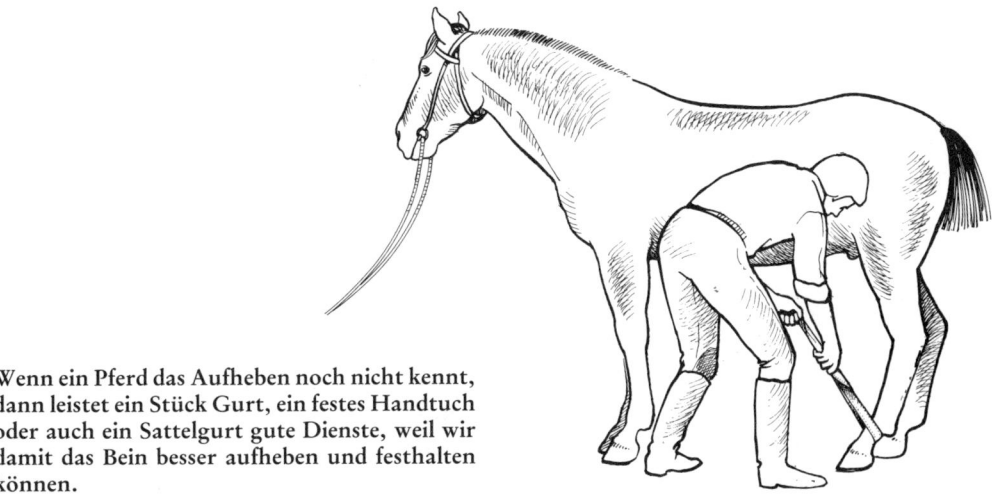

Wenn ein Pferd das Aufheben noch nicht kennt, dann leistet ein Stück Gurt, ein festes Handtuch oder auch ein Sattelgurt gute Dienste, weil wir damit das Bein besser aufheben und festhalten können.

Auch das Niedersetzen soll langsam geschehen. Wir sollten niemals, wie das leider oft zu beobachten ist, das Bein einfach loslassen und fallenlassen.

Natürlich kommt es trotzdem vor, daß man mit allen kleinen Hilfen und Tricks nicht zum Ziel gelangt. Das Pferd hält nicht still. Die Verletzungsgefahr ist dadurch für den Aufhebenden, den Hufschmied und das Pferd groß. Es gibt eben Pferde, die sonst brav wie die Lämmer überall hingehen und alles mit sich geschehen lassen, nur den Hufschmied lassen sie nicht an sich heran. Pferde sind eben wie Menschen manchmal voller Rätsel.

In einem solchen Fall helfen dann nur noch Zwangsmittel. Dabei muß man nicht gleich an die Zwangsjacke denken, obwohl es so etwas Ähnliches für Pferde in der Gestalt des Zwangs- oder auch Notstandes auch gibt. Auch im Umgang mit Pferden sollten wir die Regel von der »Verhältnismäßigkeit der Mittel« beherzigen.

Wir greifen also zur Nasenbremse, bestehend aus einem Handgriff mit Strickschlaufe. Sie gehört für alle Fälle in jede Sattelkammer und Stallapotheke, weil es immer wieder Situationen gibt, in denen man sie anwenden muß. Und ich meine, wenn sie maßvoll benutzt wird, liegt ihre Anwendung nicht nur im Interesse des Pferdebesitzers oder des Hufschmiedes, sondern auch im Interesse des Pferdes.

Die Schlaufe der Nasen- oder auch Strickbremse wird über die Oberlippe gestreift und zusammengedreht. Das Zusammendrehen muß im Uhrzeigesinn geschehen, um ein eventuelles Abrutschen der Bremse zu verhindern. Sie soll nur so fest angezogen werden, daß die erforderlichen Arbeiten ohne Widersätzlichkeiten durchgeführt werden können, denn sie soll dem Pferd ja nicht unbedingt mehr Schmerzen bereiten als nötig, sondern es vielmehr ablenken. Dazu muß mit der Bremse gespielt werden, d. h. mal muß sie fester zusammengedreht werden, mal muß sie gelockert werden und ab und zu soll durch leichte Anzüge von oben nach unten an ihr »geruckt« werden.

Wenn die Nasenbremse aufgelegt wird, darf das Pferd nicht angebunden sein, sondern muß am Kopf gehalten werden. Diese Vorsichtsmaßnahme soll verhindern, daß sich ein Pferd, das sich gegen die Nasenbremse widersetzt, verletzt. Wenn das Pferd fest angebunden ist, kann man im Notfall auch meist den Panikhaken nicht mehr schnell genug lösen. Wer die Nasenbremse anwenden muß, sollte dies aber

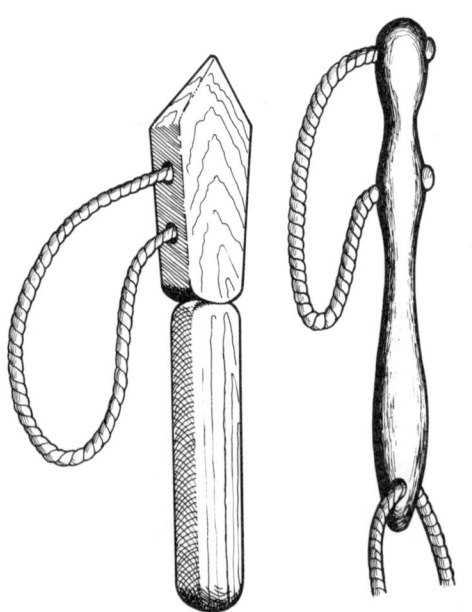

Nasenbremse oder auch Strickbremse.

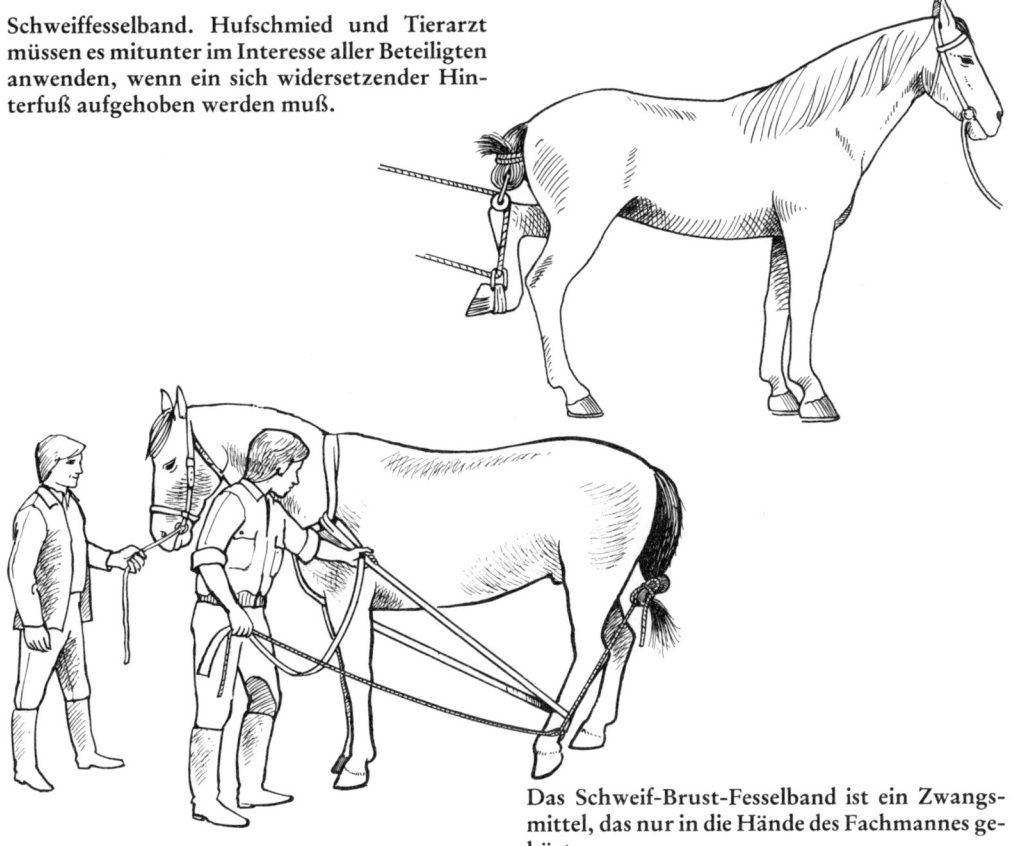

Schweiffesselband. Hufschmied und Tierarzt müssen es mitunter im Interesse aller Beteiligten anwenden, wenn ein sich widersetzender Hinterfuß aufgehoben werden muß.

Das Schweif-Brust-Fesselband ist ein Zwangsmittel, das nur in die Hände des Fachmannes gehört.

immer mit gebotener Vorsicht und Rücksichtnahme dem Pferd gegenüber tun. Die Nasenbremse darf auch niemals länger als 10 Minuten aufliegen.

Neben der Nasenstrickbremse – auch Oberlippenbremse oder Strickbremse genannt – gibt es dann noch die »Eiserne« und die »Polnische Bremse«. Die Eiserne Bremse ist tatsächlich ein Instrument aus Eisen, während die Polnische Bremse ein Strick ist, der durch das Pferdemaul über das Genick läuft und in Höhe der Ohren durch eine am Strick befindliche Schlaufe

geführt wird. Damit kann man so große Gewalt ausüben, daß erhebliche Verletzungen die Folge sein können. *Eiserne und Polnische Bremse anzuwenden ist Tierquälerei und sollte sich für jeden Reiter von selbst verbieten.*

In manchen Fällen kann man bei widersetzlichen Pferden auch den Kappzaum auflegen. Es genügen dann einige Zügelanzüge, um die Pferde abzulenken.

Schließlich seien auch die Spannmethoden erwähnt. Hier sind neben dem Brust-, Schweif- und Fesselband und dem Schweiffesselband der Spannriemen am bekanntesten. Das erstere wird zum Aufheben der Hinterfüße und das letztere zum Aufheben der Vorderfüße benutzt. Im ersten Fall wird ein Seil mit dem Schweif verbunden und durch eine in der Hinterfessel des Pferdes liegende Lederschlaufe mit Eisenring in die Hand der Hilfskraft geführt, die damit nun den Hinterfuß spannen kann. Man kann diese Methode auch noch erweitern und das Spannseil von der Hinterfessel durch die Vorderbeine über Brust und Hals in die Hand der Hilfskraft führen, die dann das Seil in Spannung halten muß, um ein Ausschlagen beim Aufhalten zu verhindern.

Der Spannriemen für die Vorderbeine wird über das Vorderfußwurzelgelenk des gebeugten Vorderfußes gelegt, wobei ein zwischen Unterschenkel und Röhrbein geschobenes Holz, das im Notfall schnell herausgezogen werden muß, ein Herunterrutschen des Spannriemens verhindert.

Diese und andere noch mögliche Spannmethoden sollten jedoch nur, wenn unumgänglich, Anwendung finden, da die Pferde durch eine solche Behandlung oft noch mehr verängstigt werden. Besser lassen wir dem Pferd vom Tierarzt eine Beruhigungsspritze geben. Sie hat den Vorteil, daß das Pferd den Beschlagvorgang ruhig und entspannt über sich ergehen läßt. Allerdings kommen solche, von Angst und Furcht vor dem Beschlagen gepeinigten Pferde selten vor. *Die beste Methode bleibt immer noch das geduldige Bemühen um das Vertrauen des Pferdes.*

Krankheiten und Krankheitsprophylaxe

Vorbeugen ist besser als heilen, darum sind richtige Fütterung, ordentliche Pflege und das richtige Verhältnis von Ruhe und Bewegung noch immer die besten Helfer gegen Erkrankungen aller Art.

Dennoch erkranken Pferde gelegentlich, weil wir einen dieser Grundsätze nicht beachtet haben, weil sich unser Pferd angesteckt oder verletzt hat. Dann kommt man in den Stall, und statt eines freudigen Wieherns tut sich gar nichts. Vielmehr sieht uns das Pferd aus matten, trüben Augen an. Das Fell ist rauh und ohne Glanz. Vielleicht hat es auch nicht ausgefressen oder schwitzt oder scharrt mit den Vorderbeinen. Es gibt

Untersuchung des Pulses. Der Puls wird an der an der linken Innenseite des Unterkiefers verlaufenden Schlagader mit Hilfe der vier Finger der rechten Hand kontrolliert.

eine Menge Zeichen, die uns deutlich zu erkennen geben, daß etwas nicht stimmt, daß unser Pferd erkrankt ist. Dazu muß man durchaus nicht immer erst die Abweichung von den normalen PAT-Werten (Puls, Atmung, Temperatur) feststellen. *In Ruhe beträgt die normale Pulshäufigkeit beim Pferd 30 bis 44 pro Minute, die Zahl der Atemzüge 9 bis 15 und die Rektaltemperatur 37,5 bis 38,2°C.*

Natürlich sollten wir aber wenigstens die Temperatur prüfen, um uns Gewißheit zu verschaffen. Dazu wird ein angefeuchtetes Fieberthermometer, das man mit einem Bindfaden sichern sollte, damit es nicht hineinrutscht, zur Hälfte in den Mastdarm des Pferdes eingeführt und nach etwa 5 Minuten abgelesen.

Aber wie konnte es zu einer Erkrankung des Pferdes kommen? Das ist eine Frage, die wir uns immer stellen sollten. Zur Selbstprüfung gewissermaßen, ob wir auch immer das Richtige getan, uns richtig verhalten haben, und damit wir aus gemachten Fehlern zum Wohle unseres Pferdes lernen.

Krankheiten entstehen durch Ansteckung, falsche Fütterung, Überanstrengung des Pferdes und mangelhafte Pflege.

Erkrankungen der Atmungsorgane

Besonders häufig erkranken die Atmungsorgane der Pferde, sie husten und haben

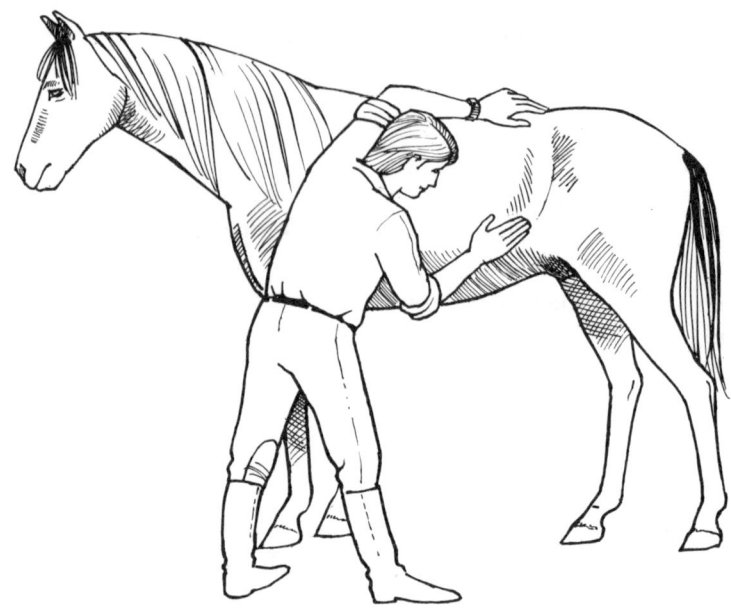

Atmung. Am Heben und Senken der Flanken – unterstützt durch das Auflegen der Hand auf der linken Flanke des Pferdes – zählen wir die Zahl der Atemzüge pro Minute.

dabei eitrigen oder klaren Nasenausfluß. Die Ursachen für diese »Erkältungskrankheiten« sind unsachgemäße Haltung, Unterkühlung oder eine Ansteckung (Infektion) beim Kontakt mit einem bereits erkrankten Pferd. Während man Infektionen nicht immer vermeiden kann, obwohl Abhärtung die Widerstandsfähigkeit erhöht, lassen sich die Erkältungen vermeiden. Eine wirkungsvolle Schutzimpfung gibt es bisher leider nur gegen den »Hoppegartener Husten« (Pferdeinfluenza).

Von Katarrhen der Luftwege (Nase, Rachen, Kehlkopf, Luftröhre und Lunge) werden meistens Pferde betroffen, die in zu warmen Ställen verweichlicht wurden, womöglich noch unter Decken, um das Putzen zu erleichtern oder um die Winterhaare kurz und dünn zu halten. Oder auch, daß man Pferde nach größeren Leistungen plötzlich Zugluft aussetzt oder daß man sie ohne nachfolgende Bewegung zu kalt und zu stark tränkt. Neben der mehr oder weniger stark erhöhten Temperatur (Fieber) sind stärker gerötete Schleimhäute, Husten, Nasenausfluß und Schwellung der Kehlganglymphdrüsen Zeichen dafür, daß sich das Pferd erkältet haben muß. Natürlich kann es auch zu einer Infektion, z. B. Druse oder Hoppegartener Husten gekommen sein.

In allen Fällen, ob Erkältung oder Infektion, sollte man sich nicht auf die »gesunde Natur« des Pferdes und seine eigenen Kenntnisse verlassen, sondern den Tierarzt mit der Behandlung des erkrankten Tieres betrauen. Vernachlässigung kann sich schon bei Erkältungen rächen, da häufig Erkrankungen der Luftwege zu unheilbarer Dämpfigkeit (einem Gewährsmangel) führen können.

Ansteckend sind auch die zahlreichen Wurmarten, von denen Pferde befallen werden können. Hier können nur regelmäßige Wurmkuren, häufige, gründliche Entmistung der Ställe und eine entsprechende Weidepflege helfen.

Auch falsche Fütterung und falsche Futtermittel können zu Erkrankungen führen. So verursacht nicht selten schlechtes, staubiges Heu Entzündungen der Schleimhäute, der Luftwege und der Augen oder auch Koliken.

Koliken

Die Kolikgefahr ist besonders dann groß, wenn Heu oder Futtergetreide noch zu jung sind. Aber auch zu reichliches oder ungeeignetes Futter können Störungen im Magen- und Darmbereich (Kolik oder Durchfall) hervorrufen.

Da Pferde entgegen der landläufigen Meinung durchaus keinen »Pferdemagen« haben, ist auch hier auf jeden Fall der Tierarzt zu rufen. Man streue bis zu seinem Eintreffen reichlicher als gewöhnlich ein, lasse das erkrankte Tier – sofern die Box groß genug ist – sich wälzen oder führe es auch im Schritt umher. Man reiche kein Futter, auch nicht irgendein Diätfutter.

Kolik ist nur eine Sammelbezeichnung für Magen- und Darmerkrankungen der verschiedensten Art. Deshalb sollten wir mit allen Maßnahmen äußerste Zurückhaltung üben, bis der Tierarzt seine Diagnose gestellt und uns entsprechende Anweisungen gegeben hat.

Verletzungen

Kleine äußerliche Verletzungen, wie sie z. B. auch an den Gliedmaßen sich streichender Pferde auftreten, weil ein Hufeisen nicht mehr ganz fest sitzt oder das Pferd sich an Dornen, Zweigen oder einem vorstehenden Nagel verletzt hat, behandeln wir mit einem antibiotischen Spray. *Allerdings können auch kleine Wunden gefährliche Wirkungen haben, wenn Wundstarrkrampf eintritt. Darum sollte jedes Pferd dagegen geimpft werden!* Größere Wunden durch äußere Einwirkung gehören allerdings nach vorläufiger Versorgung in die Hand des Tierarztes.

Satteldruck

Leider kommt es durch schlecht passendes und oft auch schlecht gepflegtes Sattelzeug sowie durch nachlässiges Satteln immer wieder zu Scheuerstellen auf der Haut. Auch ein schlechter Sitz des Reiters kann die Ursache sein. Wir bezeichnen solche Verletzungen ganz allgemein als Satteldruck.

Je nach Grad der Verletzung zeigen sich Scheuerstellen, Haarausfall, Quetschungen, offene Wunden bis hin zu Abszessen. Vor allem am Widerrist ist ein Satteldruck bedenklich, da er eine eiternde Widerristfistel nach sich ziehen kann. Grundsätzlich sollte man keinen Widerristschaden auf die leichte Schulter nehmen. Fürchten wir einen Satteldruck, dann sollten wir lieber

einmal zu früh entsprechende Gegenmaß-
nahmen ergreifen, als durch Untätigkeit
das Entstehen einer schwerwiegenden Entzündung zu begünstigen. Durch einen
kühlen Umschlag – evtl. unter Zusatz von
essigsaurer Tonerde – bekämpfen wir das
Übel oft schon im Entstehen.

Druckstellen der Sattellage erkennen wir
auch daran, daß das Haar des entsprechenden Bezirks gedrückt ist. Auch die stärkere
Erwärmung dieser Stellen ist ein deutlicher
Hinweis, wenn sich die Druckstellen im
verschwitzten, also nassen Fell durch Trok-
kenheit von der Umgebung abheben.

In der Gurtlage sind wir meist ganz auf
unser Gefühl angewiesen, um Druck- oder
Scheuerstellen festzustellen. Hier lassen
sich Schäden durch richtiges Gurten und
Nachgurten vermeiden.

Damit beim Anziehen des Schnurengurtes
keine Hautfalten zwischen den Strängen
eingeklemmt werden, hebt man nach dem
Gurten die Vorderbeine auf und zieht sie
nach vorn aufwärts, als wollte man sie auf
den Beschlagbock stellen. Dadurch glätten
sich Hautfalten, die sich möglicherweise
unter dem Sattelgurt gebildet haben.

In diesem Zusammenhang sei auch einmal
auf das korrekte Einkammern der Satteldecke hingewiesen. Zum Auflegen des Sattels nehmen wir diesen so auf, daß die vier
Finger der linken Hand die Sattelunterlage
in die Sattelkammer drücken. So erhält sie
fast automatisch ihren richtigen Platz.
Auch sollte man es sich angelegen sein lassen, nach jedem Reiten den Rücken des
Pferdes unter besonderer Berücksichtigung der Sattellage mit Wasser, evtl. unter
Zusatz von Brennspiritus, abzureiben: Das
kühlt und härtet ab.

Größere Druckstellen gehören, weil sie
ein Pferd oft für lange Zeit dienstuntauglich machen können, in die Hand des Tierarztes.

Überanstrengungen vermeiden

Zur Erkrankung eines Pferdes durch Überanstrengung sollte es nun wirklich nicht
kommen. Bei großen Sportveranstaltungen
sorgt die tierärztliche Überwachung dafür,
daß die Pferde nicht überfordert werden.
Bei kleinen Veranstaltungen liegt leider
noch manches im argen, auch bei den Reitern, die ihr Pferd angeblich nur aus Freude
am Pferd und an der Natur reiten. Man
kann nicht wochen- oder gar monatelang
nur spazierenreiten und gelegentlich dabei
ein Galöppchen einlegen, um sich dann an
einem Geländeritt oder einer Jagd beteili-
gen zu wollen. Das hält kein Pferd ohne
gesundheitlichen Schaden aus.

Auch wird es sich irgendwann einmal
rächen, wenn Pferde, die an die 22 Stunden
im Stall stehen, täglich nur für eine Stunde
zum flotten Trab und Galopp aus ihrer Box
geholt werden. Manche dieser unvernünf-
tigen »Reiter« reiten dann auch gleich noch
vom Stall weg Galopp. Hier muß es
zwangsläufig zu Schäden an Sehnen, Bändern und Gelenken kommen. Das gefährliche dabei ist leider, daß sie als »Folge-
schäden« erst nach und nach auftreten und
nie mehr völlig auszuheilen sind.

Kreuzverschlag

Der Kreuzverschlag tritt allerdings schlag-
artig auf. Er ist immer dann zu befürchten,
wenn Pferde ohne Arbeit tagelang bei

gleichbleibenden Futterrationen im Stall gestanden haben und dann plötzlich wieder geritten werden. Die Pferde fangen an zu schwitzen, ihre Glieder werden steif und der Gang wird schwankend. Manchmal fallen sie dabei um und sind nicht in der Lage, wieder aufzustehen. Hier ist schnellstens der Tierarzt zu rufen. Eine Erleichterung kann man den Tieren, denen man selbstverständlich den Sattel abnimmt und eine warme Decke auflegt, noch geben: Wasser, denn sie haben großen Durst, wenn möglich auch Zuckerwasser. Kreuzverschlag läßt sich auf einfachste Weise vermeiden: Kommt man für einige Tage nicht zum Reiten und kennt auch keinen Reiter, dem man das Pferd während dieser Zeit anvertrauen kann, muß man die Futterrationen, vor allem die Haferration, drastisch kürzen. In solchen Zeiten sind natürlich ein kleiner Auslauf beim Stall oder eine Möglichkeit zum Weidegang eine große Hilfe. Wer also sein Pferd am Hause halten möchte, sollte sich darüber im klaren sein. In den Reitanlagen findet man in solchen Fällen immer jemand, der das Pferd reitet, longiert oder es in der Reithalle frei laufen läßt. Das ist sicher auch keine ideale Lösung, aber doch besser für das Pferd als alle 24 Stunden des Tages in der Box verbringen zu müssen.

Feind aller Krankheiten sind Bewegung, Luft und Licht. Die nun wirklich viel geplagten Schul- und Verleihpferde sind meiner Erfahrung nach nicht so häufig krank, da sie mehr geritten werden. Sie haben zum Kranksein oft gar keine Zeit. Mitunter werden sie auch besser gepflegt als die Privatpferde. Da sorgen dann schon gewissenhafte Reitlehrer dafür, daß die Hufe von den Reitern vor und nach dem Ritt gründlich gereinigt werden und überhaupt das Pferd sein Recht bekommt, und wenn sie auch manchmal einen Faulpelz mit einem Donnerwetter zur Ordnung rufen müssen. Wer aber ruft die Pferdebesitzer zur Ordnung? Denn schlechte und kranke Hufe, ungepflegte Mähne und Schweif oder auch Mauke fallen ja nicht urplötzlich vom Himmel, sondern sind die Folge langandauernder nachlässiger Pferdepflege.

Mauke

Mauke ist aber durchaus eine vermeidbare Krankheit. Diese rissig-feuchte Hauterkrankung der Fesselbeuge erinnert ein wenig an die »aufgesprungenen Hände«, die man bekommt, wenn man sich die Hände nach dem Waschen nicht ordentlich abtrocknet. Genauso verhält es sich auch mit der Mauke. Nach dem Einrücken in den Stall, dem Abwaschen oder Abspritzen der Pferdebeine gehört es sich, die Fesselbeugen abzutrocknen. Auch darf der Kötenzopf (Fesselzopf), wenn wir die Fesseln ausscheren oder ausschneiden, nicht der Schere zum Opfer fallen. Er wird gebraucht, denn er sorgt ganz unauffällig dafür, daß das an den Pferdebeinen nach unten laufende Wasser sich nicht in der Fesselbeuge sammelt, sondern am Ballen vorbei hinter dem Huf auf die Erde tropft. Mauke kann auch zu Lahmheiten führen, darum immer die Fesselbeugen mit einem sauberen, weichen Tuch trocken reiben.

Ist Mauke aber aufgetreten, dann gilt es vor allem, die betroffene Fessel sauber und trocken zu halten und sich vom Tierarzt ein wirksames Mittel geben zu lassen.

Vergiftungen

Sie kommen zum Glück höchst selten bei Pferden vor. Vor allem die Ponyrassen, scheint es, werden durch einen sicheren Instinkt davor bewahrt, Pflanzen zu fressen, die ihrer Gesundheit schaden. Unsere Ponys haben den auf unserem Grundstück befindlichen Buchsbaum und die Eibe keines Blickes gewürdigt. Wir konnten sie unbeaufsichtigt grasen lassen. Dagegen versuchten die großen Warmblüter sogar beim Vorbeiführen ein wenig davon zu erhaschen. Ihr Instinkt für giftige Pflanzen ist offensichtlich nicht mehr stark genug ausgeprägt.

Da nun viele Pferdebesitzer ihr Pferd am Haus halten, es mitunter auch als vollwertigen Ersatz für den Rasenmäher ansehen, ist hier Vorsicht geboten. Wir sollten uns Garten, Auslauf und Koppel, also wohin auch immer unser Pferd mit und ohne Aufsicht gelangen kann, daraufhin ansehen, ob Giftpflanzen vorhanden sind.

Von den Blumen seien hier das Maiglöckchen, die Hyazinthe und die Herbstzeitlose genannt, von den anderen Pflanzenarten Buchsbaum, Liguster, Goldregen, Tollkirsche, Eibe und Akazie. Bei den genannten Sträuchern und Bäumen sind oft nicht nur die Blätter oder Nadeln gesundheitsschädlich, sondern auch Blüten, Früchte, Samen und Rinde.

Zum Glück stehen uns heute zur Behandlung der meisten Pferdekrankheiten moderne Tierheilmittel zur Verfügung. *Das sollte uns aber nicht hindern, unser Pferd regelmäßig gegen Influenza und Wundstarrkrampf impfen zu lassen und im Frühjahr und im Herbst eine Wurmkur durchzuführen.* Zu diesen Routinemaßnahmen der vorbeugenden Gesundheitspflege sollte auch die jährliche Untersuchung der Zähne des Pferdes gehören. Es geht den Pferden wie den Menschen, die Wurzel so mancher Krankheit liegt in den Zähnen. Wo wegen kranker Zähne schlecht gekaut wird, da werden Verdauung und Wohlbefinden beeinträchtigt. Hafer gelangt unzerkaut in den Mist, das Futter wird nicht genügend eingespeichelt. Leistungsabfall, schlechter Ernährungszustand und daraus resultierende Erkrankungen sind die Folge.

Nun hört sich das alles sehr gefährlich an. Wenn das so ist, dann nur kein Pferd in den Stall, wird mancher denken. Diese Sorge ist jedoch bei einem gewissen Einfühlungsvermögen in die Kreatur, bei maßvoller Arbeit und ordentlicher Pflege, unbegründet. Sicher, Pferde sind nicht so pflegeleicht, wie sich das in Wildwestfilmen manchmal darstellt, aber sie sind bei leistungsgerechter Fütterung und Pflege, verbunden mit entsprechender Zuwendung von seiten des Menschen, auch nicht so anfällig gegen Krankheiten, wie man nach dem Lesen eines solchen Kapitels annehmen könnte.

Behandlung des Pferdes nach Anstrengungen und Bewegungsmangel

So große Gegensätze sollte es eigentlich in einem Pferdeleben gar nicht geben. Denn größere Gegensätze sind kaum denkbar als Anstrengung, die doch für das Pferd immer mit viel Bewegung verbunden ist, und Bewegungsmangel, wenn es tagelang in der Box eingesperrt oder gar im Stand angebunden gehalten wird. Leider ist es aber häufig genug der Fall, daß Pferde an den Wochenenden mehr leisten müssen als an allen übrigen Tagen der Woche zusammen. Dabei muß es nicht einmal zu einer Überanstrengung oder gar Erschöpfung des Pferdes kommen, so weit wollen wir es bitte doch nicht treiben. Ich denke vielmehr an solche Anstrengungen, die die Leistungsgrenze des Pferdes – gemessen an seiner Größe, seinem Alter und seiner Kondition – nicht überschreiten.

Das Pferd ist nicht erschöpft, aber man sieht und merkt ihm an, daß es mehr als das Übliche leisten mußte. Es ist verschwitzt, der Gang ist zwar nicht schwankend, aber doch auch nicht mehr frisch. Es ist müde. Haben wir noch den Heimritt vor uns, dann sollte man diesen nun nicht forcieren, sondern sich Zeit lassen und das Pferd nach Möglichkeit auch einmal tränken. Findet sich kein öffentlicher Brunnen, so bekommt man wohl in jeder Ortschaft, an wen man sich auch wendet, einen Eimer Wasser. Reiten wir dann sofort weiter, schadet auch kaltes Wasser nicht. Schließ-lich haben wir noch die Möglichkeit, abzusitzen und das Pferd zu führen. Nach stundenlangen Ritten bedeutet dies sowohl für das Pferd als auch für den Reiter eine angenehme Erholung. Reiten wir die letzten 20 Minuten Schritt, dann sollten wir auch den Sattelgurt ein wenig lockern. Nicht gleich so locker, daß der Sattel rutscht, aber doch so, daß dem Pferd das Durchatmen erleichtert wird. Noch großzügiger können wir mit dem Lockern des Sattelgurtes sein, wenn wir das Pferd führen. Dabei kühlt und trocknet auch gleich die Sattellage.

Kommen wir dann zum Stall, wird sich das Pferd schon ein wenig erholt haben. Hier sollten wir es zunächst einmal tränken. Wenn erforderlich dosiert, indem wir die Schlucke zählen oder die Trense im Maul lassen. Beim Abwarten des Pferdes, d. h. während man die Hufe ausräumt, die Nüstern mit einem feuchten Schwamm auswischt und den gröbsten Schweiß zwischen den Oberschenkeln beseitigt, kann man den Sattel ruhig noch auf dem Pferd lassen und ihn erst abnehmen, wenn man dann die Sattellage und die Gurtlage feucht abwischt. Durch das Liegenlassen des Sattels bei gelockertem Gurt ist diese noch stark verschwitzte Stelle noch geschützt und kann keinen Zug bekommen. Damit wird man es erst einmal genug sein lassen. Vielleicht legt man noch eine Decke auf, mehr aber nicht. Dann sollte es erst einmal Futter bekommen.

Treffen wir zur üblichen Futterzeit im Stall ein, dürfen wir nicht gleich das ganze Heu vorlegen und die gesamte Haferration geben. Erst prüfen wir einmal mit kleinen Portionen den Appetit unseres Pferdes und bieten frisches Gras, Rüben, Möhren, Äpfel oder auch Rübenschnitzel in kleinen Mengen als Appetitmacher an. Wir können sicher sein, wenn wir das Pferd nur angestrengt aber nicht erschöpft haben, dann wird es fressen. Und zwar mit gutem Appetit. Sollte es allerdings lustlos vor dem Futter stehen, es »warmblasen«, verweigern, dann müssen wir es unter Beobachtung halten und eventuell den Tierarzt bitten, nach unserem Pferd zu sehen.

Hatten wir jedoch einen anstrengenden Heimritt und haben vielleicht erst beim Absatteln im Stall festgestellt (reichlich spät freilich), daß unser Pferd doch einiges hat leisten müssen, dann sollten wir es zunächst noch einige Zeit führen, nicht unbedingt bis es ganz trocken ist, aber doch bis die Atmung sich beruhigt hat und die stark verschwitzten Stellen im Hals-Schulter-Brust-Bereich nicht mehr naß, sondern allenfalls noch feucht sind. Je nach Jahreszeit und Wind sollten wir zum Führen eine Decke auflegen. Danach reinigen wir das Pferd in der erwähnten Weise flüchtig, denn es mag ja Pferden auch wie uns Menschen gehen: die Ruhe ist uns zunächst wichtiger als Bad oder Dusche.

Frißt unser Pferd gut, schwitzt aber nach, wie wir bald feststellen können, sollte uns das Anlaß sein, entweder die Kondition des Pferdes durch systematisches Training zu verbessern, oder aber ihm solche Leistungen in Zukunft nicht abzuverlangen. Ob wir nun das gründliche Abwarten und Putzen des Pferdes nach der zweistündigen Futterpause vornehmen oder am nächsten Tage, liegt an uns. Paßt es in unsere Stallordnung, dann sollte man es nicht auf den nächsten Tag verschieben. Haben wir aber den Eindruck, daß das Pferd lieber in Ruhe gelassen werden möchte, können wir dabei auch ein gutes Gewissen haben. Wichtig ist dann allerdings, daß es dann ein gut eingestreutes Lager (Matratze) vorfindet.

Mancher Reitersmann möchte nun sein Roß am nächsten Tage für die außergewöhnliche Anstrengung entschädigen und läßt es im Stall. Damit tut er ihm aber keinen guten Dienst, denn der Muskelkater, der sich über Nacht eingestellt hat, läßt sich nur durch Bewegung wieder schnell beseitigen. Ich würde es wohl auch nicht unbedingt für den ganzen Tag auf die Weide oder in einen Auslauf schicken, aber Bewegung muß es bekommen. Vielleicht, daß wir eine Stunde Schritt reiten, es dabei auch einmal führen, oder daß wir es überhaupt nur für eine Stunde spazierenführen und es dabei ab und zu grasen lassen.

Solche Entscheidungen kann man im Grunde immer nur vor Ort treffen. Außerdem sollte jetzt sorgfältig geputzt, auf festen Sitz der Hufeisen und Nägel, auf Druckstellen und mögliche Anzeichen einer Erkrankung kontrolliert werden.

Nach großer Anstrengung empfiehlt sich eine Zufütterung von Mash, Zuckerwasser und anderen Appetitanregern. Ist unser Pferd »gut an der Krippe«, dann ist ihm auch die Anstrengung gut bekommen.

Bei Bewegungsmangel dagegen dürfen wir dem Appetit des Pferdes nicht in der gewohnten Weise nachgeben. Die z. B. an hohen Festtagen gewährten zusätzlichen Portionen Hafer bekommen den Pferden meist noch schlechter als unsere Festtagsschmausereien. »Friß die Hälfte« empfiehlt sich auch für die Pferde. Das gilt natürlich vor allem für die Kraftfuttergaben.

Bewegungsmangel besteht aber nicht nur, wenn das Pferd über mehrere Tage in der Box bleibt, sondern auch bei Aufenthalt im Paddock oder bei Weidegang, wenn nicht zusätzlich geritten wird. Natürlich haben Pferde auf der Weide die Möglichkeit sich zu bewegen, auch die Box bietet diese Möglichkeit, aber all dies kann nicht mit der Arbeitsleistung gleichgesetzt werden, die vom Pferd im Geschirr oder unter dem Sattel gefordert wird. Auf der Weide sind die Pferde im Grunde genommen nur Schrittgänger. In Trab und Galopp fallen sie nur selten und dann auch nur für kurze Zeit, denn wenn sie sich auch noch von der Weide ernähren müssen, haben sie nicht viel Zeit, den Kopf hoch zu tragen.

Wenn wir also nach mehrtägiger Pause endlich wieder zum Reiten Zeit haben, dann sollen wir uns nun auch wirklich Zeit lassen. Pferde sind nun einmal keine Maschinen. Wir brauchen uns nun deshalb aber nicht auf Schritt zu beschränken, obwohl – nebenbei bemerkt – nichts so sehr die Muskelbildung fördert wie das Reiten im Schritt. Wir dürfen ruhig traben und auch einmal einen Galopp einlegen. Aber immer gleichsam mit der Hand am Puls des Pferdes. Sobald das Pferd heftiger atmet und schwitzt, reiten wir wieder Schritt, bis die Atmung sich beruhigt hat und die Schwitzflecken verschwunden sind.

Selbstverständlich sollten wir nach Stehtagen einen Ritt nicht über Gebühr ausdehnen. Das Pferd muß sich erst wieder »einlaufen«. Da Stehtage häufiger auf den Wochenanfang und die Mitte der Woche fallen als auf das Wochenende, besteht immer die Gefahr, daß wir unser Pferd nach der bewegungsarmen Wochenmitte am Wochenende überfordern.

Wozu habe ich dann ein Pferd, wenn ich es nicht reiten darf, höre ich sagen. Natürlich darf und soll sogar geritten werden. Es kann sogar ein längerer Ritt sein. Nur ein Parforceritt darf es nicht werden. Für »Wochenendpferde« dürften ausgedehnte Ritte in ruhiger Gangart das Gesündeste sein. Es schadet nie, öfter einmal zu rasten oder Führstrecken einzulegen. Selbstverständlich halten wir auch die Futterzeiten und die zweistündige Futterpause genau ein!

Hat man Sorge, dem Pferd nach Stehtagen und Bewegungsmangel zu viel abzuverlangen, dann sollte man immer zugunsten des Pferdes entscheiden. Ob wir über viel oder wenig Erfahrung im Umgang mit Pferden verfügen, es ist jedenfalls reiterlicher, ein Pferd zu schonen als es zu überfordern.

Einzelhaltung von Pferden

Es gibt nicht wenige Pferdebesitzer, die im Stall am Haus nur ein Pferd halten wollen und können. Und wenn der Reiz des Neuen für die restliche, vielleicht nichtreitende Familie verflogen ist, dann nimmt auch die Zahl ihrer Stallbesuche ab. Solche alleingehaltenen Pferde sind sicher das ein und alles ihrer Besitzer, führen aber doch ein recht einsames Leben.

Wenn Pferde auf einer Koppel auch manchmal recht reserviert nebeneinander herzuleben scheinen, heißt das ganz und gar nicht, daß sie ungesellig sind. »Ich kann mir aber doch deshalb nicht noch ein zweites Pferd kaufen«, höre ich sagen. Richtig, dann hätten ja zwei Pferde zu wenig Bewegung. Aber wenn man von Frühjahr bis Herbst beobachten kann, wie einzeln gehaltene Pferde auf viel zu kleinen und völlig abgegrasten Hauskoppeln mit hängendem Kopf in einer Ecke stehen, dann fragt man sich doch, was diese Pferde sich wohl denken.

Dem echten Pferdefreund muß sich bei diesem Anblick ein Gedanke aufdrängen: Es wäre doch schön, wenn das Pferd einen Kameraden hätte.

Ist ein Hund im Haus, kann man vielleicht beide so gut aneinander gewöhnen, daß sie sich im Stall und auf der Koppel Gesellschaft leisten. Es gibt unzählige Beispiele solcher Tierfreundschaften, nicht nur in der Literatur, sondern auch im Lebensalltag. Natürlich muß das Freundschaftstiften unter Kontrolle geschehen, damit kein Unglück geschieht. Das Pferd muß erst verstehen lernen, daß das Springen, Bellen und Mitlaufen des Hundes kein feindseliges Hetzen ist, sondern freundliches Spiel. Und der Hund muß begreifen, daß Pferde es gar nicht lieben, wenn man ihnen an die Beine geht. Wenn ein Pferd das freudige Anspringen des Hundes mißversteht, wird es in der Regel auskeilen. Ein unglücklicher Treffer kann genügen, um dem Hund tödliche Verletzungen zuzufügen.

Unser »Asko«, ein Schäferhund, geht sehr gerne zu den Pferden in den Stall. Er läßt sich dort gern von »Kurdi« kraulen, der das auch mit sichtlichem Vergnügen tut. Die Freundschaft zwischen beiden ist so groß, daß der Hund, sobald er aus dem Haus kann, sofort in den Stall zu »Kurdi« läuft. »Kurdi« ist ein Hannoveraner. Die Beziehungen zwischen Hund und Pony dagegen sind sehr reserviert. Beide trauen einander nicht, und das schon seit Jahren. Das Beispiel beweist auch, daß man Freundschaften zwischen Pferd und Hund wohl fördern, jedoch nicht erzwingen kann.

Aber es muß ja nicht immer ein Hund sein, möglicherweise genügt schon ein Kaninchen in der Box. Dem Pony der Kinder habe ich eines Tages einfach ein Kaninchen in die Box gesetzt. Die beiden haben sich prächtig verstanden. »Penny«, so heißt das

Kaninchen, hüpfte gleich in die Krippe des Pferdes. Wenn es Futter gab, wurde es zwar manchmal vom Pony mit dem Maul sanft zur Seite geschoben, aber daran störte sich das Kaninchen überhaupt nicht. Ja, nicht nur beim Pony fühlte »Penny« sich wohl, es wechselte auch zur Box des Hannoveraners und ließ es sich dort ebenfalls gut sein. Dazu muß man wissen, daß »Penny«, um aus der einen Box in die andere zu gelangen, 90 cm hoch in die Krippe des Hannoveraners springen mußte!

Ein Schaf oder eine Ziege sind übrigens auch geeignet, um einem Pferd Gesellschaft zu leisten. In früheren Zeiten hielt sich ja jeder gut geführte Stall einen Ziegenbock, um Krankheiten fernzuhalten. Aber zu einem Ziegenbock rate ich nun wirklich nicht.

Vielleicht haben sich die Kinder schon lange eine Katze gewünscht. Sie sollen sie haben, und ihren Platz bekommt sie im Stall. Wir schlagen damit mehrere Fliegen mit einem Streich, wenn schon nicht sieben, so doch wenigstens drei: Die Kinder haben ihre Katze, das Pferd hat etwas zu beobachten, und die Mäuse werden auch nicht im Stall tanzen können.

Nun wird es da und dort sicher manche Einwendungen gegen die hier vorgetragenen Vorschläge geben, denn unzählige Pferde werden ja seit vielen Jahren allein gehalten. Man hat sie aber gezwungen, sich an einen Zustand zu gewöhnen, der nicht ihrem Instinkt ensprich, *denn ein Pferd ist ein Herdentier und fühlt sich nur in Gesellschaft – am liebsten unter seinesgleichen – wohl.*

So gewiß man Pferde nicht vermenschlichen soll, so gewiß steht doch auch fest, daß man kein Verhaltensforscher sein muß, um zu verstehen, daß inneres Wohlbefinden großen Einfluß auf Gesundheit und Leistung eines Pferdes hat.

Reitgelände, Reitplatz

Das eigene Pferd im eigenen Stall am Haus ist immer nur so viel wert, wie es uns möglich ist, geeignetes Reitgelände schnell und bequem zu erreichen. Nicht immer sind die Verhältnisse so günstig, daß die Reitanlage des örtlichen Reitervereins mit Reithalle und Reitplatz auf der anderen Straßenseite gegenüber dem Wohn- und Stallgrundstück liegt und geeignete Feld-, Wald- und Wiesenwege über ruhige Nebenstraßen sicher und bequem zu erreichen sind.

So gut werden wir es sicher nicht überall treffen, doch sollten bestimmte Voraussetzungen für das Reiten schon gegeben sein, sonst wird das Halten eines Pferdes im Stall am Haus nur zu einer Last. Immer nur auf einem kleinen Reitplatz zu reiten, macht weder Pferd noch Reiter auf die Dauer Spaß. Beide brauchen neben der Arbeit auf dem Viereck auch die »langen Linien« für lange Galopp- und Trabreprisen, aber auch für lange Schrittstrecken. Und beide brauchen auch, um eine natürliche Geschmeidigkeit zu erlangen, neben dem Reiten auf einem ebenen Reitplatz die Möglichkeit, sich im freien Gelände mit allen seinen natürlichen Unebenheiten, seinem Auf und Ab, ausgiebig und ungehindert bewegen zu können.

Da man ja die ersten zehn Minuten sowieso Schritt reiten soll, sollte diese Schrittstrecke ins freie Gelände nicht weiter als fünfzehn Minuten vom Stall entfernt sein. Das erscheint vielleicht im ersten Augenblick nicht viel, aber es erfordert doch für den An- und Abmarsch – also ohne den eigentlichen Ausritt – einen Zeitaufwand von etwa dreißig Minuten.

Wichtig ist, daß wir verkehrsarme Straßen und Wege benutzen können, denn junge und verkehrsungewohnte Pferde stellen im Straßenverkehr ein ungemein hohes Risiko dar, und zu bestimmten Zeiten, wie etwa im Berufsverkehr, können nicht nur Hauptstraßen, sondern oft auch Nebenstraßen für Pferd und Reiter ein gefährlicher Reitweg sein. Auch löst sich das Problem nicht einfach dadurch, daß wir unser Pferd führen. Im Straßenverkehr unserer Tage können ängstliche Pferde auch ein kurzes Wegstück zu einem Alptraum werden lassen.

Daran muß die Pferdehaltung am Haus nicht unbedingt scheitern. Nur, man muß um solche möglichen Probleme wissen und darauf vorbereitet sein. Meist läßt sich nämlich ein verkehrsungewohntes Pferd in Begleitung eines oder besser mehrerer verkehrsgewohnter Pferde an den Straßenverkehr gewöhnen. Vor allem müssen wir als Reiter im Straßenverkehr immer daran denken, daß wir keine Vorrechte haben, sondern Verkehrsteilnehmer sind wie andere auch.

Wir müssen also die Verkehrszeichen beachten, vorhandene Reitwege benutzen, Rad- und Wanderwege jedoch meiden.

Auf Straßen halten wir uns immer scharf rechts, beachten die Vorfahrtsregeln, ordnen uns zum Abbiegen ein und zeigen alle Richtungsänderungen deutlich an.

In der Dunkelheit dürfen wir uns nicht unbeleuchtet bewegen. Reiter und Pferd müssen durch Lampen mit weißem oder schwachgelbem Licht, am besten zusätzlich noch durch Leuchtgamaschen, für die übrigen Verkehrsteilnehmer gut sichtbar sein.

Diese Beleuchtungspflicht gilt nicht nur für die Dunkelheit, sondern auch für Nebel und Schneetreiben. Im Interesse der Sicherheit aller Verkehrsteilnehmer und nicht zuletzt auch im eigenen Interesse darf diese Pflicht nicht auf die leichte Schulter genommen werden.

Rücksichtnahme und Höflichkeit gegenüber den anderen Verkehrsteilnehmern, ganz besonders gegenüber den Fußgängern und Radfahrern, sollten von uns Reitern unbedingt geübt werden. Gilt es doch bei diesem Personenkreis das oft vorhandene Vorurteil abzubauen, wir Reiter säßen auf dem »hohen Roß«. Darum schadet es gar nicht, wenn wir z. B. zu einem Gespräch mit dem Wanderer, Landwirt oder Förster absitzen und auch unsererseits das Gespräch zu Fuß, also auf gleicher Ebene mit dem Gesprächspartner, führen. Ganz besonders aber sollten wir diese höfliche Form wählen, wenn es gilt, Mißverständnisse, berechtigte oder unberechtigte Klagen zu klären. Sitzen wir ab, dann hat der Gesprächspartner nicht das Gefühl, als würde er vom hohen Roß herab »behandelt«.

Mancherorts gibt es Wege, die manchmal nur breitere Trampelpfade oder mehr unbefestigte Fuß- als Fahrwege sind. Hier sollte man klugerweise die »Verkehrsdichte« prüfen und es von den örtlichen Verhältnissen – unter Umständen im Gespräch mit Anliegern und Wegebenutzern – abhängig machen, ob man solche Wege auch als Reiter benutzt. Auf Wegen oder unbefestigten Straßen, die wir gemeinsam mit Fußgängern benützen dürfen, sollten wir uns immer scharf rechts halten und niemals – auch bei schlechtem Wetter nicht – die ganze Breite zum Reiten benutzen. Es gibt leider immer wieder Reiter, die ihren Pferden aufgeweichte Seitenstreifen von Wegen und Straßen oder Pfützen nicht zumuten wollen und dann auf die festere und glattere Straßenmitte ausweichen. Damit macht man sich aber bestimmt keine Freunde. Solches Verhalten ist nicht nur gedankenlos, sondern rücksichtslos. Wir sollten daher immer danach trachten, unser Reitgelände auf den richtigen Wegen und Straßen und in der richtigen Art und Weise zu erreichen.

Da die örtlichen Verhältnisse sehr verschieden sind, kann ganz allgemein gesagt werden, daß man alle Wege und Straßen, die nicht ausdrücklich und in besonderer Weise für Reiter verboten sind, benutzen darf. Solches Verbot muß nicht unbedingt durch ein Verbotsschild (Verkehrszeichen) ausgesprochen sein. Denn viele Wege sind z. B. so eindeutig Fußwege, daß sich ein Reiten darauf auch ohne ausdrückliches Verbot verbietet.

In Feld und Wald wird das Reiten durch das Bundeswaldgesetz und entsprechende Ländergesetze geregelt. Daß man nicht durch Schonungen und Jungholz reitet, sollte wohl jedem klar sein. Ansonsten schränken das Bundeswaldgesetz und die Ländergesetze nur das Reiten in den *Ballungsgebieten der Städte* ein. Allgemein gilt: Wo kein Kläger ist, da ist auch kein Richter. Damit will ich nicht sagen, daß man sich alles erlauben, sich aber dabei nicht erwischen lassen dürfe. Es gibt aber noch immer Städte und Dörfer, die der besonderen gesetzlichen Regelung für das Reiten nicht bedürfen, da die Zahl der Reiter klein ist und die Zahl der Feld-, Wald- und Wiesenwege groß genug für ein Miteinander von Erholungssuchenden zu Pferd, zu Fuß und mit dem Fahrrad. *Hier, wie überhaupt, sind Takt und Rücksichtnahme wichtiger als alle Gesetze.* Und wenn man stets bedenkt, daß es keine herrenlose Grundstücke gibt und »man anderen nicht zufügt, was man selbst nicht zugefügt bekommen möchte«, kann man ein ganzes Reiterleben lang, ohne Flurschaden anzurichten, durch die Flur reiten.

Mancherorts bietet sich auch die Möglichkeit, ein kleines oder auch größeres, in der Feldmark oder im Wald gelegenes Grundstück zu pachten. Es gibt da und dort noch »Ödland«, aufgelassene Sandgruben oder Wiesengrundstücke, die seit Jahren schon keinen Pächter mehr finden. Sie sind meist für einen geringen Pachtzins zu haben und wir können darauf einen kleinen Reitplatz mit einigen Hindernissen anlegen. Vielleicht finden wir auch einen von Fahrzeugen nicht mehr benutzten Wiesen- oder Waldweg, auf dem sich – natürlich nicht ohne Rücksprache mit den Grundbesitzern – einige Hindernisse errichten lassen. Es gibt oft noch viele ungenutzte Möglichkeiten, »unser« Reitgelände abwechslungsreich zu gestalten, wenn wir das Fragen

um Erlaubnis und die manchmal damit verbundene Arbeit nicht scheuen: Auch braucht uns bei solchen Pachtgrundstücken nicht zu stören, daß sie vielleicht nicht ganz so eben sind. Im Gegenteil, Bodenunebenheiten, geringfügige Neigung, vielleicht auch noch ein Graben oder ein paar einzelstehende Bäume sind durchaus nicht unerwünscht.

Schließlich wollen wir für unser Pferd auf diesem Platz kein Dressurviereck zur Ausbildung für eine L-Dressur herrichten, sondern einen Reitplatz, der uns und unser Pferd für das Reiten im Gelände unter den verschiedensten Bedingungen und Gangarten die erforderliche Sicherheit gibt. Unter »Sicherheit« verstehe ich nicht nur, daß Pferd und Reiter den Anforderungen der Klasse A genügen, d. h. daß der Reiter in der Lage ist, auf einem Turnierplatz ein durchlässiges, an den Hilfen stehendes Pferd vorzustellen. Da Durchlässigkeit und Gehorsam des Pferdes im Gelände weitaus schwieriger zu erreichen sind, muß der Reiter zusätzlich zur Grundausbildung über einen absolut sicheren Sitz, eine absolut sichere Einwirkung auf das Pferd und ein schnelles Reaktionsvermögen verfügen. Das Pferd muß sich in jeder Situation in Gangart und Tempo dem Willen des Reiters unterordnen und die gewünschte Richtung einschlagen. Und schließlich gehört dazu auch, daß Pferd und Reiter unbeeindruckt von Verkehrsdichte und -lärm, also ohne sich und andere zu gefährden, am Straßenverkehr teilnehmen.

Wer dieses kleine ABC des Reitens nicht beherrscht, darf sich allenfalls am Führzügel oder in Begleitung von Reitern mit sicheren und ruhigen Führpferden aus dem Reitplatz hinaus ins Freie wagen. Wer das nicht einsieht, handelt grob fahrlässig.

Wir kommen also als Anfänger in der Kunst des Reitens oder bei der Ausbildung eines jungen Pferdes nicht ohne einen Reitplatz aus, sei es der des örtlichen Reitvereins oder ein eigener. Den eigenen Reitplatz sollten wir nach Möglichkeit in unmittelbarer Nähe unseres Wohn- und Stallgrundstückes anlegen, damit er auch als Auslauf oder gelegentlich auch als Spielplatz für die Kinder benutzt werden kann.

In der Größe und Form des Reitplatzes müssen wir uns freilich nach den Gegebenheiten richten, doch sollte das für ein Dressurviereck übliche Maß von 20 × 40 m nicht unterschritten werden. Besser wären natürlich 30 × 60 m, damit wir das Pferd auch einmal ordentlich ausgreifen lassen können. Grundsätzlich werden wir das Rechteck jedem anderen Format vorziehen. Allerdings tut es zur Not auch ein Zirkel, wenn wir nur einmal die vielen Möglichkeiten bedenken, die sich für die Arbeit auf einem Zirkel der üblichen Größe (20 m ∅) bieten. Wir können in den drei Gangarten Schritt, Trab und Galopp reiten, durch den Zirkel wechseln oder den Zirkel verkleinern und vergrößern. Auch Schenkelweichen, Schulterherein, Rückwärtsrichten sowie halbe und ganze Paraden lassen sich üben. Das Reiten muß auf dem Zirkel also nicht eintönig sein. Und schließlich kann man aus einem Zirkel auch immer eine »halbe Bahn« machen und gewinnt damit zusätzlich Möglichkeiten für die Arbeit an sich und dem Pferd.

Dem größeren Reitplatz gebührt immer der Vorzug. Ihn kann man mit etwas Aufwand an Material und Arbeit zu einem Spring-platz ausbauen, wie z. B. diesen kleinen Reitplatz, der vormals den Schweinen als Weide diente, die Größe von nur 20 × 45 m hat und zudem noch mit einigen Bäumen bestanden ist. Er wurde zunächst durch einen stabilen Zaun aus Holz (in einem Karbolineum-Altöl-Teer-Gemisch getränkte, 20 cm starke Pfosten und als Querhölzer geteilte Fichtenstangen) abgegrenzt. Eingefriedigt sollte jeder Reitplatz sein, auch wenn er auf dem eigenen, eingezäunten Grundstück liegt. Es stimmt nicht jedermann erheiternd, wenn ein etwa reiterlos gewordenes Pferd durch Blumen- und Gemüsebeete galoppiert. Diesen Platz habe ich dann durch einige feste Hindernisse und eine Steinmauer unterteilt, um so mehrere Kleinausläufe zu gewinnen. Die Durchlässe wurden mit Hilfe einiger alter Eisenteile so hergerichtet, daß bei Bedarf Hindernisstangen aufgelegt werden konnten. Dazu noch einige einfache, selbstgebaute Hindernisständer und der Hindernispark war vollständig. Wem das nicht genügt, kann sich diesen Hindernispark durch Strohbunde, Leitern (aber nur aus Holz), Kisten, Fässer usw. leicht noch vielseitiger gestalten. Im übrigen kommt es zu Beginn der Springausbildung nicht auf die Vielzahl der Sprünge und deren Höhe an. Wichtig allein sind doch zunächst die Manier, mit der unser Pferd den Sprung anzieht, springt, landet, sich aufnehmen läßt und weitergaloppiert, und natürlich auch unser Stil, d. h. ob wir in der Lage sind, in korrektem Sitz zu reiten und zu springen. Dazu reichen einige Sprünge, die auch nicht unbedingt über die Höhe von 80 bis 100 cm hinausgehen müssen, in der Regel völlig aus.

Vorbereitung für Turniere und Schauen

Es ist der verständliche Wunsch vieler Reiter, einmal mit ihrem Pferd an einem Turnier oder einem Schauwettbewerb teilzunehmen, und wenn die Triebkraft dazu nicht allein in der menschlichen Eitelkeit zu suchen ist, sondern in dem berechtigten Wunsch, sich als Reiter mit einem – vielleicht auch noch selbst ausgebildeten – Pferd im Leistungsvergleich mit anderen zu messen und prüfen zu lassen, dann kann zur Teilnahme am Wettbewerb nur geraten werden.

Die Leistungsprüfungsordnung (LPO) der Deutschen Reiterlichen Vereinigung gibt Veranstaltern eine Fülle von Anregungen zur Durchführung von Leistungswettbewerben (WB), Leistungsprüfungen (LP), Pferdeschauen (PS) und Pferdeleistungsschauen (PLS) wie Turnieren, Schauwettbewerben, Reiterspielen, Geländeprüfungen, Materialprüfungen und noch viele interessante Prüfungen mehr. Vom Pony bis zur Zuchtstute, vom Reiter bis zum Fahrer, vom Anfänger bis zum Leistungssportler, vom Jugendlichen bis zum Senioren – für alle werden eine Vielzahl von Prüfungen angeboten.

Es liegt also an den Veranstaltern und uns, diese Möglichkeiten auszuschöpfen. Mehr natürlich noch an uns, daß wir unser Pferd und uns nicht überschätzen, sondern uns nur für solche Wettbewerbe interessieren, die unserem Können und Leistungsvermögen entsprechen. Es gibt ja leider viel zu viele Reiter, die ihres Pferdes Leistung und ihr eigenes Können überschätzen und an Prüfungen teilnehmen, in denen sie nun wahrlich nichts zu suchen haben. Es reicht zur Teilnahme an einem Wettbewerb einfach nicht aus, wenn uns wohlmeinende Familienangehörige – womöglich wissen sie gerade noch, wo beim Pferd vorn und hinten ist – ermuntern, an diesem oder jenem Turnier oder Schauwettbewerb teilzunehmen, weil unser Pferd so lieb sei und wir so hübsch zu Pferde säßen. So etwas endet leider allzu oft damit, daß der »elende Bock« an allem schuld ist, und das arme Pferd durch rohe Paraden, Prügel und Nachexerzieren unverdient gestraft wird. Unreiterlichem Verhalten wird dadurch die Krone aufgesetzt.

Nein, am besten ist es noch immer, wenn wir durch einen Fachmann ermuntert werden, uns doch einer Prüfung zu stellen, oder wir diesen Fachmann bitten, unser und unseres Pferdes Können im Blick auf eine mögliche Teilnahme an einem Wettbewerb zu beurteilen. Das wird dann in den meisten Fällen der Reitlehrer unseres Vereins sein, *denn wenn uns der Sinn nach Turnier und Schau steht, dann müssen wir schon Stammitglied in einem Reitverein sein, um teilnehmen zu können bzw.* – nach Absolvierung des Reitabzeichens in Bronze – *den Reiterausweis der FN zu erhalten.* Wem sich die Möglichkeit bietet, sollte schon an den Übungsstunden seines Vereins und an vereinsinternen Prüfungen teilnehmen, um sich und sein Pferd korrigieren und fördern zu lassen. Auch gewöhnt man dadurch die doch mehr oder weniger im Privatstall alleinstehenden Pferde an das Reiten in der Abteilung und die doch ganz andere Atmosphäre eines Reitplatzes oder einer Reithalle. Nachdrücklich sei in diesem Zusammenhang auch auf die Kurse der anerkannten Reit- und Fahrschulen hingewiesen, die Reiter und Pferd für die Teilnahme an Turnieren vorbereiten.

Ein Turnier beginnt ja nicht erst am Tage der Prüfung, sondern lange schon vorher im heimatlichen Stall, der Reithalle, dem Reitplatz mit der Vorbereitung von Reiter und Pferd. So kann man sich auch manches Mißgeschick oder peinliche Pannen ersparen, wenn man sich durch turniererfahrene Pferdebesitzer in alles »Drum und Dran« eines Turniers – von der Ausschreibung bis zur Teilnahme – einweisen läßt. Spätestens hier wird uns dann klar, daß wir weder auf einem x-beliebigen Turnier, noch in einer x-beliebigen Prüfung starten können, sondern daß jeder Reiter – entsprechend seiner Erfolge – einer Leistungsklasse angehört. Der Anfänger kann somit nur an Prüfungen der Kategorie C teilnehmen, für die Kategorien B und A wird ein Reitausweis benötigt. Auch die Pferde, die in diesen beiden Kategorien vorgestellt werden sollen, müssen in die Liste der Turnierpferde eingetragen bzw. im Besitz des Ponypasses sein. Man kann also nicht so im Vorbeigehen nach den Sternen bzw. dem Turnierlorbeer greifen, da die Ausschreibungen dem Hochmut mancher Reiter – der ja immer vor dem Fall kommt – durch gewisse Handicaps zu wehren versuchen, denn nicht jede »irre Zicke« ist eine Halla und nicht jeder »Dicker« ein Meteor. Nennen wir uns also an Hand der Ausschreibung immer nur für die Prüfungen, für die wir zugelassen sind und die unserem Können und Leistungsvermögen entsprechen.

Wir sollten uns aber nicht nur in den »Papierkrieg« einweisen lassen, sondern auch in die praktische Seite der Turnierteilnahme. Nehmen wir also bei unseren turniererfahrenen Reiterkameraden – es darf natürlich auch eine Kameradin sein – einen kostenlosen Anschauungsunterricht darin, wie man sein Pferd für das Turnier vorbereitet. Damit meine ich freilich nicht nur die Vorbereitung von Pferd und Reiter durch gymnastizierende Übungen für Dressur und Springen, sondern auch das »Herausbringen« des Pferdes durch entsprechende pflegerische Maßnahmen. Guter Putz, gepflegte Langhaare (Mähne, Schweif), guter Hufbeschlag und glänzendes Lederzeug sind ebenfalls Voraussetzung, damit am Tage der Prüfung sich den Richtern ein nach Vorbereitung und Pflegezustand in Höchstform befindliches Paar stellen kann. Muß man noch ausdrücklich erwähnen, daß auch Stiefel, Hose und Jacke des Reiters geputzt und sauber sein sollten? Diese Frage erübrigt sich leider nicht, wenn man an die unsauberen Anzüge denkt, in denen Reiter beiderlei Geschlechts und jeden Alters manchmal auf Turnieren herumlaufen.

Am besten begleiten wir unseren »Lehrherrn« zuerst auch einmal auf ein paar Turniere, damit wir auch hier einen ganz unmittelbaren Eindruck davon bekommen, wie es in einem Stall für die Pferde der Turnierteilnehmer, auf dem Abreiteplatz und der Meldestelle zugeht. Seien wir dabei Stallmann, Bereiter, kritischer Beobachter, kurz »Mädchen für alles«. Wir werden bei unserer ersten Turnierteilnahme dankbar erfreut feststellen, daß diese Lehrzeit eine notwendige und gute Vorbereitung war, die uns vieles Wissenswerte vermittelt und viele Fehler erspart hat.

Nach den Vorschriften der LPO bleiben uns von der Ausschreibung bis zum Turnierbeginn ca. 10 Wochen. Diese Zeit muß intensiv genutzt werden, und wir schließen uns dazu einer vom Reitlehrer oder Sportwart des Vereins betreuten Fördergruppe in der entsprechenden Disziplin an. Halte sich bitte niemand für so gut, der Korrektur durch einen erfahrenen Ausbilder nicht zu bedürfen!

Nun aber zurück zu den Vorbereitungsmaßnahmen, die unsere ureigenste Angelegenheit sind. Zunächst einmal die gute Stallpflege. *Besondere Leistungen müssen auch durch die entsprechende Fütterung unterstützt werden.* Hat man bisher nur eine kleine Kraftfutterration gegeben, muß man die Menge entsprechend den zunehmenden Trainingsleistungen seines Pferdes Woche für Woche systematisch steigern, so daß die volle Ration und die erwünschte Kondition ca. eine Woche vor Turnierbeginn erreicht werden. In dieser Zeit sollte man nach Möglichkeit auch keine Umstellung in den Gewohnheiten des Pferdes vornehmen, also keine Änderung der Futterzeiten und Futtermittel, ausgenommen natürlich ein etwa wöchentlich verabreichter Mash, der das innere Wohlbefinden des Pferdes fördert und seinem Fell den erwünschten Glanz gibt.

Nun gibt es ja Turniere wie Sand am Meer, aber nicht immer gerade da, wo wir wohnen, d. h. daß wir unser Pferd in der Regel transportieren müssen. Liegt der Ort der Veranstaltung allerdings in der Nähe und ist zu Pferd gut erreichbar, dann sollten wir in ruhigem und gemächlichem Tempo hinreiten. Das wird aber nur sehr selten der Fall sein.

Meistens müssen wir unser Pferd im Pferdeanhänger transportieren. Kennt unser Pferd das? Warten wir damit nicht bis zum Verladetermin in der Meinung, es werde schon klappen. Sicher, es gibt Pferde, die gehen auch beim ersten Mal so selbstverständlich auf den Anhänger, daß man sich nur wundern kann. Aber es gibt leider auch die anderen, die Besitzern, Betreuern und Zuschauern ein immer neues Schauspiel bieten, bis sie schließlich mit großem Aufwand an Zeit, Kraft, Geschrei, List, Tücke und Gewalt endlich oben sind. Für diese armen, geplagten Pferde verbindet sich der Anblick jedes Pferdeanhängers mit der ersten unangenehmen Erfahrung, da man sie unter Zeitdruck, Geschrei und Gewalt auf den »Hänger« schob. Dann noch die schnelle Fahrt zum Turnierplatz, weil die Zeit schon so knapp geworden war, und schon wird jeder Hänger dem Pferd zum Alptraum. Beugen wir also vor und machen wir beizeiten unser Pferd mit dem Pferdeanhänger und dem Verladen vertraut.

Am besten sollte schon im Fohlenalter mit regelmäßigen Verladeübungen begonnen werden. Aber damit ist es in unserem Falle nun freilich zu spät und wir müssen ganz einfach ausprobieren, wie das Pferd sich verhält. Haben wir keinen eigenen Hänger, dann leihen wir uns früh genug den Pferdeanhänger aus, mit dem das Pferd auch verladen werden soll.

Pferd und Anhänger kommen gemeinsam in den Auslauf. Hier kann es sich an ihn gewöhnen. Wir werden das Pferd nun in unmittelbarer Nähe des Anhängers füttern und putzen und es dabei auch mehrfach um den Hänger führen. Da wir ja nicht unter Zeitdruck stehen, können wir uns auch Zeit lassen und mit dem nächsten Schritt erst am nächsten Tag beginnen.

Für die eigentlichen Verladeübungen genügt es nicht, den Hänger mit Stützrad und Abstellstutzen gegen ein etwaiges »Aufwippen« oder »Rollen« zu sichern, man sollte ihn entweder an das Zugfahrzeug ankuppeln oder Balken und Keile unterlegen. Jetzt lassen wir die Ladeklappe herunter, öffnen, wenn vorhanden, die vor-

dere Entladeklappe oder die vordere Ausstiegstür und schlagen die Plane hoch, damit von allen Seiten Licht in den Anhänger kann. Daraufhin erhält das Pferd nochmals genügend Zeit – einen oder mehrere Tage, wenn es sein muß – um mit dem veränderten Aussehen des Anhängers vertraut zu werden. Vielleicht können wir es nun auch schon einmal mit Hilfe eines Leckerbissens dazu veranlassen, ein Bein auf die Ladeklappe zu setzen. *Aber bitte alles ohne Zwang. Das Pferd soll sich nach entsprechender Vorbereitung mit aller Selbstverständlichkeit in den Transportanhänger begeben, geführt am Anbindestrick des Stallhalfters.*

Wenn wir Glück haben, folgt uns das Pferd schon beim ersten Versuch, und wir belohnen es mit einer Möhre oder anderer

»Mit Speck fängt man Mäuse.« Viele Pferde haben ihre anfängliche Scheu vor dem dunklen Hänger durch Geduld und Leckerbissen verloren und betreten schließlich auch ohne Zwang und Geschrei den Hänger.

Leckerei. Ist es ein Hänger mit vorderer Entladeklappe, wiederholen wir den Vorgang sofort und führen unser Pferd im »Kreisverkehr« in, durch und aus dem Hänger. Ein transportgewohntes Pferd, das jeden Pferdeanhänger sicher betritt, läßt sich bei dieser Aktion meist mit Erfolg als Führpferd verwenden.

Macht das Pferd trotzdem noch keine Anstalten, den Hänger zu betreten, dann streuen wir für den nächsten Tag Stroh aus der Matratze der Boxe in den Hänger und auf die Ladeklappe. Damit sorgen wir für Stallatmosphäre samt vertrautem Stallgeruch. Wir wiederholen das nun auch schon unserem Pferd vertraute Spiel der Vorbereitung, putzen und füttern beim Hänger und führen es um ihn herum. Nach einigen Runden wenden wir zur Laderampe ab und versuchen erneut, das Pferd mit Unterstützung einer Leckerei oder einer vorgehaltenen Futterschwinge voll Hafer in den Hänger zu führen. Und wenn es immer noch stutzt und die Ladeklappe trotz Stroh aus der Einstreu der Box nicht betreten will? Dann auf keinen Fall am Halfter oder Strick zerren. Druck erzeugt nur Gegendruck. Reden wir dem Pferd zu, lassen es ein Maul voll Hafer nehmen und setzen wir so beiläufig den linken Vorderfuß auf die Ladeklappe. Dann den rechten Fuß. Und immer loben und ab und an ein Maul voll Hafer. Dann sollte es eigentlich gehen.

Oft ist es so, daß sich ein Pferd, wenn das erste Bein erst einmal auf der Ladeklappe steht, trotz anfänglichem Zögern ziemlich entschlossen entscheidet und geradewegs in den Hänger marschiert. Ist das Pferd drin, schließen wir nicht sofort alle Klappen, sondern geben ihm unter Loben und

Füttern ein oder zwei Minuten Zeit, sich umzusehen, sich zu besinnen. Dann durch die vordere Entladeklappe hinausführen und auch sofort wieder über die Ladeklappe hinein. Erst nachdem wir den Einstieg und Ausstieg einige Male probiert haben, binden wir das Pferd, wie zum tatsächlichen Transport, an der vorderen Querstange oder einem Anbindering an, nicht zu lang und nicht zu kurz, befestigen die hintere Auffangstütze (oft auch aus Leder oder Gurt) und schließen sämtliche Klappen und Planenteile. Ein gefülltes Heunetz hilft dem Pferd währenddessen, sich die Zeit zu vertreiben. Übrigens kann man diese Verladeübung auch während der Futterzeiten durchführen, so daß sich das Ungewohnte schon bald mit dem »lieben Fressen« verbinden wird, was uns nur recht sein kann.

Und es spricht nun nichts mehr dagegen, daß wir den Pferdetransportanhänger auch tatsächlich anhängen und in aller Ruhe – und wenn es nur einige Platzrunden sind – ein Stück fahren.

Da ängstliche Pferde beim Öffnen des Hängers dazu neigen, panikartig hinauszudrängen, lösen wir immer erst die Anbindung und lassen erst danach die Rampe herunter, damit unser Pferd ungehindert aussteigen kann.

Hat unser Hänger keine vordere Entladeklappe, dann müssen wir das Pferd sehr vorsichtig, ruhig und gerade rückwärts aus dem Hänger treten lassen. Für die ersten Verladevorgänge ist es dabei von Vorteil, wenn zwei Helfer mit der Hand unter leichtem Druck gegen die Hüfte des Pferdes die richtige Richtung bestimmen. *Keinesfalls sollte man das Pferd einfach zurückspringen lassen.* Auch auf der eigenen Weide nicht. Einmal haben wir nicht überall einen eingefriedigten Platz zum Entladen, zum anderen ist die Gefahr einer Verletzung für das Pferd viel zu groß. *Gerade beim Verladen eines Pferdes ist Ruhe die erste Reiterpflicht.* Aber wenn das Pferd nun absolut nicht will? Dann muß es wollen. Dabei denke ich aber nicht daran, jenen das Wort zu reden, die empfehlen, ein solches Pferd einfach einen oder zwei Tage ohne Futter und Wasser zu lassen, um es dann über seinen Selbsterhaltungstrieb zum Futter und Wasser auf den Pferdetransporter zu zwingen. Das ist unreiterlich, wie auch die Anwendung brutalen Zwanges, nämlich das Pferd auf den Hänger zu prügeln. Nein, so geht es nicht. *Das Vertrauen des Pferdes zu seinem Reiter muß erhalten bleiben.* Es wird übrigens durch eine zeitgerechte Strafe nicht gestört. Das Pferd muß wollen, sagte ich, d. h. wir müssen es durch hilfreichen Zwang veranlassen, den Hänger zu betreten. Auch die Methode, einem widerstrebenden Pferd zum Verladen eine Decke über Kopf und Augen zu binden, kann ich nicht empfehlen. Auf ebenem und festem Boden – um etwa ein Pferd in einen Stall, eine Boxe zu führen – ist dies sicher empfehlenswert, aber nicht für die ansteigende Fläche der Ladeklappe, untermalt von hohlklingenden Hufschritten. Wie leicht erschrickt ein Pferd, der Sicht beraubt, panikartig, widersetzt sich aus Furcht und springt irgendwohin und verletzt sich. Dann wird es nur noch schwerer, das Pferd auf den Anhänger zu führen. Nein, es muß schon sehen, wohin es geht.

Darum suchen wir uns zwei Helfer und besorgen zwei Longen oder zwei entsprechend lange und dicke Stricke (9 m). Die beiden Longen werden links und rechts an den Verschlußhaken oder einem festen Eisenteil befestigt, und die beiden Helfer bilden mit den straff gehaltenen Longen eine Gasse, in die das Pferd mit Anbindestrick und Stallhalfter zum Hänger geführt wird. Sobald das Pferd die Helfer passiert hat, wechseln diese die Seiten, wodurch sich die Longen auf den Hinterbacken des Pferdes kreuzen. Die Helfer befinden sich in Höhe der Pferdeschulter und üben durch Verkürzen der Longe einen elastischen Druck auf die Hinterhand des Pferdes aus, um es zum Vorwärtsgehen zu veranlassen. Wir als vertraute Person führen das Pferd am Anbindestrick, ohne uns umzusehen und zu ziehen. Alles muß mit großer Ruhe und Bestimmtheit geschehen, dann geht auch das Pferd. Selbstverständlich vergessen wir das gute Zureden nicht und unterstützen die Aktion durch Locken mit einer vom Pferd gern angenommenen Leckerei.

Das ganze geht zur Not auch nur mit einem Helfer und einer Longe. Auch hier wird ein Ende der Longe am Hänger befestigt. Der Helfer schließt das Pferd mit der Longe, die wiederum an dessen Hinterbacke anliegen muß, ein und unterstützt durch sein Ziehen an der Longe das Vorwärtsgehen des Pferdes. Dazu sollte man nach Möglichkeit den Hänger parallel zu einer Mauer oder festen Wand aufstellen, wodurch ein Ausweichen des Pferdes nach dieser Seite verhindert wird.

Ist man ganz ohne Helfer, kann man die Longe um die im Vorderteil des Pferdeanhängers befindliche Bruststütze führen, um so durch einen gleichmäßigen Zug am fehlerfreien und gutsitzenden Stallhalfter das Pferd zum Betreten des Hängers zu veranlassen. Erforderlichenfalls ist der Platz neben der Hinterhand des Pferdes einzunehmen, um durch Peitschenhilfe das Pferd zum Vortritt zu veranlassen. Dazu muß freilich das Pferd mit der beim Longieren üblichen Peitschenhilfe – die ja kein Schlagen ist – vertraut sein.

Es kann aber gar keinen Zweifel geben, daß die zuletzt genannten Hilfen zum Verladen eines Pferdes nur zur Anwendung gelangen dürfen, wenn wir wirklich mit unserer Weisheit am Ende sind. Und wenn die Übungen wochenlang dauern sollten, es soll und darf vorher nichts unterlassen werden, was das Pferd ohne Zwang zum vertrauensvollen Betreten des Pferdeanhängers an der Hand seines Reiters oder Pflegers veranlassen könnte. Ist doch nicht nur für das leidige Verladen, sondern für alle im Zusammenhang mit der Beteiligung an einem Turnier oder einem Schauwettbewerb stehenden Bereiche die Harmonie, das Vertrauen zwischen Pferd und Reiter, eine unerläßliche Voraussetzung.

Pflege des Lederzeuges

Man sieht auf uns Reiter und unsere Pferde. Nicht nur die Zuschauer und Richter, denen wir uns anläßlich eines Turniers oder einer Schau stellen, sondern auch alle jene Menschen, denen wir beim Ausritt begegnen. Und wir werden von allen, ob wir es nun wünschen oder nicht, beurteilt. Das Urteil wird auch sehr unterschiedlich ausfallen, denn wir sind nicht fehlerfrei. Was aber immer man beanstandet, an unserer Bekleidung und unserer Ausrüstung sollte es nichts zu bemängeln geben, auch bei unseren alltäglichen Ausritten nicht. Nun will ich hier nicht vom Anzug des Reiters, von der ordentlichen Frisur, dem sauberen Reitanzug und den geputzten Stiefeln reden, obwohl da mancherlei im argen liegt, sondern vom »Anzug« des Pferdes, dem Lederzeug und seiner Pflege.

Wer nun Sauberkeit fälschlich für Eitelkeit hält, dem sei gesagt, daß schon im Interesse der eigenen Sicherheit nicht auf die Pflege des Lederzeuges verzichtet werden kann. Ungepflegtes Lederzeug wird mit der Zeit durch stete Feuchtigkeit in Form von Schweiß und Wasser, verbunden mit Staub und Schmutz, spröde und morsch. Und was dann, wenn plötzlich morsch gewordene Bügelriemen oder Zügel reißen? Nun kann man zwar, wenn man nicht aus dem Sattel kommt, auch ohne Bügel reiten. Jedenfalls sollte jeder Reiter darin geübt sein. Ohne Zügel aber, wenn er urplötzlich gerissen ist, sind wir doch recht hilflos, zumal wenn das Mißgeschick in einer schnelleren Gangart passiert. Nicht zu vergessen, daß Sattel und Zaumzeug schließlich auch Geld gekostet haben und durch mangelnde oder fehlende Pflege vorzeitig unbrauchbar werden.

Das muß nicht sein, denn das läßt sich durch regelmäßige Pflege verhindern. Dabei hat die Regelmäßigkeit noch den Vorzug, daß sie nur einen geringen Zeitaufwand erfordert. Vielfach sieht man aber leider, daß der vom Ausritt zurückkommende Reiter seinem Pferd den Sattel abnimmt und diesen womöglich auf die Erde fallen läßt, um das Zaumzeug abnehmen zu können. Anschließend bringt er alles in die Sattelkammer. Der Sattel kommt auf den Sattelbock, ohne daß er noch eines Blickes gewürdigt wird. Wenn wir Glück haben, geht dieser Reiter noch mit dem Zaumzeug zur Wasserleitung oder dem nächsten Wassereimer, hält das Trensengebiß bis zum Nasen- und Kinnriemen unter den Wasserstrahl oder taucht es in den Eimer. Damit ist für ihn der Reinigungsvorgang erledigt. Er hängt dann das Zaumzeug auf den Zaumhalter und die Mischung von Wasser, Speichel, Schweiß und Schmutz trocknet still vor sich hin. Was Wunder, wenn so »gepflegtes« Lederzeug nicht lange hält.

Dabei ist der erforderliche Aufwand gar nicht so groß, wenn wir die wenigen erforderlichen *Handgriffe zur Pflege des Leder-*

zeuges auch wirklich nach jedem Reiten tun. Ist unser Pferd mit Sattel, Trensenzaum, hannoverschem Reithalfter und Martingal ausgerüstet, könnte das etwa so geschehen: Wir kommen vom Reiten zurück in die Stallgasse und legen dem Pferd das Stallhalfter um den Hals, damit es nicht entlaufen kann. Wir öffnen den Sattelgurt, damit das Martingal frei wird, und schlagen den Sattelgurt über den Sattel. Nun werden die Schnallen des Trensenzaums am Kehlriemen und Kinnriemen geöffnet. Mit der rechten Hand ergreifen wir den Halsriemen des Martingals, die Zügel und das

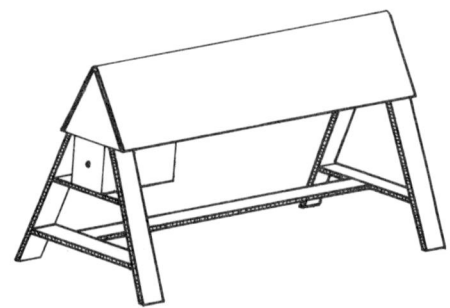

Putzbock in normaler Ausführung, etwa 1 m hoch und 1,20 bis 1,40 m lang.

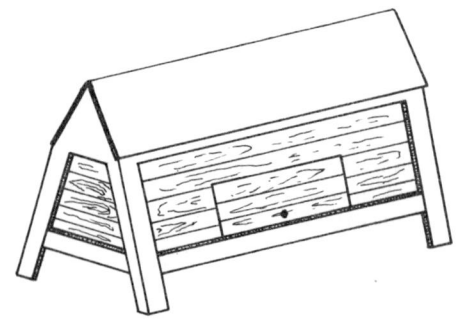

Ein Putzbock, der mehr ein Putztisch ist. Die breiteren Flächen erleichtern das Pflegen der Sattelblätter. Dazu bietet er im Innern noch Platz für alle Putzutensilien.

Genickstück (Kopfstück) des Trensenzaums, nehmen das Ganze ab und legen es über den linken Unterarm. Dann legen wir dem Pferd das Stallhalfter – es war ja nur um den Hals geschnallt – ordnungsgemäß auf. Nun wird auch der Sattel abgenommen. Wir tragen ihn auf dem Unterarm in die Sattelkammer und legen ihn zusammen mit dem Zaumzeug auf den Putzbock, bis wir unser Pferd versorgt haben. Dann erst wenden wir uns der Ausrüstung zu. Wir brauchen einen Eimer Wasser, einen Schwamm und einen Lappen zum Abtrocknen.

Den Sattel brauchen wir in den meisten Fällen nur mit dem trockenen Tuch überzuwischen. Ist er bei schlechtem Wetter schmutzig geworden, entfernen wir den Schmutz mit dem leicht(!) feuchten Schwamm und trocknen danach ab; Bügelriemen und Steigbügel vergessen wir ebenfalls nicht zu säubern. Die Bügeleinlagen nehmen wir heraus, waschen sie im Wassereimer und drücken sie, nachdem wir sie getrocknet haben, wieder in die Bügel. Wir vergessen auch nicht, den groben Schmutz vom Sattelgurt feucht abzuwischen und trocken nachzureiben. Danach kann der Sattel mit übergeschlagenem Gurt auf seinen Platz auf den Sattelbock (Sattelträger).

Nun zum Zaumzeug. Zunächst reinigen wir das Trensengebiß (Wassertrense), indem wir den Zaum oberhalb der Trensenringe erfassen und im Eimer (es geht auch unter der Wasserleitung, nur spritzt es da mehr) mit Wasser und Schwamm reinigen. Dabei vergessen wir die Enden des Gebisses und die Trensenringe nicht, damit auch alle Speichel- und Futterreste entfernt sind.

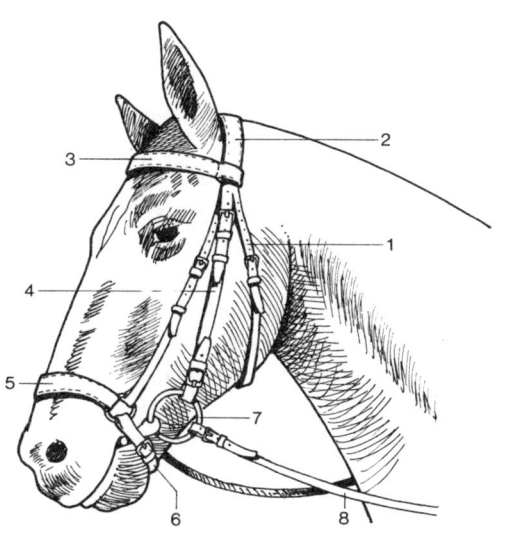

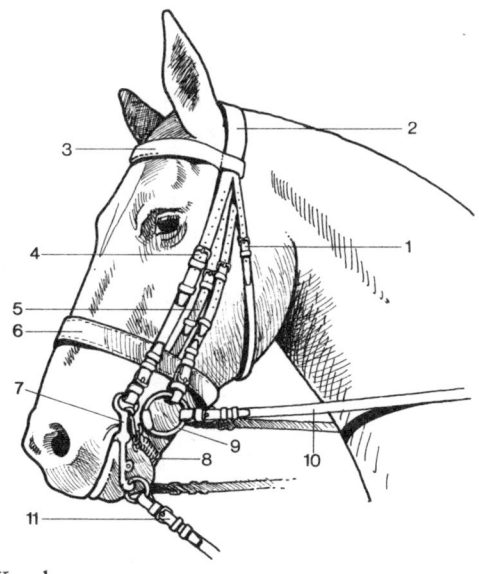

Trensenzaum mit
Hannoverschem Reithalfter
1 = Kehlriemen
2 = Genickstück
3 = Stirnriemen
4 = Backenstück
5 = Nasenriemen
6 = Kinnriemen
7 = Trense
8 = Zügel

Kandarenzaum
1 = Kehlriemen
2 = Genickstück
3 = Stirnriemen
4 = Kandarenbackenstück
5 = Trensenbackenstück
6 = Nasenriemen
7 = Kandarengebiß
8 = Kinnkette
9 = Unterlegtrense
10 = Trensenzügel
11 = Kandarenzügel

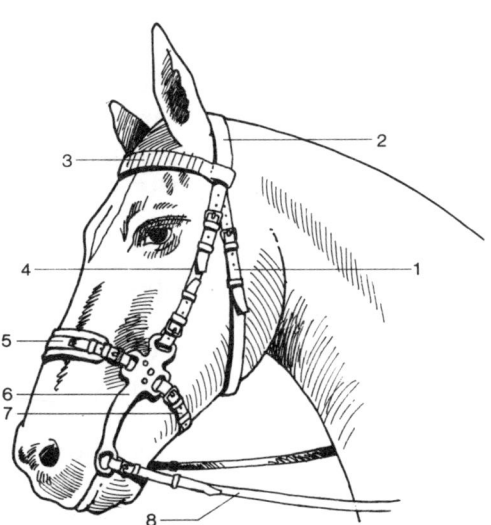

Hackamore
1 = Kehlriemen
2 = Genickstück
3 = Stirnriemen
4 = Backenstück
5 = Hackamore, Nasenriemen
6 = Hackamorebügel
7 = Kinnriemen
8 = Zügel

Mit dem nur feuchten Schwamm wischen wir auch die Schnallschlaufen der Backenstücke und des Zügels aus und trocknen alles danach ab. Schließlich wischen wir den übrigen Zaum innen, weil auch der Schweiß einwirkt, je nach dem Grad der Verschmutzung mehr oder weniger stark feucht ab, wobei vor allem der Kinnriemen unsere besondere Aufmerksamkeit verdient. Danach alles gut abtrocknen. Ganz besonders natürlich alle Schnallen. Mit dem Martingal verfährt man ebenso, dann kommt alles auf den Zaumhalter.

Anschließend brauchen wir nur noch den benutzten Schwamm auszuspülen, den Lappen zum Trocknen aufzuhängen und das Schmutzwasser wegzugießen. So einfach ist das.

Natürlich geht das nicht immer so. Einmal monatlich sollten wir das Lederzeug sorgfältig putzen, und alle drei bis vier Monate etwa muß das Lederzeug ganz gründlich gepflegt und gefettet werden.

Das sorgfältigere Putzen unterscheidet sich vom täglichen Säubern der Ausrüstung nach dem Gebrauch dadurch, daß wir alle Teile auseinanderschnallen, zunächst mit dem feuchten Schwamm reinigen und sie danach mit Sattelseife behandeln. Auch hierbei sollten wir die Schnallen nicht vergessen: nicht die des Zaumzeugs, der Bügelriemen und auch nicht die Sturzfedern der Bügelriemenhalter (Steigbügel-Federn). Verwenden wir Ledersattelgurte, dann behandeln wir sie wie das übrige Lederzeug.

Bei Sattelgurten aus Eisengarn oder aus Synthetik müssen wir von Fall zu Fall entscheiden, ob ein Waschen erforderlich ist. Gurte aus Eisengarn oder Baumwolle stek-

ken wir in ein Kissen oder binden sie in ein entsprechend großes Tuch ein, ehe wir sie zum Waschen bei einer Temperatur von 40 bis 60°C in die Waschmaschine stecken. Ohne »Verpackung« würde die Waschmaschine durch die Gurtschnallen beschädigt werden, und es klappert oft auch so noch genug. Gurte aus synthetischem Material dürfen nur mit dem entsprechenden Waschgang behandelt werden. Zum Trocknen hängt man die Gurte einfach auf die Leine. Meine Eisengarngurte habe ich beim Trocknen immer mit einem Gewicht beschwert und so ein unerwünschtes Schrumpfen verhindert.

Nun aber zur Prozedur der ganz gründlichen Reinigung. Zaumzeug, Martingal usw. werden auseinandergeschnallt und gründlich gesäubert. Dazu habe ich immer handwarme Seifenlauge (aus der Waschmaschine aufgefangen) benutzt. Der Sattelgurt wird, wie vorhin schon erwähnt, gewaschen und danach – am unteren Ende mit einem Gewicht beschwert – zum Trocknen aufgehängt. Die Satteldecke aus Filz oder anderem Material wird bei gutem Wetter zum Auslüften in die Sonne, bei schlechtem Wetter auf den Trockenboden oder den Trockenkeller gehängt. Satteldecken aus Baumwolle oder ähnlichem Material wäscht man in der Waschmaschine. Natürlich nicht zusammen mit der »weißen Wäsche«, da die Pferdehaare mehreren Spülgängen trotzen. Am besten waschen wir sie gesondert oder zusammen mit dem Blauzeug oder alten Jeans.

Haben wir alle Teile des Zaumzeuges gründlich abgetrocknet – ich pflege sie sogar zusätzlich noch auf die Leine zu hängen –, folgt der nächste Arbeitsgang.

Zwischenzeitlich haben wir die Steigbügeleinlagen in einen Eimer mit Seifenlauge getan, damit sie gründlich reinweichen können.

Um die Geschmeidigkeit des Leders zu erhalten, benötigen wir Sattelseife, Lederöl oder ungesalzenes Schweinefett. Neben diesen bekannten Pflegemitteln für Leder bietet der Fachhandel noch eine ganze Reihe ausgezeichneter Produkte an. Manche dieser Lederpflegemittel sollen sogar reinigen und einfetten ohne »fettig« zu wirken. Hier sei dem Einzelnen überlassen, für welche Mittel er sich entscheidet. Freilich sollte er bedenken, daß nicht allein Reklame und Preis für die Wirksamkeit eines Lederpflegemittels entscheidend sind.

Mir hat einmal vor vielen Jahren ein alter, erfahrener Sattlermeister – ihm war jegliches Nieten ein Greuel, er schätzte allein die saubere Naht – den Rat gegeben, zum Fetten meines Lederzeuges doch ungesalzenes Schweineschmalz zu verwenden. Das liegt Jahrzehnte zurück, und ich habe es bis heute so gehandhabt. Mein Zaumzeug und Sattel halten noch immer. Es gibt auch ältere Empfehlungen, die zur Verwendung von Bohnerwachs raten, doch da ich hierin nur über eine kurze Erfahrung verfüge, kann ich mir kein verbindliches Urteil erlauben.

Wichtig ist vor allem, ob wir nun Lederöl oder Schweinefett verwenden, daß wir das Pflegemittel auch wirklich unter kräftigem Druck des Handballens in das Leder einreiben. Auf das gute Einreiben kommt es an! Und natürlich auch darauf, daß wir die richtige Seite des Leders mit dem richtigen Mittel behandeln: die Haarseite, d. h. die glatte, glänzende Oberfläche von Zaum und Sattel mit Sattelseife oder Bohnerwachs, die rauhere und stumpfere Seite – die Fleischseite – mit Schweinefett oder Lederöl. Aber noch sind wir ja nicht so weit, denn unser Zaumzeug, Martingal, Bügelriemen usw. baumeln ja noch auf der Wäscheleine.

Darum zum Sattel. Zunächst pflegen wir die unteren Teile des Sattels, die Fleischseite des Sattelblattes, des Schweißblattes und die Strupfen für den Sattelgurt. Wir behandeln sie entweder mit Schweinefett oder Lederöl. Verwenden wir Schweinefett, muß es wirklich gut mit dem Handballen eingerieben werden. Die Verwendung von Lederöl ist einfacher. Es versteht sich, daß wir, ehe wir einfetten oder einölen, alle Teile gesäubert haben. Auch erleichtert es die Pflegearbeit, wenn wir den Sattel so in eine entsprechend große Kiste (Obstkiste) legen (die wir vorher mit einer Decke ausgelegt haben, damit das Leder des Sattels nicht beschädigt wird), daß seine Unterseite frei und offen vor uns liegt. Dann gießen wir uns Lederöl in ein flaches, feststehendes Gefäß, verwenden einen flachen Pinsel mittlerer Breite und ölen die vorgenannten Teile des Sattels. Dabei vergessen wir vor allem nicht die Nähte, die Sturzfedern (Steigbügel-Federn) und die Sattelgurtstrupfen. Wir tragen nie zuviel auf einmal auf, wiederholen aber den Vorgang des Ölens so oft, wie es der Zustand des Leders erfordert, und lassen dem Öl genügend Zeit, in das Leder einzuziehen. Ist die Unterseite des Sattels fertig, kommt die Außenseite an die Reihe. Dazu kommt der Sattel wieder auf den Putzbock. Hier verwenden wir Sattelseife oder ein anderes

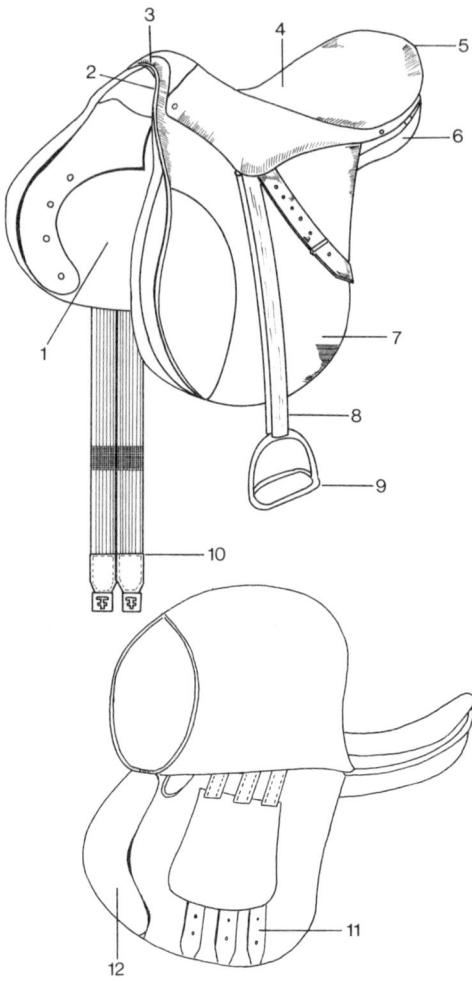

Sattel

1 = Schweißblatt
2 = Sattelkammer
3 = Vorderzwiesel
4 = Sitzfläche
5 = Hinterzwiesel
6 = Sattelpolster
7 = Sattelblätter
8 = Steigbügelriemen
9 = Steigbügel
10 = Sattelgurt
11 = Gurtenstrupfen
12 = Sattelpausche

Lederpflegemittel. Verwenden wir Sattelseife, benötigen wir außerdem noch einen angefeuchteten, sauberen Schwamm. Der Schwamm soll nur feucht sein, nicht tropfnaß. Dann reiben wir den feuchten Schwamm tüchtig auf der Sattelseife, und danach säubern wir mit Hilfe des eingeseiften Schwammes unter mäßigem Druck und kreisenden Bewegungen alle haarseitigen Flächen des Sattels, also die Sitzfläche, die oft viel strapazierten Vorder- und Hinterzwiesel (den Sattelkranz), Sattelblatt, Schweißblatt und Pauschen. Die Pauschen freilich nur, wenn sie aus Rind- oder Kalbsleder gearbeitet sind. Wildleder, Gummi und anderes Material verträgt die Behandlung mit Sattelseife nicht. Je nach Verschmutzung des Sattels müssen wir den Pflegevorgang wiederholen. Dazwischen dürfen wir auch nicht vergessen, den Schwamm öfter gründlich auszuspülen! Sind alle Teile behandelt, lassen wir Ihnen Zeit zum Trocknen. Danach werden alle mit Sattelseife behandelten Teile mit einem Wollappen gründlich abgerieben. Auch dazu müssen wir mäßigen Druck und kreisende Bewegungen anwenden. Ledersattelgurte und Steigbügelriemen behandeln wir wie den Sattel.

Die Steigbügel werden gut mit Wasser gesäubert. Am einfachsten geschieht das mit der Seifenlauge, in die wir die Bügeleinlagen getan haben. Die Bügeleinlagen werden kräftig mit Seifenlauge gebürstet, bis sie wieder weiß sind, danach abgespült und abgetrocknet. Sind die Steigbügel allein durch das Abwaschen mit Wasser nicht sauber genug geworden, dann reiben wir sie mit ganz feiner Stahlwolle ab oder verwenden eines der bekannten Metallpflegemittel.

Nun zu den anderen Teilen des Leder-
zeuges: Trensenzaum, Martingal usw. Hier
verfahren wir wie bei der Sattelpflege und
behandeln die Haarseite mit Sattelseife und
die Fleischseite mit Schweinefett oder Lederöl – ausgenommen natürlich das Stirn-
band, das wir mit Seifenwasser abwaschen.
Rostflecke an den Schnallen beseitigen wir
am bequemsten mit Stahlwolle. Danach
überziehen wir sie mit einem Hauch von
Sattelseife oder Vaseline.

Satteldecken aus Filz sollten regelmäßig
gelüftet, in der Sonne getrocknet und ab-
gebürstet werden. Diese Behandlung sollte
man auch dem Sattelkissen angedeihen
lassen, wenn es mit Stoff bezogen ist. Bei
Bedarf kann man Filzsatteldecken kalt waschen, doch habe ich es auch schon im
Schongang der Waschmaschine bei 30°C
versucht und war damit zufrieden. Die
nasse Filzdecke benötigt allerdings mehrere Tage zum Trocknen. Etwaige Leder-
besätze müssen eingefettet oder eingeölt
werden.

Ledersatteldecken reinigt man wie die Le-
derteile des Sattels und behandelt sie anschließend am besten mit Schweinefett
oder Lederöl.

Für Satteldecken aus echtem Lammfell
oder synthetischem Material gibt der Hersteller besondere Pflegeanleitungen, die
auch beachtet werden sollten.

Literaturverzeichnis

Born, L., Möller, H., Disselhorst, R.: Handbuch der Pferdekunde. Verlag Paul Parey, Berlin 1928, 9. Aufl.

Deutsche Reiterliche Vereinigung (FN): Richtlinien für Reiten und Fahren. Warendorf 1964.

Deutsche Reiterliche Vereinigung (FN): Freizeitreiten und Pferdehaltung. BLV Verlag, München 1975.

Duerst, J. U.: Taschenbuch der Pferdebeurteilung. Verlag Ferdinand Enke, Stuttgart 1923.

Eberlein, R.: Leitfaden des Hufbeschlages. Reichsverband des deutschen Schmiede-Handwerkes, Berlin 1930, 8. Aufl.

Ehrenberg, P.: Die Fütterung des Pferdes. Neumann Verlag, Radebeul 1954.

Froelich, G., Schwarznecker, G.: Lehrbuch der Pferdezucht. Verlag Paul Parey, Berlin 1926, 6. Aufl.

Görte, Scheibner, O.: Leitfaden des Hufbeschlags. Verlag M. & H. Schaper, Hannover 1936.

Geuer, C.: Reiter, Pferd und Fahrer. Verlag Küster & Co., Essen 1939.

Heling, M., v. Henninges, J.: Das vollendete Pferd. DLG-Verlag, Frankfurt 1974, 4. Aufl.

Könekamp, A. H.: Der Grünlandbetrieb. Verlag Eugen Ulmer, Stuttgart 1959.

Lehndorff, G. v.: Handbuch für Pferdezüchter. Verlag Paul Parey, Berlin 1909, 5. Aufl.

Möller, H.: Grundriß des Hufbeschlags. Verlag Paul Parey, Berlin 1933, 12. Aufl.

Möller, H.: Die Hufkrankheiten der Pferde, ihre Erkennung, Heilung und Verhütung. Verlag Paul Parey, Berlin 1906, 4. Aufl.

Neuschulz, H.: Pferdezucht, Haltung und Sport. Dtsch. Bauernverlag, Berlin 1956.

Normann, H. v.: Unser Pferd. Verlag Wilhelm Limpert, Berlin 1938.

Normann, H. v.: Hippologisches Lexikon. Verlag Wilhelm Limpert, Berlin 1939.

Pirkelmann, H., Schäfer, M., Schulz, H.: Pferdeställe und Pferdehaltung. Verlag Eugen Ulmer, Stuttgart 1976.

Schlipfs praktisches Handbuch der Landwirtschaft. Dieckmann, K. (Bearb.). Verlag Paul Parey, Berlin 1941, 27. Aufl.

Uppenborn, W.: Pferdezucht und Pferdehaltung. Verlag Bintz-Dohany, Offenbach 1961, 2. Aufl.

Uppenborn, W.: Ponys, Umgang und Haltung. Verlag Eugen Ulmer, Stuttgart 1978, 4. Aufl.

Wrangel, C. G.: Das Buch vom Pferde. Verlag Schickhardt & Ebner, Stuttgart 1906, 4. Aufl.

Zorn, W.: Stallverbesserung und Stallneubau. Verlag Eugen Ulmer, Stuttgart 1957, 3. Aufl.

Bildquellen

Farbfotos

Stefan Braun, Wadersloh: Einbandfoto.

Rolf Drygala, Hude: Seite 151 (3).

Ursula Häfner, Stuttgart: Seite 65 (3), 66 (2), 83 (2), 133 oben links, 133 Mitte links, 133 Mitte rechts, 133 unten links, 133 unten rechts.

Karin Heuner, Celle-Altenhagen: Seite 84 unten.

Thomas Romig, Stuttgart: Seite 84 oben links, 84 oben rechts, 133 oben rechts, 134 (3), 152 (2).

Zeichnungen

Als Vorlagen für die hier mit ihren Seitenzahlen aufgeführten Zeichnungen dienten Abbildungen der Fachliteratur.

Andrist, F.: Huf-, Horn- und Klauenpflege. DLG-Verlag, Frankfurt 1954, 2. Aufl.: Seite 154.

Bötticher, H.: Lehrmeister Pferd, Verlag Offene Worte, Berlin 1937: Seite 131.

Campbell, J.: Der Ponyfreund. Erich Hoffmann Verlag, Heidenheim 1963: Seite 197.

Drawer, K., Schiller, M.: Taschenbuch des Turnierreiters. Verlag Paul Parey, Berlin 1958: Seite 177 unten.

Eberlein, R.: Leitfaden des Hufbeschlags. Verlag Deutsche Schmiede Zeitung, Berlin 1930: Seite 138, 139, 145, 155, 175, 177 oben.

Ellenberger, W., Baum, H.: Handbuch der vergleichenden Anatomie der Haustiere. Springer Verlag, Berlin 1943: Seite 137, 140, 141.

Geuer, C.: Reiter, Pferd und Fahrer. Küster & Co. Verlag, Essen 1939: Seite 173.

Hauptner, H.: Geräte zur Pferdepflege. Solingen o. J.: Seite 121, 172, 176.

Kresse, W.: Mit dem Pferd unterwegs. Nymphenburger Verlagshandlung, München 1975: Seite 59 links, 166 unten.

Land- und Hauswirtschaftlicher Auswertungs- und Informationsdienst. Wie der Hufbeschlag – so die Leistung. Bad Godesberg 1958: Seite 169.

Moser, E., Gutenäcker: Beschlag und Pflege von Huf und Klaue. Schickardt & Ebner (Konrad Wittwer), Stuttgart 1933: Seite 157.

Moser, E., Westhues: Leitfaden der Huf- und Klauenkrankheiten. Ferdinand Enke Verlag, Stuttgart 1950: Seite 162.

Müller, E.: Das kranke Reitpferd. BLV, München 1966: Seite 179, 180.

Nissen, J.: Großes Reiter- und Pferdelexikon. Mosaik Verlag, München 1979: Seite 59 Mitte, 127, 129, 130, 159.

Ruthe, H.: Der Huf. VEB Gustav Fischer, Jena 1969: Seite 142, 143, 144, 156, 158, 163, 164, 166 oben, 167, 171.

Seyfert, L.: Praktisches Reiten. Neumann Verlag, Radebeul 1961: Seite 59 rechts.

Sport-Scheck: Reit-Katalog. München o. J.: Seite 203.

Sachregister

Halbfette Seitenzahlen zeigen Schwerpunkte im Text an, Sternchen * verweisen auf Abbildungen.

ZUR WEITEREN LEKTÜRE EMPFOHLEN:

Reiten lernen

Von Wolfgang Kresse, Eystrup.
284 Seiten mit 33 Farbfotos, 29 SW-Fotos und 73 Zeichnungen. Kt. DM 38,–

Wolfgang Kresse, selbst erfahrener Reiter und Reitlehrer, möchte mit diesem Buch den Anfänger mit allen wichtigen Fragen des Reitens ver-

traut machen und ihm das notwendige Grundwissen über die verschiedenen Bewegungsabläufe des Pferdes vermitteln. Das sind Kenntnisse, die dem Reitanfänger helfen, sein Pferd nicht gegen natürliche Bewegungsabläufe zu reiten. Kernziel des Buches ist somit, das Zusammenfinden von Pferd und Reiter mit Hilfe der klassischen Reitlehre zu erleichtern. Darüber hinaus behandelt der Autor in zusätzlichen Kapiteln weiterführende Themenkomplexe wie Dressurprüfung, Springen, Jagd-, Distanz- und Wanderreiten.

Pferdezucht

Von Prof. Dr. Hans Löwe, Hannover. Neubearbeitete 6. Auflage von Dr. Walter Hartwig, Hannover, und Dr. Erich Bruns, Göttingen.
387 Seiten mit 6 Farbfotos, 157 SW-Fotos, zahlreichen Zeichnungen und 62 Tabellen. Kst. DM 78,– (Tierzuchtbücherei).

Die Neuauflage des führenden Standardwerkes ist wie bisher als wissenschaftlich fundiertes Fachbuch sowie anwendungsorientiertes Lehrbuch angelegt und enthält wichtige Ergänzungen zu den neuesten Entwicklungen in der Organisation der Pferdezucht.

Erhältlich in Ihrer Buch(Fach)handlung oder beim **Verlag Eugen Ulmer**
Postfach 70 05 61, 7 Stuttgart 70

E.U.

VERLAG
EUGEN
ULMER

WILLKOMMEN IST, WER PFERDE LIEBT.

Für alle, die ihre → **freie Zeit** am liebsten mit ihren Pferden verbringen, gibt es jetzt »Freizeit – Pferde« (früher PONY). Mit →  **praxisnahen** Themen und Beiträgen. Die → **Liebe zum Pferd** verbindet. Das spürt man von der ersten bis zur letzten Seite. Dieses überzeugende Magazin für Reiten, Fahren, Sport + Zucht schreibt über Ponys und Großpferde, ob sie unterm Sattel gehen oder im Geschirr im Wettkampf bestehen oder mit uns die Natur erkunden. → **Kostenloses Probeheft** gleich anfordern bei: Verlag Eugen Ulmer, Postfach 70 05 61, 7000 Stuttgart 70.